Heyne · Campus

David Bernstein

Die Kunst der Präsentation

Wie Sie einen Vortrag ausarbeiten und überzeugend darbieten

Aus dem Englischen
von Harald Stadler

Mit 80 Zeichnungen
von Rex Audley

WILHELM HEYNE VERLAG
MÜNCHEN

HEYNE BUSINESS
Nr. 22/2007

Titel der englischen Originalausgabe:
PUT IT TOGETHER, PUT IT ACROSS
Erschienen 1988 by Cassell Publishers Ltd., London

Ungekürzte Taschenbuchausgabe
im Wilhelm Heyne Verlag GmbH & Co. KG, München
Copyright © 1988 by Cassell Publishers Ltd.
Copyright © der deutschsprachigen Ausgabe 1991
by Campus Verlag GmbH, Frankfurt/Main
Printed in Germany 1995
Umschlaggestaltung: Atelier Adolf Bachmann, Reischach
Herstellung: M. Spinola
Satz: Schaber, Satz- und Datentechnik, Wels
Druck und Verarbeitung: Presse-Druck, Augsburg

ISBN 3-453-08785-2

Inhalt

Vorwort

Soweit ich sie kenne, geht es in den meisten Büchern über Reden und Präsentation im Geschäftsleben um die Kunst des Vortrags und die Verwendung technischer Hilfsmittel. Dem eigentlichen Handwerk, wie man Argumentationen aufbaut und Gedankengänge entwickelt, wird weit weniger Aufmerksamkeit geschenkt. Ich vermisse immer noch ein Buch, das beide Fähigkeiten in wechselseitigem Bezug behandelt – die Kunst des Ausarbeitens und die des Vortragens.

Bei meinen Recherchen entdeckte ich einige griechische und römische Autoren, die sich als überraschend relevant und durchaus lesbar herausstellten. In jüngerer Zeit hat vor allem Antony Jay das Gebiet abgesteckt. Ihm und den anderen Autoren, die ich zitiere, bin ich zu Dank verpflichtet. Und sogar mehr noch all jenen, die ich unbewußt zitiere. Im Grunde hat jeder Vortrag, den ich gehört oder gesehen habe, zu diesem Buch beigetragen.

Ich möchte allen Organisationen danken, die mich zu Vorträgen eingeladen haben, sowie den beteiligten Zuhörern und dem technischen Personal, das meine Proben erduldete. Mein besonderer Dank gilt den Kunden und Kollegen von »The Creative Business«, insbesondere Diane Hobson, die den ersten Teil meines Manuskripts transkribierte, und Shirley Birtchnall, die den Hauptanteil übernahm und meine Launen mit Geduld und Humor ertrug.

Die Mitarbeiter beim Verlag, Simon Lake und Diana Russell, unterstützten und ermutigten mich unentwegt. Ebenso meine Familie – mit Liebe und Verständnis als

Zugabe. Und Rex Audley, der schon bei so vielen Unternehmungen mit mir zusammengearbeitet hat, trug weit mehr als nur die Illustrationen bei. Ohne ihn wäre dies ein ganz anderes Buch geworden und das Schreiben hätte nicht annähernd so viel Spaß gemacht.

Ein Wort der Entschuldigung ist angebracht. »Er« steht natürlich immer auch für »sie«; männliche Pronomen und Endungen repräsentieren immer auch weibliche.

1. Aufbau und Ausführung

Ich ging in der Wüste von Arizona einen Highway entlang. In einem Radius von fünfzig Meilen war kaum etwas zu sehen. Das einzige Fahrzeug war direkt vor mir. Es war ein Kamerawagen. Er fuhr sehr langsam, während ich zur Kamera gewandt war und eine Seite Kommentar sprach. Dabei bemühte ich mich, nicht an die Sonne, die Gesichter der Crew und die Position des Mikrophons zu denken. Ich versuchte, mich an das Tempo und die Gesten zu erinnern, die wir geprobt hatten, und vor allem an die Worte, die ich sechs Wochen zuvor in Los Angeles geschrieben hatte und die ich nun mitten in der Wüste so sprechen sollte, als hätte ich sie mir eben erst ausgedacht.

Wir beendeten die Aufnahme. Der Regisseur war zufrieden. Wir drehten die Einstellung ein weiteres Mal – nur zum Spaß –, und die Mannschaft bereitete alles für die Abfahrt vor. Während das Team packte, las ich das Manuskript noch einmal durch. Ich hatte diese spezielle Seite praktisch in einer einzigen Aufnahme geschafft, aber es hatte auch Einstellungen von zwei bis drei Zeilen gegeben, die acht, neun oder sogar ein Dutzend Anläufe erfordert hatten. Wieso nur? War das ein schlechter Tag? Oder hatte es am Text selbst gelegen? Wodurch konnte man ihn sich leichter merken? – Ich studierte den Aufbau meines Manuskripts. Der Text war gründlich ausgearbeitet, die Argumentation logisch. Alles klang überzeugend. Und ich hatte den Text so geschrieben, wie ich normalerweise im Alltag spreche. Ich verglich die Seite mit einigen Abschnitten, die mir während der Aufnahmen schwergefallen waren. Einige davon hatte ich ändern müssen, bevor ich damit zufrieden war.

Dann fiel der Groschen: Wichtiger als der Vortrag ist der Aufbau. Bevor ich den Text an den Mann bringe, muß ich ihn ausarbeiten. Je besser ich ihn konstruiere, desto leichter kann ich ihn vermitteln.

Was aber kennzeichnet einen »guten« Aufbau? Gibt es dafür Regeln? – Die Umgangssprache scheint doch wie von selbst aus einem herauszusprudeln, und professionelle Autoren scheinen beim Dialogschreiben lediglich natürliche Kadenzen und Phrasen zu imitieren. Ist also geschicktes Reden nicht einfach nur ein Trick?

Als ich dann aber an die öden Vorlesungen dachte, die mich an der Universität gelangweilt hatten, all die wissenschaftlichen Referate, die Expertenvorträge und später die Präsentationen im Wirtschaftsleben, wurde mir klar, daß die meisten gebildeten Menschen zwar lesbare Texte schreiben können, aber selten solche, die man sich auch anhören kann. Im allgemeinen ist ihnen der Unterschied gar nicht bewußt. Vorlesungen vor wissenschaftlichen Gesellschaften werden in der Tat »gelesen«.

Der Redner ist tief über seinen Text gebeugt. Dem Publikum ist lediglich der Anblick seines Scheitels vergönnt. Und was visuelle Hilfsmittel betrifft...

Dieses Buch soll dem Leser beibringen, wie man Vorträge hält. Es richtet sich an jeden, der sich vor ein Publikum stellen muß, besonders in der Geschäftswelt, um die Zuhörer zu etwas zu bewegen, sie zum Beispiel dazu zu bringen, ihre Meinung zu ändern, einen Sachverhalt zu überdenken, etwas neu zu betrachten, eine völlig neue Idee zu akzeptieren, vielleicht gar hinzugehen und etwas zu kaufen.

Ein Vortrag zielt darauf ab, einen Gedanken aus Ihrem Kopf in den eines Fremden zu übertragen und in dem Betreffenden etwas zu verändern. Diese Definition gilt, ob Sie nun Dozent, Marketingdirektor oder Vorstandsvorsitzender sind, als Regierungsbeamter zu Medienvertretern oder von der Kanzel zu Ihrer Gemeinde sprechen. Das Publikum mag der irrigen Meinung sein, daß Ihr Vortrag unterhalten, zerstreuen, zu neuen Ideen inspirieren oder Informationen vermitteln sollte; Sie mögen sogar selbst dieser Täuschung unterliegen. Aber denken Sie einmal genau nach. Was soll Ihr Publikum – zum Beispiel der Mann dort in der dritten Reihe – als Resultat Ihres Vortrags denken, glauben, fühlen oder tun? – Wenn Sie diese Frage beantworten können, werden Sie wissen, daß ein Vortrag etwas Greifbares bewirken soll. Falls Sie keine Antwort darauf haben, sollten Sie vielleicht keinen Vortrag halten oder erst einmal dieses Buch lesen.

Die Zuhörer sind schließlich aus einem bestimmten Grund da. Sie haben den Redner eingeladen, vor ihnen zu sprechen. Sie bezahlen Geld, um ihn zu hören. Sie erkennen ihn als Fürsprecher, als Sachverständigen oder sogar als Experten an. Und solange er nicht das Gegenteil beweist, urteilen sie im Zweifelsfall zu seinen Gunsten. Sie nehmen an, daß er reden kann, daß er anstandshalber sein Material vorbereitet, sich über sein Publikum informiert und seinen Text geprobt hat.

Einen Vortrag halten heißt, mit dem Publikum einen Vertrag abschließen.

Leider haben wenige Redner eine so professionelle Einstellung zu ihrem Vortrag. Nicht etwa, daß sie nicht über die Sache nachdächten. Sie machten sich im Gegenteil so sehr darüber Gedanken, daß sie gleich beim erstenmal versagen und es nie wieder versuchen. Andere wiederholen einfach ihre Mißerfolge in der Überzeugung, daß eben nur wenige zum Reden geboren sind. Gute Redner haben eben Talent und sind von

Natur aus begabt. Redetalent ist aber keine Gabe der Natur. Man kann es erlernen. Das Lernen beginnt jedoch nicht beim Vortragen, sondern beim Aufbau. Bevor man lernt, einen Vortrag zu halten, muß man lernen, wie man ihn ausarbeitet.

Aber das ist gar nicht so leicht. Zeitliche Beschränkungen, die Anordnung des Materials, der Bezug zwischen dem Gesprochenen und dem im Bild Gezeigten – all das sind größere Hürden. Weitaus gefährlicher ist jedoch der Irrglaube, nur weil alles Geschriebene gesprochen werden kann, werde auch alles Gesprochene verstanden. Es gibt noch weitere Hindernisse, die wir erörtern werden, zum Beispiel die Aufmerksamkeitsspanne der Zuhörer und deren unterschiedliche Beanspruchung.

Äh...öh...äh...

Redetalent ist KEINE
Gabe der Natur

Cicero wußte, wie schwer es der Redner hat. »Bei einem Redner erwarten wir die Geschicklichkeit eines Zauberers, das Denkvermögen eines Philosophen, eine fast poetische Ausdrucksweise, das Gedächtnis eines Juristen, die Stimme eines Tragöden und die Gestik eines vollendeten Schauspielers.«[1]

Man hört oft, etwas sei »reine Rhetorik«. Wir sind alle auf der Hut vor Redekünstlern und geschickt formulierten Phrasen. Rhetorik ist gewöhnlich ein abschätziges Wort. Die Definition von Platon ist jedoch neutral. In Phaidros beschreibt er sie in den Worten des Sokrates als »Methode, um die Meinungen der Menschen mit Hilfe von Worten zu beeinflussen, ob diese nun vor Gericht gesprochen werden, vor einem anderen Gremium oder in einer privaten Konversation«.[2] Trotzdem wird in unserer modernen Auffassung Rhetorik als Gegensatz zum Faktenreport verstanden.

Dem Redner kommt es durchaus auf Fakten an, dem guten ebenso wie dem durchschnittlichen. Dem ersteren sind Fakten in der Tat so wichtig, daß er sie so wirkungsvoll wie möglich anordnet und beim Vortrag so vermittelt, daß sie ins Bewußtsein des Zielpublikums in eben derselben Form eindringen wie sie seiner eigenen Vorstellung entsprangen. Wie diese Fakten zusammengestellt werden, also der *Aufbau* der Rede, wird in der ersten Hälfte dieses Buches behandelt.

Das Vermitteln dieser geordneten Informationen, d. h. die eigentliche *Ausführung* des Vortrags, ist das Thema der zweiten Hälfte. Aufbau und Ausführung sind jedoch nicht mit »Inhalt« und »Form« gleichzusetzen. Das »Was« und das »Wie« sind in beiden Phasen gleichermaßen wichtig. Die Form, in der die Fakten angeordnet werden, trägt maßgeblich zum Sinn des Inhalts bei; und die Art der Ausführung vermittelt zusätzliche Information.

Aufbau und Ausführung bilden somit den Hauptteil dieses Buches. Dem geht eine kurze Zusammenfassung von Grundlagen der Kommunikation voraus. Zuvor müssen wir jedoch noch eine Frage beantworten: sollte eine *Rede* in jedem Fall *geschrieben* werden?

2. Schreiben Sie die Rede

Das Reden bereitet zumindest in der privaten Unterhaltung kaum Schwierigkeiten. Wir fügen unsere Gedanken scheinbar mühelos zusammen. Die Menschen hatten bereits etwa fünfzigtausend Jahre gesprochen, bevor sie die Schrift erfanden. Das Schreiben ist die größte technologische Errungenschaft der Menschheit. Es muß bewußt gelernt werden. Das Sprechen hingegen scheint man unbewußt zu lernen, indem man die Laute anderer Menschen imitiert. Das Kind beginnt zu sprechen, indem es Analogien herstellt. Es konstruiert Sätze, die anderen Sätzen nachgebildet sind. Es baut sie zusammen und stellt Verbindungen her. Das Kind macht Fortschritte; es entwickelt Gedanken.

Da uns die Umgangssprache von Natur aus angeboren ist, müssen wir uns fragen:

1. Wieso sollte man sich die Mühe machen, eine Rede richtig vorzubereiten, anstatt nur ein paar Notizen zu machen?
2. Wieso ist es schwierig, eine Rede zu schreiben, die gut ankommt?
3. Wieso nicht einfach eine Rede auf Diktiergerät sprechen, sie transkribieren und dann den Text vorlesen?

Dieses Kapitel soll Antworten auf diese Fragen geben. Meine Auffassung dabei ist absolut klar. *Der Redner sollte seinen Vortrag immer schreiben.* Das heißt aber nicht, daß er die Rede vorlesen soll.

Es schließt aber auch nicht aus, daß er sich beim Vortag lediglich auf Notizen stützt. Wer nicht gerade ein geschulter und erfahrener Redner ist, sollte jedoch nicht versuchen, nur aufgrund von Notizen eine Rede zu halten, ohne sie vorher vollständig schriftlich verfaßt zu haben. Nur einer unter hundert Rednern beherrscht die Kunst, ohne geschriebenes Manuskript und nur mit wenigen Notizen eine Rede sozusagen »aus dem Ärmel« zu schütteln. (Als man noch Hemden mit Manschetten trug, auf denen man schreiben konnte, waren darauf Notizen versteckt.) Einige wenige Redner beherrschen den Kunstgriff auch ohne jegliche Notizen. Mark Twain bespielsweise vermittelte den Eindruck, völlig aus dem Stegreif zu reden, obwohl er gestand, daß er viele seiner »spontanen« Ansprachen drei Wochen lang hatte vorbereiten müssen.

In der freundlichen Umgebung Ihres Heims oder selbst vor ein paar Kollegen mögen Sie durchaus improvisieren können, aber ein unbekannter Saal voller fremder Zuhörer ist etwas ganz anderes. (Ein halbgefüllter Saal kann sogar noch einschüchternder wirken.) Außerdem kann die vorgesehene Redezeit zu einem unangenehmen Faktor werden, falls Sie den Vortrag nicht vorab verfaßt und die Zeitdauer gemessen haben. Sie werden es schwierig finden, während des Vortrags die Zeit abzuschätzen, und selbst wenn Sie sich – im Kopf und in den Notizen – die Grundstruktur zurechtgelegt haben, werden Sie beim Improvisieren immer wieder auf Seitenwege geraten. Einigen Seitenpfaden folgen Sie absichtlich, wenn Sie wissen, wie Sie wieder zurück gelangen. In andere stolpern Sie einfach hinein und halten sie für den vorgezeichneten Weg. Und selbst wenn Sie den Weg zurück kennen, muß Ihr Publikum mit Ihrer Navigationsfähigkeit nicht unbedingt mithalten.

Umgangssprache klingt natürlich. Aber ist natürliches Sprechen die beste Methode, um Gedanken zu vermitteln? Der Trick besteht nicht darin, natürlich zu *sein,* sondern natürlich zu *wirken.* Eine gewisse Künstlichkeit ist unvermeidlich. Sich an einem fremden Ort vor ein Publikum zu stellen und eine bestimmte Zeit lang zu den Leuten zu reden, ist kaum ein natürliches Ereignis.

Falls Sie einmal über längere Zeit natürliche Umgangssprache gehört haben oder sogar lesen mußten, werden Sie wissen, wie langweilig, repetitiv, formlos und unangenehm sie im Grunde ist. So etwas würden Sie Ihrem Publikum wohl kaum zumuten wollen. Ohne Übung und Schulung spricht niemand fließend und klar. Ein Teil dieser Schulung besteht darin, dem Material Struktur und Form zu geben, aber nicht für das Auge, sondern für das Ohr.

Aber wäre das nicht gewährleistet, indem man die Rede *diktiert?* Bei einem diktierten Text ist die Bedeutung relativ klar erkennbar, zumal das Aussprechen von Gedanken dazu beiträgt, diese zu gliedern. Man kann ja einen Gedankengang einem anderen Menschen nur dann vermitteln, wenn er einem selbst klar ist und man ihn aussprechen kann.

Man zahlt jedoch einen Preis, beziehungsweise das Publikum zahlt ihn: Diktierter Text ist oft nachlässig; er wiederholt sich häufig; und vorgefertigte Phrasen treten nach George Orwell an die Stelle von Gedanken. Das Diktat ist einigermaßen praktisch bei Geschäftsbriefen. Aber selbst hier wird man den unreinen Satz, wiederholte Satzformen oder das Klischee entdecken.

Diktierübungen sind nützlich und auch Redeimprovisationen sind eine gute Übung. Aber wie bei jedem guten Training muß man seine Fehler entdecken und korrigieren. »Nur durch Reden wird man zum Redner.« Worauf Cicero erwiderte, es sei gleichermaßen wahr, daß man durch schlechtes Reden zu einem schlechten Redner wird.[3] Und was verstehen die Zuhörer unter einem schlechten Redner? – Er hat viel zu lange geredet, meinen sie vielleicht, und im Grunde nicht viel gesagt. Diese zwei Gefahren drohen dem Redner, der seinen Text diktiert.

Wenn der Redner nicht viel gesagt hat, wie kann er dann zu lange geredet haben? – Wir wissen schon, was gemeint ist. Was an Inhalt vorhanden war, wurde schlecht vermittelt. Bei einem klaren Aufbau wäre der

Stoff zu einer eindrucksvollen Darbietung geworden. Wird ein Gedanke schlecht artikuliert, mühsam breitgetreten oder ständig wiederholt, dann fehlt es ihm in aller Regel an Schärfe. Wahrscheinlich hätte der Redner den Gedanken klarer herausarbeiten müssen. Aber Diktieren ist dafür ungeeignet. Durch lautes Sprechen kann man Gedanken zwar klar artikulieren, d. h. einem Hörer in verständlicher Weise vortragen – wobei der Redner der erste Hörer ist. Aber lautes Sprechen ist weniger dazu geeignet, diese Gedanken überhaupt erst einmal zu entwerfen oder weitere Gedankengänge daraus zu entwickeln.

Der Grund ist offensichtlich. Sprache ist ein rasch ablaufender Prozeß. Laute sind vergänglich. Walter Ong sagt dazu: »Jede Sinneswahrnehmung findet in einer Zeitdimension statt, aber Klänge haben eine besondere Beziehung zur Zeit und unterscheiden sich von allen anderen Sinneseindrücken, die menschliche Wahrnehmung registriert. Klang entsteht erst, wenn er aufhört zu existieren. Er ist in hohem Maße flüchtig und vergänglich.«[4]

Schreiben hingegen beschäftigt die Sinne zehnmal so lange wie Sprechen. Deshalb ist für analytische Gedankengänge das Schreiben besser geeignet. Beim Sprechen kann man Gedanken zwar formulieren, beim Schreiben kann man sie aber zusätzlich klären, ausfeilen, ergänzen – oder auch verwerfen. Schreiben gibt einem die Zeit zum Analysieren und hilft beim Planen. Ein wohldurchdachter Plan gilt im allgemeinen als kürzeste Strecke zwischen Absicht und Ziel. Der Redner muß dem Vortrag eine Form verleihen, so wie der Verfasser eines Textes.

Der Redner muß sogar noch intensiver planen als der Autor, denn während das lesende Publikum jederzeit auf das gesamte Material zurückgreifen und die Unzulänglichkeiten des Autors nötigenfalls wettmachen kann, hat das hörende Publikum weder die Zeit noch die nötige Information, um das Material zu ordnen.

Ein schlecht geplanter schriftlicher Text ist bestenfalls mühsam zu lesen, doch bei einem gesprochenen Text kann mangelnde Planung zu völliger Unverständlichkeit führen. Gute Redner haben immer alles im Griff. Sie wissen, wo sie gerade sind und wohin sie wollen. Das erfordert Planung, doch planen kann man nicht spontan. Dazu braucht es Disziplin, und Schreiben zwingt einen zu dieser Disziplin. Es deckt eventuelle Fehler in der Argumentation auf, entlarvt oberflächliche Gedankengänge und trennt das Richtige vom Falschen.

Nur wenn man die Rede niederschreibt, läßt sich die Argumentation richtig ausarbeiten. Die meisten Menschen können den Gedankengang einer Rede ohnehin nur in schriftlicher Form festlegen. Wie bereits angedeutet, hat vollständiges Niederschreiben beim Ausarbeiten der Rede einen weiteren Vorteil gegenüber Diktat und Notizen. Es verwandelt das, was man zu sagen hat. »Es erweitert die Möglichkeiten der Sprache«[5], wie Ong es formuliert.

Schreiben ist kreativer als Sprechen. Indem wir unsere Gedanken räumlich fixieren, können wir sie umstrukturieren. Das Schreiben kann dazu beitragen, diesen Gedanken Substanz zu verleihen. Dadurch werden Gedanken zu Werkzeugen. Schreiben macht Gedanken greifbar. Dadurch kann man sogar mit abstrakten Begriffen leichter umgehen. Hierin liegt allerdings ein gewisses Problem für den Redner, zumal der Text wieder in gesprochene Form zurückverwandelt und einem Zuhörer anstatt einem Leser verständlich gemacht werden muß. Aber das ist bei allen geschriebenen Reden der Fall. Die Vorlage, die man ausarbeitet, ist nicht die Vorlage, die man vorträgt. Die erstere wollen wir deshalb »Text« nennen, die letztere bezeichnen wir als »Skript«.

Der *Text* ist das, was man schreibt, das *Skript* das, was man spricht.

Der schlechte Redner verfaßt einen Text und trägt diesen dann vor. Der gute schreibt einen Text und verwandelt ihn in ein Skript. Der außergewöhnliche Redner kann auf Anhieb ein Skript verfassen.

In Kapitel 17 werden wir den Unterschied zwischen Text und Skript eingehender betrachten. Aber egal welche Form wir schriftlich ausgearbeitet haben, keine davon sollte den Zuhörern *vorgelesen* werden – wobei natürlich ein vorgelesener Text schlimmer klingen würde als ein verlesenes Skript.

Eine vorgelesene Rede ist ein Widerspruch in sich und eine Beleidigung für das Publikum. Die Zuhörer werden dabei bestenfalls als Beobachter eines Rituals behandelt. Ihre Anwesenheit wird praktisch ignoriert und ihre Beteiligung offen negiert. Sowohl für den Redner als auch für die Zuhörer wäre es von großem Vorteil, wenn der Text gedruckt und im Publikum verteilt würde.

Im Grunde schafft der Text sogar eine Barriere zwischen dem Redner und seinem Publikum. Der Vortragende verbirgt sich hinter seinem Text. Das Papier vor ihm ist nicht mehr Mittel zum Zweck, d. h. ein Hilfsmittel zur Kommunikation, sondern wird zum Selbstzweck, d. h. zu dem, was vermittelt werden soll.

Nein, die Regel lautet so: *Schreiben* Sie einen Text; verwandeln Sie diesen in ein Skript, das Sie dann *vortragen;* eventuell wandeln Sie das Skript in *Notizen* um. Je erfahrener Sie werden, desto mehr wird Ihr anfänglicher Text einem Skript gleichen. Aber seien Sie unbesorgt, wenn Sie zunächst beide Formen ausarbeiten müssen – solange Sie den Unterschied zwischen Text und Skript erkennen und einsehen. Und Zuhörern ist es lieber, wenn ein guter Redner schreibt, statt daß ein guter Schriftsteller redet.

Schreiben Sie Ihre Rede unbedingt nieder. Aber achten Sie darauf, daß Sie so schreiben, daß man Ihnen zuhören kann.

Im alten Rom übten die Redner beide Künste – das Reden und das Schreiben. Wenn die Römer ihre Reden nicht niedergeschrieben hätten, wäre es überhaupt nicht möglich gewesen, die Gesetze der Rhetorik zu formulieren, die sie wiederum zu besseren Rednern machten. Ong stellt fest: »Das Schreiben hat die gesprochene Sprache nicht eingeschränkt, sondern erweitert, und hat es ermöglicht, die Grundprinzipien der Rhetorik in einer wissenschaftlich fundierten Kunst zu systematisieren.«[6]

Römische Redner übten sich in beiden Künsten – im Reden und im Schreiben

„Caesar zu beerdigen, bin ich gekommen, nicht ihn zu loben ..."

»Nehmt euch Zeit zum Überlegen«, lehrte Cicero seine Schüler, »bereitet euch besser vor und drückt euch klarer aus. Schreibt so viel wie möglich. Die Feder ist der beste und wichtigste Autor und Lehrer der Redekunst.« Cicero wußte, daß der Akt des Schreibens dazu beiträgt, eine gute Rede hervorzubringen. »Sämtliche Gedanken und Ausdrücke, alle höchst brillant in ihrer Art, müssen in klarer Reihenfolge der Spitze unserer Feder entspringen.« Das Schreiben hilft uns beim Ausarbeiten der Rede, »denn das eigentliche Ordnen und Anordnen der Worte wird im Laufe des Schreibens perfektioniert.« Cicero beendet diesen Satz mit dem Zusatz: »...in einem Rhythmus und Takt, der der Redekunst, im Unterschied zur Dichtkunst, angemessen ist.«[7] Wir würden statt dessen sagen, »in einer Ausdrucksweise, die der gesprochenen Sprache, im Unterschied zur Literatur, gerecht wird«.

Der Text muß auf jeden Fall in ein Skript umgewandelt werden. Das Skript muß »natürlich« klingen, so als seien der Gedanke und der sprachliche Ausdruck im selben Moment entstanden. Gewiß, das ist unwahrscheinlich, aber das Publikum ist bereit, es zu glauben – vorausgesetzt, das Kunstprodukt ist fachmännisch ausgeführt. Denn wie Longinus feststellt, ist Kunst »nur dann perfekt, wenn sie aussieht wie die Natur«.[8] Kunst ist das, was jegliche Künstlichkeit tarnt und verbirgt. Es ist Mark Twains »Spontaneität«, hinter der drei Wochen Mühe und Schweiß steckten. Der Dramatiker, der für natürlichen Dialog gepriesen wird, ist ein Handwerker, der künstlich die Illusion natürlichen Dialogs erzeugt; genauso wie der begabte Schriftsteller oder Poet den Eindruck von Unordnung hervorzurufen vermag, indem er größtes Augenmerk auf die Anordnung richtet.

Ordnung ist alles – die Ordnung der Gedanken, des Inhalts und der Sprache. Das Sprechen schafft keine Ordnung. Das Schreiben hingegen durchaus. Schreiben Sie die Rede nieder.

3. Grundlagen der Kommunikation

Bevor wir damit beginnen, eine Rede auszuarbeiten, sollten wir uns die Grundlagen der Kommunikation ins Gedächtnis rufen. Sie sind Ihnen wahrscheinlich vertraut, der Zusammenhang mit unserem Thema hingegen dürfte neu sein. Betrachten wir also die »Regeln« der Kommunikation im Kontext des Vortrages.

Das traditionelle Modell ist einfach.[9] Seine Definition von Kommunikation umfaßt folgende Punkte: »Wer sagt was zu wem über welchen Kanal und mit welcher Wirkung.«[10] Es gibt verschiedene andere Definitionen, aber keine ist so praktisch und so umfassend.

Das Modell geht von zwei Teilnehmern aus, einem Sender und einem Empfänger. In unserem Fall sind das der Redner und der bzw. die Zuhörer. Ich wählte das Wort »Teilnehmer« absichtlich, denn die Zuhörer nehmen aktiv teil. Der einzelne Zuhörer in einem Publikum ist nie ein passiver Rezipient. Er hat ebenso viel Einfluß auf die Nachricht (quantitativ und qualitativ) wie der Sender. Er kann wählen, was er empfangen will. Er kann durch Aktivitäten oder durch mangelnde Aufmerksamkeit das gesandte Signal beträchtlich reduzieren, indem er zum Beispiel mit seinem Bleistift auf einem Block herumkritzelt. Er kann das Signal aber auch erheblich maximieren, indem er beispielsweise jenen Bleistift dazu benutzt, sich Notizen vom Vortrag zu machen.

Kommunikation besteht nicht zwischen einem aktiven und einem passiven Teil, obwohl es in der Massenkommunikation oft so gesehen wird. Die Sprache in Marketing und Werbung verrät, daß der Prozeß der Kommunikation als Einbahnstraße betrachtet wird. Empfänger sind das »Zielpublikum«. Aber mit Zielscheiben tauscht man keine Nachrichten aus; man versucht, sie zu *treffen*. Die Begriffe der Werbesprache sind weitgehend dem Militärjargon entlehnt – man spricht von Werbefeldzug, Einsatzplan, Offensive, Reichweite, und so weiter.

Kommunikation ist aber nicht das Abfeuern von Signalen auf das Gehirn eines passiven Empfängers, sondern der *Austausch* von Signalen zwischen zwei Beteiligten. Kommunikation ist immer ein Dialog, auch wenn die Resonanz nicht vernommen wird.

Selbst der scheinbar passivste Rezipient, der Fernsehzuschauer im Lehnsessel, reagiert auf den Bildschirm. Der Akteur auf der Mattscheibe (ebenso wie der Autor und der Regisseur) muß diese Reaktion einplanen und im Material eine Möglichkeit zum Feedback berücksichtigen. Es mag mitunter schwierig sein, das Feedback-Signal zu bestätigen. Zuschauerforschung, Einschaltquoten, Beschwerden oder Diskussionen geben dem Team zu erkennen, ob die Reaktionen so ausfielen wie erwartet. Aber das sind verzögerte Signale. Deshalb laden Fernsehleute häufig Studiopublikum ein. Ein Redner hat dagegen immer ein »Live«-Publikum vor sich und genießt den Vorteil unmittelbarer Reaktionen. Der schlechte Redner wird davon leicht irritiert. Der gute Redner stellt sich von vornherein darauf ein. Wie wir im nächsten Kapitel sehen werden, ist der Text eines guten Vortrags nie ein Monolog – *er ist eine Hälfte eines Dialogs.*

Kommunikation verläuft zweigleisig. Das lateinische Wort *communicare* bedeutet »teilen«. »Menschliche Kommunikation«, sagt Ong, »verläuft nicht nur in einer Richtung. Sie verlangt Rückmeldung. Der Kontext, in dem wir eine Mitteilung formulieren, wird von der Reaktion bestimmt, die wir erwarten.«[11]

Der clevere Marketing-Fachmann macht sich diese Einsicht zunutze. Er setzt beim Ende an, bei der gewünschten Reaktion. Was soll der Empfänger als Folge der Kommunikation denken, fühlen, glauben, tun? Der Sender muß sich in den Empfänger hineinversetzen. Das ist der einzig sinnvolle Ansatz.

Das Kommunikationsmodell enthält folgende zentrale Bestandteile:

- Sender
- Empfänger
- Nachricht
- Enkodierender
- Dekodierender

Der *Sender* denkt sich eine *Nachricht* aus. Die Übertragung ist dann perfekt, wenn die Nachricht den *Empfänger* in derselben Form erreicht, wie der Sender sie aussandte. Die Rückmeldung des Empfängers sollte dem Sender mitteilen, ob dies der Fall ist. Das klingt recht einfach, aber Sie wissen ja selbst, wie leicht sogar die einfachsten Nachrichten – Instruktionen an Familienmitglieder oder Kollegen – schiefgehen können. Kommunikation, die ein Ergebnis erzielen soll, bleibt oft wirkungslos. Entweder wird gar nichts oder etwas Falsches bewirkt.

Wessen Schuld ist das? Die Verantwortung trägt der Sender, und zwar immer. Das ist zwangsläufig so, denn er initiiert die Kommunikation. Dies tut er, indem er seine Nachricht *enkodiert*. Falls Ihnen das Wort »enkodieren« ein bißchen zu technisch klingt, zumal es nichts anderes bedeutet als Gedanken in normale Alltagssprache verwandeln, üben Sie Nachsicht mit mir. Ja – enkodieren ist wirklich nichts weiter, aber genau hier beginnt das Problem. Sender vergessen leicht, daß sie in Kodes sprechen.

Sprache ist ein Kode. Stellen wir uns einmal zwei primitive Menschen in einem Wald vor, die auf ein kleines vierbeiniges Tier stoßen, das bellt und mit dem Schwanz wedelt.

»Hund!« äußert der erste.

»Hund?« erwidert der zweite verwirrt.

»Hund!« wiederholt der erste und deutet auf das Tier.

In diesem Moment wurde die gesprochene Sprache bereichert. Der einsilbige Laut wurde zu einem Wort. Die Lautfolge »Hund« ist eine Bezeichnung für das bezeichnete Objekt, nämlich das betreffende Tier. Fünfzigtausend Jahre später kommt es zu einem technologischen Durchbruch. Jemand schreibt die Buchstabenfolge »H-u-n-d« nieder, um das lautliche Zeichen bildlich darzustellen. Das geschriebene Wort »Hund« ist ein sekundärer, ein visueller Kode für den akustischen Kode, der das eigentliche Objekt bezeichnet.

Obwohl wir gesprochene und geschriebene Worte instinktiv verwenden, müssen wir uns die Sprache immer als Kode vorstellen. In der Tat entspringen die meisten Probleme aus schlecht funktionierender Kommunikation, aus der gedankenlosen Verwendung der Sprache.

Sobald Sie sich dagegen die Sprache als Kode vorstellen, fällt Ihnen etwas Entscheidendes auf: Sie denken an den Empfänger, den *Dekodierer*. Wenn der Empfänger den Kode nicht kennt, kann er die Nachricht nicht dekodieren. *Communicare* heißt »teilen«. Ohne »geteilten Sinn« findet keine Kommunikation statt. Schreiben Sie das Wort »Kode« auf das Titelblatt Ihres Skripts, um immer daran zu denken, daß Sie und Ihre Zuhörer den Sinn Ihrer Aussagen teilen müssen.

Selbst wenn es einen gemeinsamen Kode gibt, sind Ihre Chancen anzukommen zwar relativ groß, aber keineswegs garantiert. Andere Faktoren können die Verständlichkeit Ihrer Signale beeinträchtigen. Mit etwas Glück und guter Planung können Sie diese Faktoren erkennen, und zwar durch das *Feedback*. Feedback tritt in verschiedenen Formen auf. Zu den offensichtlichen gehören zum Beispiel Fragen, Applaus, Lachen oder gespanntes Schweigen. Andere Zeichen dagegen müssen interpretiert werden, zum Beispiel die Art und Weise, wie bestimmte Personen sitzen, blicken oder sich im Gesicht kratzen (Körpersprache). Zeichen von Ungeduld und Langeweile sind leicht zu entdecken – man raschelt mit Papier, sieht auf die Uhr, rückt nervös auf dem Stuhl herum.

Zeichen von Langeweile sind leicht zu entdecken

Manche Verhaltensformen können zweideutig sein. Wie soll man beispielsweise erkennen, ob der eifrig mitschreibende Zuhörer nicht vielleicht einen Liebesbrief verfaßt?

Feedback ist die Rückmeldung auf ein Signal, aus der hervorgeht, ob eine Nachricht empfangen und, was noch wichtiger ist, ob sie *verstanden* wurde. Wenn durch das Feedback beides bestätigt wird, kann man getrost weitermachen. Wird nur ersteres bestätigt, läßt sich die Methode noch korrigieren. Wenn Gegenteiliges daraus hervorgeht, weiß man zumindest, daß es ein Problem gibt. Bekommt man aber gar kein Feedback, erkennt man das Problem vielleicht erst, wenn es zu spät ist.

Das Problem muß nicht unbedingt auf den Sender zurückzuführen sein. Gewisse Faktoren, die die Verständlichkeit eines Signals beeinträchtigen, lassen sich kaum beeinflussen. Das Lautsprechersystem könnte zum Beispiel den örtlichen Taxifunk übertragen, was mir einmal passierte. Trotzdem trägt der Sender die Verantwortung. Er muß auf alles vorbereitet sein.

Wir wollen das, was gesendet werden soll, als *Ton* bezeichnen. In der Terminologie des Kommunikationswissenschaftlers nennt man das, was den Ton beeinträchtigt, eine *Störung*.

Drei Arten von Störungen können auftreten – und kein Vortrag, kein Redner ist immun dagegen. Bei *Störungen im Kanal* stimmt mit dem Kommunikationsmedium etwas nicht. Einige Beispiele: Der erwähnte Taxifunk. Kein Mikrophon. Eine heisere Stimme. Polypen in der Nase. Zu viel Licht während einer Diavorführung. Ein schmutziges Dia. Ein falsches Dia. Das Klappern mit Geschirr und Besteck im Vorraum. Eingeschränkte Sicht auf die Leinwand. Die Manieriertheit des Redners usw.

All das aufzuzählen, was schiefgehen könnte, würde Sie bloß deprimieren. Sinnvoller ist es, zwischen jenen Störungen zu unterscheiden, die sich verhindern lassen, solchen, die man zumindest vorher erkennen kann, und solchen, bei denen man höchstens beten kann, daß sie nicht eintreten mögen.

Die Manierismen eines Redners sind
STÖRUNGEN IM KANAL

Störungen im Kode liegen dann vor, wenn der Sender ein Sprach- oder Bildzeichen in einem bestimmten Sinn verwendet, das Zeichen jedoch in einem anderen Sinn aufgefaßt oder gar nicht empfangen wird. Häufige Ursache dafür ist die Verwendung von Berufsjargon, technischen Begriffen, Fremdwörtern und vagen Formulierungen. Hauptschuld aber trägt eine Sprache, die eher zum Lesen als zum Hören geeignet ist. *Wird der Text nicht in ein Skript umgearbeitet, können Störungen im Kode gravierend werden.* Von allen Formen von Störungen kann der Redner diese am stärksten beeinflussen, und zwar bereits in seinen eigenen vier Wänden.

Psychologische Störungen liegen vor, wenn die Beziehung zwischen dem Sender und dem Empfänger irgendwie beschwert ist. Die Art, wie der Redner sein Material vermittelt (siehe Kapitel 23), kann mit seiner Nachricht in Konflikt geraten. Er kann zum Beispiel hochnäsig, überheblich, intellektuell oder herablassend wirken. Sein Akzent kann ihn als Außenseiter oder Snob ausweisen. Seine scheinbare Aggressivität, wahrscheinlich nur ein Überkompensieren seiner Nervosität, kann unangenehm wirken. Die Art, wie der Vorsitzende den Redner vorgestellt hat, mag einen falschen Eindruck vermittelt haben, und der Redner braucht zunächst ein paar Minuten, um den Eindruck zu korrigieren. Vielleicht ist sein Blutzucker zu niedrig. Das Mittagessen könnte kurz bevorstehen. Die Veranstaltung kann schon zu lange gedauert haben.

Mit psychologischen Störungen wird der Redner am schwersten fertig. Trotzdem trägt der Sender die Verantwortung. Er muß seinen Vortragsstil überprüfen. Er muß sich ein Bild von seinem Publikum machen. Er muß sich mit dem Kontext seiner Darbietung vertraut machen, sowohl mit der räumlichen Umgebung als auch der emotionalen Stimmung. Er muß die herrschende Atmosphäre einzuschätzen suchen, auf die sich sein Erscheinen irgendwie auswirkt und die wiederum sein Auftreten beeinflußt.

Die verschiedenen Störungen überlagern sich oft. Eine bestimmte Formulierung (Kode) mag zum Beispiel einen gewissen intellektuellen Unterton haben (psychologisch), unabhängig vom Vortragsstil. Ein Redner, der ein Publikum ohne klassische Bildung mit einem lateinischen Zitat behelligt, macht sich unter Umständen sowohl einer psychologischen

PSYCHOLOGISCHE STÖRUNGEN

Arrogant, überheblich, intellektuell und herablassend

als auch einer Kode-Störung schuldig. Und wenn er die Zuhörer einschläfert, so kommt eine Störung im Kanal noch hinzu.

Vermutlich hegen Sie inzwischen bereits Zweifel, ob Sie überhaupt Reden halten sollten. Nur Mut. Ein Problem zu erkennen, stellt bereits die halbe Lösung dar. Zu viele Redner sind so dickfellig, daß sie der möglichen Probleme gar nicht gewahr werden. Und falls sie der möglichen Zuhörerreaktionen bewußt sind, erwarten sie, daß das Publikum etwaige Mängel im Material oder im Vortrag ausbügelt.

Ein guter Redner weiß, daß Kommunikation ein Austausch ist, daß der Sinn der Transaktion nicht allein in der intendierten Botschaft liegt, d. h. in den Skriptseiten, die vor ihm liegen. Der Gesamtvorgang schließt zusätzliche Botschaften ein, die die »Körpersprache« des Redners aussendet. Solche Anhaltspunkte können den intendierten Sinn verstärken oder verdeutlichen; sie können ihn aber auch negieren oder ihm widersprechen. Die Wirkung nonverbaler Kommunikation darf nicht unterschätzt werden. Für einige Empfänger mag die nonverbale Botschaft die richtige und die verbale nichts weiter als eine Störung sein.

Wie ich meiner Frau gegenüber oft betone, „Linguam compescere, virtus non minima est"...

Psychologische Störung UND Störung im Code

Zum Gesamtereignis gehört auch das ganze »Gepäck« an Einstellungen und Erwartungen, das der Zuhörer mitbringt. Die Art, wie er sich selbst sieht, seine Bedürfnisse, Werte und Eigenschaften – all das kann den Empfang beeinflussen. Ein und dieselbe Information kann von zwei anscheinend ähnlichen Menschen durchaus verschieden interpretiert werden. Kommunikation ist ein schwieriger Prozeß mit dem Ziel, einen gemeinsamen Nenner zwischen Sender und Empfänger zu finden.

- Wie kann man als Sender diese Schwierigkeiten vermindern?
- Welche Störungen lassen sich verhindern?

- Welche möglichen Störungen sind zu erkennen?
- Welche kann man nicht beeinflussen?

Will man Störungen vermindern, so muß man zunächst deren mögliche Quellen entdecken.

STÖRUNGEN können ausgehen vom

1. Text
2. Vortragsstil
3. Gerät
4. Raum
5. Publikum

Alle diese Faktoren kann man in den Griff bekommen, allerdings vermindern sich die Möglichkeiten zunehmend. Das schwierigste Problem ist also das *Publikum*, und genau hier setzt das Ausarbeiten der Rede an.

4. Versetzen Sie sich in den Zuhörer

Wenn im zweiten Kapitel argumentiert wurde, Sie sollten wie ein guter Redner schreiben, und wenn Sie sich
mit dem dritten Kapitel vertraut gemacht haben, dann
dürfte es Sie nicht überraschen, wenn wir im vierten
Kapitel vorschlagen, Sie sollten sich in den Zuhörer hineinversetzen.

Denken Sie wie ein Zuhörer

Aristoteles unterschied drei Aspekte, die für den Redner
wichtig sind: das Thema, die Absicht und das Publikum.
Dem dritten Punkt schenken die meisten Redner zwei-
tausend Jahre danach die wenigste Aufmerksamkeit.
Vielleicht ist ihnen nicht ganz geheuer, daß sie am
Ende beginnen sollen. Adam Smith ermahnte die Hersteller von Gütern, »der Konsum ist einzig und allein
Zweck und Ziel jeglicher Produktion; und das Interesse
des Produzenten sollte nur insofern von Belang sein, als
es notwendig sein mag, das Interesse des Konsumenten
zu fördern«. Aber noch zweihundert Jahre später ver-

lassen sich viele Firmen in ihrer Einstellung zum Kunden meist auf blinde Intuition.

Sich in den Kunden hineinzuversetzen fällt dem Hersteller schwer. Und das, obwohl er doch genauso oft selbst die Rolle eines Kunden einnimmt. Wenn er eine Firma in einer fremden Branche kritisieren soll, spricht er gewöhnlich aus der Sicht des zufriedenen oder unzufriedenen Kunden und hat eine klare Vorstellung davon, wie der Service der Firma verbessert werden könnte. Diese Erfahrung aber auf sein eigenes Geschäft anzuwenden und die Produkte und Dienstleistungen seiner Firma vom Standpunkt dessen zu betrachten, der sein Gehalt bezahlt, nämlich des Kunden, diese Aufgabe kann er selten ohne Unterstützung bewältigen – sehr zur Freude der Unternehmensberater und der Marktforschungsindustrie.

Man sollte keine Rede halten, ohne die Grundzüge der Kommunikation und die Rolle des Empfängers zu verstehen. Stellen Sie sich eine der einfachsten Mitteilungen vor, die sowohl bei Vorträgen als auch im Alltag zwischen Menschen ausgetauscht werden, nämlich den Witz. Was geschieht, wenn ein Zuhörer nicht reagiert? Was sagt er? Entweder »Das kapiere ich nicht« oder »Das finde ich gar nicht komisch.« In beiden Fällen hat er sich auf eine Beteiligung eingelassen. Im ersten hat er es versucht und ist gescheitert, da er keine Verbindung herstellen konnte. Im zweiten Fall ist ihm dies gelungen, aber er sieht in der Verbindung keinen besonderen Sinn oder Widersinn.

Versuchen Sie es einmal damit:

»Herr Ober, da ist eine Nadel in meiner Suppe.«
»Nein, mein Herr, das ist ein Druckfehler. Es ist eine Nudel.«

(Es gibt zwei Arten von Menschen auf der Welt: solche, die das komisch finden, und Buchhalter). Ein Witz funktioniert als Witz genau deshalb, weil der Zuhörer daran *teilnimmt*. Der Vortragende muß sich also in den

Zuhörer hineinversetzen und ihm die Möglichkeit der Teilnahme geben.

Aktive Teilnahme beschränkt sich gewiß nicht auf Witze. Jeder Zuhörer im Publikum hat fünf Sinne. Drei, so hoffen Sie, ruhen vorübergehend und zwei (Sehen und Hören) nehmen Sie in Anspruch. Noch wichtiger ist aber, daß Sie ein Gehirn ansprechen. *Was wird er wohl denken, während Sie reden?* Was würden Sie wohl denken? Wie würden Sie reagieren, wenn jemand *Ihnen* das erzählen würde? *Communicare* heißt teilen. Das Publikum muß teilhaben am Vorgang und am Ergebnis der Kommunikation, an der Arbeit und an der Aktivität. Bei einem Vortrag sollte das Publikum nicht abschalten, sondern aufhorchen.

Ein Vortrag ist ein Medium nicht zum Zurücklehnen, sondern zum Aufhorchen

Das Publikum ist leichter dazu zu bewegen, eine Meinung zu teilen, wenn man es dazu bringt, auch die entsprechende Arbeit zu teilen. Eine Rede sollte wie gesagt nicht wie ein Monolog verfaßt werden, sondern als eine Hälfte eines Dialogs. Hin und wieder sollte man einen Kommentar oder eine Frage seitens der Zuhörer in den Text einfügen. Man muß sich klarmachen, welche Reaktion man auslösen will – welche Einzelreaktionen im Verlauf des Vortrags und welche Gesamtreaktion am Ende eintreten soll.

Das Publikum soll Ihnen natürlich zustimmen und Ihren Ausführungen entsprechend handeln, aber das müssen Sie sich schon verdienen. Nur Despoten verlangen, vom Publikum blind akzeptiert zu werden.

Zum Beispiel könnten Sie das Publikum gelegentlich dazu provozieren, Ihnen zu widersprechen oder Ihre Aussagen zu hinterfragen. Sie könnten etwas Widersprüchliches einfügen und hoffen, daß die Zuhörer es bemerken. Für den Meister ist dies ein leichtes; beim Anfänger könnte es verfänglich werden. Solche Strategien dienen der Verdeutlichung. Sie können das Publikum unterhalten, amüsieren oder überraschen. Wesentlicher ist jedoch, daß Sie *das Publikum wachhalten und beschäftigen.*

Im Theater kann man in der Pause nach dem ersten Akt genau sagen, wie gut ein Theaterstück ankommt, je nachdem wie aufgeregt das Stimmengewirr im Foyer klingt. »Das Publikum ist geschäftig, weil es beschäftigt wurde.« (Eine alte Theatermaxime, die ich eben erfunden habe.) Lassen Sie sich übrigens nicht von all diesen Verweisen auf das Theater einschüchtern. Eine Darbietung wie etwa ein Vortrag ist nun einmal Theater. Es ist Ihr eigenes Risiko, wenn Sie das vergessen. Ein Vortrag ist lebendiges Theater. Der »Live«-Charakter geht weitgehend verloren, wenn Sie sich beispielsweise zu sehr auf Filmmaterial stützen. Und er wird verstärkt, wenn Sie Ihr Skript nicht als Monolog betrachten, sondern als die *Hälfte eines Dialogs.* Dialog ist viel *dramatischer.*

Bevor Sie anfangen zu schreiben, sollten Sie deshalb so viel wie möglich über die Zuhörer erfahren.

(1) Die Anzahl?
(2) Aufschlüsselung nach Geschlecht? Altersgruppen? Stellung (gesellschaftlich und ökonomisch)? Bildungsniveau? Ethnische Zugehörigkeit?
(3) Was verbindet die Zuhörer untereinander? Sind sie eine homogene oder heterogene Gruppe?
(4) Was erwarten sie? Weshalb sind sie anwesend?

Was wurde ihnen gesagt?

(5) Was wissen sie über das Thema?

(6) Was wissen sie über den Redner?

(7) Wie bedeutsam ist das Thema für ihr Berufs- oder Privatleben?

(8) »Sind sie öfters hier?« – d. h., gehören Vorträge zu ihrem täglichen Brot? Hängt ihnen dieses Thema schon zum Hals heraus? Haben sie vorgefaßte Meinungen?

(9) Wie werden sie wohl gelaunt sein? – Das kann von ihrer jeweiligen Branche oder Beschäftigung abhängen, vom Zeitpunkt des Vortrags, von kürzlichen Ereignissen, usw. Solche Faktoren müssen bis unmittelbar vor dem Beginn des Vortrags überprüft werden. Und schließlich der fast nicht greifbare Aspekt...

(10) Welche persönliche Ausstrahlung hat das Publikum?

Die Antwort auf die Frage (10) werden Sie erst am betreffenden Tag herausfinden, hoffentlich nicht allzu lange nach dem Beginn des Vortrags. Versuchen Sie, mit einigen Zuhörern aus dem Publikum zu sprechen, bevor Sie vor das Plenum treten. Suchen Sie ihre Erwartungen, Bedürfnisse, Werte, Ziele, Maßstäbe und Interessen abzuschätzen. All dies beeinflußt, so haben wir festgestellt, wie Informationen aufgenommen und interpretiert werden.

Sie bemerken womöglich, daß Sie es mit einem feindseligen oder zumindest ablehnenden Publikum zu tun haben. In diesem Fall kommt es Ihnen zugute, wenn Sie einen Dialog voller unausgesprochener Fragen vorbereitet haben. Es könnte ja notwendig werden, diese Fragen tatsächlich auszusprechen und somit beide Seiten einer Debatte zu Wort kommen zu lassen. Und zum Ende Ihres Vortrags sollten Sie auf Fragen vorbereitet sein. Aber um in Antony Jays Worten zu sprechen, »Man sollte nicht ringen, wenn Judo angesagt ist. ... Ein Vortrag ist selten der geeignete Zeitpunkt, um Leuten klarzumachen, daß ihre festen Überzeugungen falsch sind. Man muß ihre Meinungen akzeptieren und kann ihnen höchstens deutlich machen, daß sie die falschen Schlußfolgerungen gezogen haben. ›Intellektuelles Judo‹ besteht darin, die Wirkungskraft der Meinungen und Vorurteile des anderen einzusetzen, um kraft eigener Argumentation zu überzeugen.«[12]

Wenn Sie allerdings herausfinden können, weshalb sich die Zuschauer ablehnend verhalten, können Sie besser eine Verbindung zu ihnen herstellen. In einem Unternehmen präsentierte ich einmal ein neues Aktionskonzept, ohne zu wissen, daß drei Jahre zuvor meine Konkurrenz ähnlich vorgegangen war – mit unglücklichem Ausgang.

Schließlich können Erkundigungen über das Publikum versteckte Motive aufdecken. Sie oder Ihre Firma sind vielleicht eingeladen worden, um über ein be-

Eric

stimmtes Thema zu sprechen, und zwar aus einem Grund, der nichts mit dem vorgeblichen Zweck zu tun hat. Ihre scheinbare Objektivität, etwa als unabhängiger Experte, mag von einer Fraktion innerhalb des Publikums – zum Beispiel einer Firma oder Gesellschaft – für eigennützige Zwecke in einem innerbetrieblichen Streit oder sogar Machtkampf mißbraucht werden. Deshalb ist die Frage (7) nach der Bedeutsamkeit des Themas für die Zuhörer so wichtig. Sie sollten sich immer einen Zuhörer vorstellen, der auf einem Stuhl vor Ihnen sitzt. Wir wollen ihn Eric nennen

Sie wissen selbst, wie man sich als Zuhörer vorkommt, wenn der Redner einen nicht geistig fordert; wie hungrig, durstig oder unruhig man sich fühlt, wie sehr man sich wünscht, irgend etwas zu tun. Man sollte dafür sorgen, daß das Publikum wirklich etwas tut, am besten etwas, das mit dem Vortrag zusammenhängt. Schließlich sind die Zuhörer gewillt zuzuhören. Wie Antony Jay feststellt, »nach den ersten zehn Minuten sollten sie an dem Punkt sein, wo sie mehr wissen wollen«.[13] Aus diesem Grund ist der Anfang eines Skripts so wesentlich.

Falls die Zuhörer mit Bleistift und Papier ausgerüstet sind, sollten Sie sie dazu ermuntern, diese Utensilien auch zu benutzen. Versetzen Sie sich in den Zuhörer. Machen Sie sich da Notizen? Fragen Sie nach der Struktur des Ganzen? Schreiben Sie zentrale Punkte auf? Was bewegt Sie dazu, den Stift zur Hand zu nehmen? Eine neuartige Formulierung? Ein neuer Gedanke? Ein Hinweis, dem Sie später nachgehen können? Ein Goldkorn? – Lesen Sie Ihren Text noch einmal durch und suchen Sie nach Goldkörnern. Besser noch, Sie übertragen das einem Kollegen. Er findet vielleicht ein Goldkorn an einer Stelle, wo Sie es nicht vermutet hätten.

Eines bewegt den Zuhörer in der Regel dazu, zum Stift zu greifen, besonders am Anfang des Vortrags, nämlich eine kurze Liste. Ein Beispiel: »Für dieses Problem gibt es drei verschiedene Lösungen...« Dieses Vorgehen hat zwei Vorteile (Sie merken, worauf ich hinaus will):

(1) In schriftlicher Form ist dem Aufbau der Argumentation leichter zu folgen.
(2) Der Zuhörer hat etwas in der Hand, was er später selbst benutzen kann.

Achten Sie einmal darauf, wie oft zum Bleistift gegriffen wird, wenn der Redner Listen aufzählt. Aber übertreiben Sie es nicht.

Man muß das Publikum mit einbeziehen; und zwar von Anfang an, wenn es einem seine Aufmerksamkeit noch *gratis* schenkt. Später muß man sie sich verdienen. Untersuchungen der »Konzentrationskurve« zeigen, daß die Aufmerksamkeit anfangs hoch ist, dann allmählich abnimmt und gegen Ende wieder steigt. Man muß nicht Psychologe sein, um das zu wissen. Es bestätigt lediglich Ihre eigene Erfahrung als Zuhörer. Machen Sie sich diese Erfahrung zunutze.

(1) Nutzen Sie die ersten paar Minuten. Stellen Sie die zentralen Punkte vor.
(2) Fordern Sie die Aufmerksamkeit des Publikums während des langen Mittelteils, indem Sie es beschäftigen.
(3) Nutzen Sie die letzten Minuten. Fassen Sie den Inhalt zusammen, am besten in einem einprägsamen Satz.

Der Zuhörer ist so lange beschäftigt, wie er zum Nachdenken angeregt wird und körperlich tätig ist. Denken Sie immer an das alte chinesische Sprichwort:

Ich höre – ich vergesse.
Ich sehe – ich behalte.
Ich tue – ich verstehe.

Als Zuhörer erinnern Sie sich am besten an das, woran Sie aktiv teilnehmen. An einem Witz nehmen Sie teil. Sie füllen eine Lücke, stellen eine Verbindung her. Ein Witz ist kein Witz, wenn er erklärt werden muß.

Fordern Sie zur aktiven Teilnahme auf. Bitten Sie Eric, Sie beim Schreiben des Vortrags zu unterbrechen, selbst wenn er nichts weiter fragt als »Wieso«? – auch das hilft. Und wenn Sie antworten, lassen Sie ihn erneut fragen und immer wieder nachhaken. Das kann Sie unter Umständen verrückt machen. Andererseits werden unklare Gedankengänge sichtbar. Folglich können Sie pauschale Phrasen durch echte Gedanken ersetzen.

Was für den Vortragenden gilt, trifft übrigens auch für den Werbefachmann, den Straßenhändler und den Staatsanwalt zu. Auch Cicero fängt vom Ende her an und versetzt sich in den Zuhörer, wenn er aus dem Mund des Antonius spricht:

»Nichts, Catullus, ist also wichtiger in der Redekunst, als daß der Redner die Gunst seines Zuhörers gewinnt und diesen so überzeugt, daß ihn ein bloßer Gedankenanstoß oder ein Gefühl stärker bewegt als ein Urteil oder ein Argument. Denn Menschen lösen Probleme eher durch Haß, Liebe, Lust, Mut, Sorge, Freude, Hoffnung, Furcht, Wahn oder andere Gefühle als durch Vernunft, Autorität oder rechtliche Maßstäbe, juristische Präzedenzfälle oder Gesetze.«[14]

Wenn Sie sich auf das Publikum vorbereiten und sich in den Zuhörer hineinversetzen, dann kommunizieren Sie auf der Erfahrungsebene des Zuhörers. Eine Rede kunstvoll auszuarbeiten, besteht nicht nur darin, Gedanken miteinander zu verbinden, sondern die Gedankengänge mit der Erfahrung und dem Wissen des Zuhörers in Beziehung zu setzen.

Wenn dieses Wissen nun aber unzulänglich ist? Nun, dann muß man es unter Umständen während des Vortrags ergänzen. C. P. Scott, der Herausgeber des *Manchester Guardian,* empfahl seinen Redakteuren: »Die Intelligenz seiner Leser sollte man nie unterschätzen; ihre Kenntnisse jedoch immer.« Das ist ein kluger Rat. Ihr Publikum muß nicht unbedingt alles wissen, was Sie bei ihm voraussetzen. Also wird es an Ihnen liegen, gewisse Fakten zu liefern. Aber wenn Sie den ersten Teil von Scotts Empfehlung beherzigen, also die Intelligenz der Zuhörer, nicht unterschätzen, werden Sie diese Information auch nicht in herablassender Weise vermitteln.

Um noch einmal vom Ende her zu beginnen: Der Zuhörer soll handeln. Um aber zu handeln, muß er sich erinnern. Um sich zu erinnern, muß er einem Glauben schenken, oder zumindest bereit sein, Aussagen nicht anzuzweifeln. Und um etwas zu glauben, muß er dies verstehen. Der Redner hat die Pflicht, dem Publikum seine Gedanken verständlich zu machen. Der Sender trägt die Verantwortung. »Der Sender muß sich an die Stelle des Empfängers setzen, bevor er senden kann.«[15]

5. Absicht und Aussage

Die eine Lektion über öffentliche Vorträge, die wir wahrscheinlich alle einmal gelernt haben, lautet so:

1. Ankündigen, was mitgeteilt werden soll.
2. Die Mitteilung machen.
3. Zusammenfassen, was mitgeteilt wurde.

Ein brauchbarer Tip. Im wesentlichen sind Vorträge so aufgebaut. Allerdings... haben Sie überhaupt etwas mitzuteilen?

Kennen Sie den von dem kleinen Jungen und der Predigt? Er erzählt seinem Vater nach der Kirche, der Vikar habe über die Sünde gepredigt. »Was hat er gesagt?« fragt der Vater. »Er war dagegen«, erwiderte der Junge.

Nun, haben Sie etwas zu sagen? Vermutlich ja, sonst hätten Sie wohl kaum die Einladung zu dem Vortrag angenommen oder all diese Zuhörer eingeladen. Werden Sie bei Ihrem Publikum eine konkretere Botschaft hinterlassen als der Vikar bei dem Jungen?

Seien Sie konkret. Definieren Sie zunächst den ersten der drei aristotelischen Aspekte – den Gegenstand. Was ist der *Gegenstand* Ihres Vortrags? »Der gegenwärtige Stand der Informationstechnologie in Deutschland.« Das ist zu weit gefaßt. Versuchen Sie, etwas konkreter zu sein.

Wie lautet Ihr *Thema?* »Die Schulung der Nicht-Anwender wird ungenügend berücksichtigt.« Das ist schon besser. Werden Sie noch konkreter.

Was ist Ihre *Absicht?* Wenn Sie darauf keine Antwort wissen –wenn Sie, um im Journalistenjargon zu sprechen, keinen Standpunkt oder Blickwinkel haben – sollten Sie die Einladung zu der Rede vielleicht nicht annehmen.

In der Einladung können Sie unter Umständen aufgefordert werden, vorab einen Titel bekanntzugeben. Schließlich müssen Programme gedruckt und Zuhörer angesprochen werden. Was sollen Sie angeben – Gegenstand, Thema oder Standpunkt? Der Titel kann Ihnen freie Hand lassen, er kann Sie aber auch einengen. Auf dieses Problem werden wir im nächsten Kapitel zurückkommen.

Unter einem klar definierten Blickwinkel wird Allgemeines konkret, Vages wird deutlich. Wählen Sie einen zentralen Aussagepunkt und beschränken Sie sich auf diesen. Wenn Sie gar keinen haben, wird es offensichtlich problematisch. Weniger offensichtlich, aber gleichermaßen problematisch ist es, wenn Sie mehrere Punkte haben. Wenn Sie nichts zu sagen haben, sollten Sie gar nicht erst anfangen. Haben Sie zu viel zu sagen, können Sie unter Umständen nicht mehr aufhören.

Jeder Vortrag sollte in einem Satz zusammengefaßt werden können. Das Publikum sollte sich vielleicht mehrere Punkte merken, diese sollten sich aber alle unter einem einzelnen zentralen Gedanken subsumieren lassen. Wenn der Zuhörer sich an diesen einzelnen Punkt erinnert, sollten ihm gleichzeitig alle untergeordneten Aspekte einfallen. Dies bestimmt natürlich weitgehend den Aufbau einer Rede, aber kein Stoff kann gegliedert werden, bevor der zentrale Kernpunkt nicht definiert ist.

Wie läßt sich dieser Kernpunkt bestimmen? Eine Möglichkeit besteht darin, von der Absicht des Vortrags auszugehen. Wenn einem klar ist, welche Reaktion man auslösen will, wird es einfacher sein, den zentralen Aussagepunkt zu bestimmen. »Absicht« und »Aussage« sind jedoch zweierlei. Die Absicht eines Vortrags könnte es zum Beispiel sein, den Stadtrat von der Notwendigkeit zu überzeugen, mehr für die öffentlichen Bibliotheken auszugeben. Das Argument, das man dazu vorbringt, könnte aus jedem einzelnen oder allen der folgenden Punkte bestehen:

(1) Der Buchbestand ist unzureichend.
(2) Viele der Bücher sind veraltet.
(3) Die Nachfrage nach brauchbaren Büchern übersteigt das Angebot.
(4) Die Hälfte der gefragten Bücher ist beschädigt.
(5) Verglichen mit ähnlichen Kommunen ist der hiesige Bibliotheksfonds kümmerlich.

Nun müssen Sie entscheiden, welches dieser Argumente das gewichtigste ist und ob eines allein die Ansprache überhaupt rechtfertigt. Oder falls Sie alle Argumente vorbringen wollen, müssen Sie entscheiden, wie Sie die Argumente zu einer zentralen Aussage verbinden können, die Ihrer Absicht entgegenkommt.

Die zentrale Aussage muß alle Teilargumente in sich enthalten. Danach wird sich der Aufbau der Argumentation richten. Der zentrale Kernpunkt ist also wesentlich, denn er liefert einen *Ansatzpunkt*. Wenn der gräßliche Vergleich gestattet sein mag: er ist wie ein Dumdumgeschoß, das sich beim Aufprall aufsplittert.

Sie können ein wichtiges Argument auswählen und die anderen daran anknüpfen. Sie können sich einen Slogan oder ein Schlagwort ausdenken, das nicht nur Ihre Argumentation, sondern auch Ihr Engagement kennzeichnet. Zum Beispiel: »Die Bibliothek soll kein Museum werden« oder »Bücher sind die Werkzeuge, die unsere Zukunft gestalten – investieren wir heute in die Welt von morgen.« Ein Slogan hat natürlich den großen Vorteil, daß er sowohl zusammenfassend als auch nachdrücklich ist. In diesem Sinne erfüllt er die Forderung von Aristoteles. Er verwirklicht die *Absicht* des Vortrags, indem er den *Gegenstand* in einem direkten Appell an das *Publikum* zusammenfaßt.

Aber ganz egal, ob einem nun ein Slogan einfällt oder nicht, wesentlich ist, sich auf einen zentralen Aussagepunkt zu konzentrieren. Eine der Tugenden des guten Redners ist die Zielstrebigkeit. Diese Tugend kann man nur entfalten, wenn man einen Punkt hat, auf den man unbeirrt hinsteuert. Denn nur, wenn man einen Zielpunkt hat, weiß man, ob man womöglich danebenzielt.

Ein zentraler Aussagepunkt – das ist das Ziel, unabhängig von der Länge des Vortrags oder der Größe der Veranstaltung. Das gilt gleichermaßen für ein Superspektakel in einem internationalen Konferenzzentrum mit mehreren Übertragungsbildschirmen wie für eine improvisierte Darlegung vor ein paar Gästen beim Mittagstisch.

Wenn Sie mit dem Schreiben des Textes beginnen, so halten Sie sich den zentralen Aussagepunkt stets vor Augen. Besser noch, Sie schreiben ihn nieder und kleben den Zettel vor sich an die Wand oder auf den Schreibtisch. Und wenn Sie die Rede vollständig geschrieben haben, lesen Sie sie noch einmal durch in Hinblick auf den Kernpunkt auf dem Zettel vor Ihnen. Trägt jede Seite zu Ihrer Argumentation bei? Falls nicht, wieso? Schweifen Sie ab? Welchem Zweck dient das? Wollen Sie an dieser Stelle einen Witz erzählen, nur weil Ihnen das Publikum leid tut? Sich in den Zuhörer einzufühlen, ist lobenswert. Aber wenn Sie einen Witz erzählen, der Ihre Aussage verdeutlicht, fördert das Lachen nicht nur Entspannung, sondern *Einsicht*.

Man kann leicht von der Zielrichtung abkommen. Aber ein kleiner Umweg ist besser als ein Abdriften. Ein überschneidender Kreis ist besser als eine Tangente, die eben noch berührt. Überschneidende Kreise verbinden, Tangenten hingegen nicht.

Vorträge finden oft in einer geschäftlichen Umgebung statt. Ein Vergleich mit Werbung ist daher nicht unangebracht. Jede Anzeige muß nach mindestens vier Kriterien beurteilt werden:

Sichtbarkeit, Individualität, Erwartungsweckung, Zielbewußtsein.

- Sichtbarkeit – sticht die Anzeige heraus?
- Individualität – wird der Markenname registriert?
- Erwartungsweckung – welchen Nutzen kann der potentielle Kunde erwarten?
- Zielbewußtsein – deutet alles in der Anzeige in dieselbe Richtung und weckt es beim Empfänger die gewünschte Erwartung?[16]

Es ist nicht schwierig, dieselben Kriterien auf Vorträge anzuwenden.

- Sichtbarkeit – sticht er heraus? (Zum Beispiel aus den übrigen Konferenzbeiträgen, aus Veranstaltungen der Konkurrenz; unterscheidet er sich von früheren Vorträgen?)
- Individualität – ist Ihr Name (und/oder derjenige Ihrer Firma oder Organisation) klar in der Aussage enthalten?
- Erwartungsweckung – was soll der Zuhörer mitnehmen und *sich zunutze machen* können (möglichst zu seinem und Ihrem gegenseitigen Nutzen)?
- Zielbewußtsein – zielt alles in dem Vortrag in dieselbe Richtung?

Sie sollten den fertigen Text auf diese Kriterien hin überprüfen. Besser noch, Sie rufen sie sich ins Gedächtnis, bevor Sie mit der Gliederung anfangen. Es kann allerdings passieren, daß Sie Ihre zentrale Aussage erst bestimmen und eine mögliche Argumentation erst erkennen können, wenn Sie mit dem Projekt bereits begonnen haben. Im nächsten Kapitel rate ich Ihnen übrigens, dabei nicht auf eine Inspiration zu warten. Doch selbst wenn Sie wirklich keinen Kernpunkt haben, so müssen Sie auf jeden Fall *eine Absicht verfolgen.* Sie können sich unmöglich auf einen Vortrag einlassen, wenn Sie nicht einen Zweck verfolgen.

»Ein Drehbuchautor«, sagt William Goldman, »sollte auf dem Deckblatt des Skripts immer sein beabsichtigtes Ziel vermerken, denn manchmal verzetteln sich die

Leute während der Dreharbeiten.«[17] Das dürfte kaum überraschen. Dasselbe geschieht auch während des Vortrags. Bei all den Geräten, Technikern, Hilfskräften sowie dem Publikum kommt man sehr leicht aus dem Konzept. Aber es gibt keine Rechtfertigung dafür, sich in seinem eigenen Arbeitszimmer zu verirren, wenn der Text noch ein Text ist und Sie jede Zeile wenn nicht auf die Kernaussage so doch zumindest auf Ihre Absicht hin überprüfen können.

»Der Rhetoriker«, so heißt es in der *Encyclopaedia Britannica,* »...betrachtet den Text als die Formgestalt einer Absicht.«[18] Nun sollten wir damit beginnen, unserer Absicht konkrete Form zu verleihen.

6. Materialsammlung

Sie haben also eine Absicht und können sofort beginnen. Es ist ehrlich gesagt ganz egal, wo Sie anfangen. Fangen Sie an einer beliebigen Stelle an – aber fangen Sie an. Schieben Sie es nicht auf, nur weil Sie noch keine Idee, geschweige denn eine Aussage haben. Eine oder zwei Probeseiten werden Ihnen eine Idee liefern. Auch vereinzelte Bemerkungen fügen sich vielleicht irgendwie zusammen. Der Werbetexter stellt oft fest, daß sich die Überschrift erst beim Schreiben des Textes ergibt. Oder daß ihm eine bessere einfällt als die, von der er ursprünglich ausging. Und er beginnt von neuem. Auch darauf sollten Sie gefaßt sein. Stellen Sie sich darauf ein, ein zweitesmal anzufangen.

Die Probeseite ist nur eine Vorschau auf »kommende Attraktionen«. Sie dient eher dazu, Gedanken erst einmal zu entwickeln, anstatt sie endgültig zu formulieren. In diesem Stadium sammeln Sie Ideen und heften sie sozusagen wie Notizzettel, ohne bestimmte Ordnung, auf die Seite. Versuchen Sie nicht, eine bestimmte Systematik zu erzwingen.

Falls Sie über die Relevanz eines bestimmten Gedankens im ungewissen sind, nehmen Sie ihn getrost auf. Später gilt die umgekehrte Regel, aber im Augenblick sammeln Sie jeden Gedanken, der Ihnen einfällt. Ihr Unterbewußtsein ist Ihnen vielleicht ein Stück voraus. Die Relevanz einer Idee wird Ihnen unter Umständen erst viel später klar. Ein bestimmter Gedanke kann sich eventuell mit einer danach entstandenen Idee verbinden.

Schalten Sie für den Moment alles kritische Denken

aus. Je mehr Material, desto besser. Wenn Sie später Ihre Gedanken gliedern, fällt unter Umständen die Hälfte wieder weg. Sie streichen dann sogar solche Gedanken, die Sie zunächst für wesentlich hielten. Und ein vorerst unbedeutend erscheinendes Detail könnte dann wiederum wichtig werden. Erst wenn Sie strukturieren, wählen Sie aus. Je mehr Punkte zur Wahl stehen, desto besser. Deshalb muß jeder Gedanke eine komplette Einheit bilden. Trennen Sie die einzelnen Gedanken klar voneinander und numerieren Sie sie.

Ich verwende immer ein altmodisches Schulheft. Auf der rechten Seite führe ich alle Ideen auf, und die linke lasse ich frei für Kommentare oder mögliche Korrekturen. Jeder Gedanke wird numeriert und durch eine Linie vom nächsten getrennt.

Aber üben Sie Vorsicht: Nehmen Sie in dieser Phase noch keine Unterteilungen vor; numerieren Sie die Gedanken nicht mit 2a, 2b, 2c usw. Es ist zu früh, um einzelne Punkte zu ordnen oder zu verbinden. Je früher Sie das Material ordnen, desto stärker grenzen Sie Ihren Gedankenfluß ein. Eine weitere Gefahr bei Unterziffern ist die, daß sie eine Hierarchie schaffen – zwischen wichtigen und weniger wichtigen Gedanken. Aber es ist noch nicht an der Zeit, ihren Wert zu beurteilen. Alle Ideen sind gleich. Morgen ist es noch früh genug, um einige gleicher zu machen als die anderen.

Es mag Ihnen schwerfallen, so unwählerisch und unkritisch vorzugehen, besonders wenn Sie dabei über all Ihre Übung und Erfahrung hinwegsehen sollen. In diesem Fall können Sie bei der Materialsammlung nach einem eher ungewöhnlichen Prinzip vorgehen. Setzen Sie sich ein Ziel von sagen wir dreißig Punkten. Setzen Sie auf Quantität statt auf Qualität oder Relevanz. Numerieren Sie beliebig viele Zeilen auf der Seite und füllen Sie sie. Oder lassen Sie sich passend zu jedem Buchstaben des Alphabets einen Punkt einfallen.

Was Sie beim Materialsammeln brauchen, ist genau

das Gegenteil dessen, worauf es beim Schreiben der Rede ankommt. Ordnung, Logik, Zielbewußtsein sind hier nicht gefragt. Nicht nur weil eine verfrühte Ordnung den Fluß hemmt, sondern weil sich *Kreativität* aus der *Unordnung* speist.

Betrachten Sie die Materialsammlung – und ein späteres Ausfeilen – als eine schöpferische Tätigkeit. Kreative Ideen entstehen dann, wenn Gedanken kollidieren. Der Geist des Poeten, sagt T. S. Eliot, »verschmilzt ständig unvereinbare Erfahrungen«.[19] Unterstützen Sie solche Kollision. Nicht jede Form der Kollision ist produktiv. Doch je mehr Gedanken, desto mehr Chancen für Kollision. Und je mehr Kollision, um so größere Chancen für produktive Kollision.

Ihre Notizen sind nicht einfach nur eine Aufzeichnung dessen, was Sie bereits wissen. Sie müssen sich in aller Eile anlesen, was andere zu dem Thema bereits geschrieben haben. Einige der dort angeführten Argumente werden Sie zur Unterstützung Ihrer eigenen Thesen übernehmen. Andere kritisieren oder verwerfen Sie und ersetzen sie durch neue Gedanken, die Ihnen erst während der Lektüre einfielen. Sie lesen nicht zum Vergnügen, sondern zur Anregung und Schärfung des Bewußtseins. Studieren Sie die Bibliographien der Autoren. Versuchen Sie, sich mit den interessantesten Werken vertraut zu machen.

Verfolgen Sie sämtliche Gedanken, wohin immer sie zu führen scheinen. Und vor allem, lesen Sie Dinge, die irgendwie mit dem Thema zusammenhängen. Betrachten Sie zum Beispiel den historischen, sozialen oder wirtschaftlichen Kontext. Werden die Dinge im Ausland besser gehandhabt? Stellen Sie Fragen. Wieso? Was? Wer? Was geschah zuvor? Was wird danach geschehen? Breiten Sie sich aus. Praktizieren Sie laterales Denken. Diskutieren Sie Ihre Ideen nach Möglichkeit mit anderen Leuten. Fragen Sie sie nach ihren spontanen Einfällen. Machen Sie sich ihre Eingebungen zunutze. Aber vergessen Sie nicht die goldene Regel des Brainstorming:

nichts ist negativ. Wenn jemand etwas Unpraktisches vorschlägt, verwerfen Sie es nicht, sondern bauen Sie darauf auf. Denken Sie daran, daß Sie in dieser Phase weder sich selbst noch anderen gegenüber kritisch sein dürfen.

Befolgen Sie Edward de Bonos Rat und zwingen Sie sich dazu, Verbindungen herzustellen zwischen dem gegebenen Thema und einem willkürlich aus dem Lexikon gewählten Wort. Und denken Sie immer an das Thema – bewußt oder auch unbewußt –, während Sie anderen Beschäftigungen nachgehen. Es ist erstaunlich, wie viel zusätzliches Material, das scheinbar gar nicht wesentlich ist, relevant wird.

Seien Sie ungehemmt und unverkrampft. Genießen Sie die Freiheit. Falls nötig, genehmigen Sie sich einen Drink, und vertrauen Sie Ihrem Unterbewußtsein – *es ist auf Ihrer Seite.*

Vertrauen Sie auf Ihr Unterbewußtsein

Falls Sie steckenbleiben und die Gedanken ausbleiben, wenden Sie sich anderen Dingen zu. Überlassen Sie das Projekt der Selbststeuerungsanlage. Die meisten Untersuchungen über Kreativität – ob nun bei wissenschaftlichen Entdeckungen oder künstlerischen Leistungen – lassen eine allgemein auftretende Sequenz erkennen: einer anfänglichen Phase bewußter Anstrengung folgt eine Ruheperiode, während der das Unterbewußtsein jedoch Verbindungen zwischen Ideen herstellt, die das bewußte Denken möglicherweise ignoriert oder verwirft. Danach wird das bewußte Denken wieder dominant und bewertet die Anregungen aus dem Unterbewußtsein. Naturwissenschaftler bestätigen häufig, daß sie Augenblicke der Einsicht meist außerhalb des Labors erleben. Aber solcher Einfallsreichtum kommt nicht unverdient. Man muß in etwa wissen, auf welche Einfälle man wartet. Wie Louis Pasteur einmal sagte: »...der Zufall begünstigt den, der vorbereitet ist.« Findigkeit ist somit ein Bonus, aber man kann ihn nicht einlösen, wenn man die Fantasie nicht beflügelt.

Notizen aufschreiben, sich mit Texten zum Thema und verwandter Lektüre vertrautmachen und mit der automatischen Steuerungsanlage fliegen – all das fördert Einfälle. Ebenso stimulierend aber ist vor allem der Akt des Schreibens selbst. Sie schreiben das, was Sie bereits wissen, und das, was Sie erst durch das Schreiben erkennen.

Schreiben ist nicht bloßes Transkribieren. Der Einfall oder die Idee, meint C. E. Montague, »entsteht, während der technische und physische Akt des Schreibens vollzogen wird«. Während des Schreibens läßt man »den kalten Motor des Verstandes ein wenig warmlaufen«.[20]

Warten Sie mit dem Schreiben bloß nicht, bis Sie eine perfekte Rede im Kopf haben. Und geben Sie sich vor allem nicht dem Irrglauben hin, daß Sie lediglich das vollständige Gedankenkonzept auf Papier niederzuschreiben brauchen. Es geht weder so leicht noch so direkt. Beim Schreiben wird das gesamte Konzept umgeformt, und auch das Material wird dabei zwangsläufig verändert.

Wenn Sie Ihre Rede zu Ende geschrieben haben, sollten Sie mehr über Ihr Thema und Ihr Verhältnis dazu wissen als nach Abschluß der Materialsammlung. Während des Schreibens fügen Sie nicht nur Ihre wohlgeordneten Gedanken in eine mitteilbare Form zusammen, sondern Sie entwickeln auch neue Gedanken und ordnen Ihr Material dementsprechend neu. (Und gelegentlich dauert dieser Prozeß sogar während des Vortragens der Rede selbst an!)

Seien Sie beim Schreiben auf Überraschungen gefaßt. Stellen Sie sich darauf ein, neu anzufangen. Sie müssen sich alle Optionen offenhalten; lassen Sie sich nicht von einem gefälligen Plan verführen, der sich Ihnen vielleicht aufdrängt.

Und seien Sie vorsichtig mit dem Titel. Unter Umständen müssen Sie ihn abliefern, bevor die Rede geschrieben ist – für die Vorankündigungen. Der Titel sollte Ihre Absicht signalisieren und idealerweise Ihre Argumentation unterstützen. Falls Sie Ihr Argument noch nicht definiert haben, sollte der Titel Sie nicht festlegen oder einengen. Ziehen Sie sich aber auch nicht mit einem nichtssagenden Titel aus der Affäre. Seien Sie statt dessen provokativ. Sie können am betreffenden Tag oder kurz zuvor immer noch einen Untertitel ergänzen. Und vorausgesetzt, der ursprüngliche Titel veranschaulicht Ihre Absicht, wird Ihnen niemand vorwerfen, Titel und Stoff hätten nichts miteinander zu tun.

Der Titel, oder besser noch ein *Arbeitstitel,* kann als Stimulans dienen. Er könnte ein paar Versuchsseiten entstehen lassen. Warten Sie ab, wohin das führt, und fürchten Sie sich nicht vor Überraschungen. Grund zur Besorgnis besteht nur, wenn Sie *nicht* überrascht werden. Ein Arbeitstitel ist ein nützlicher Katalysator. Er wird seiner Funktion schon dann völlig gerecht, wenn er die Dinge ins Rollen bringt. Ein Enzym hat auch nur die Aufgabe, eine chemische Reaktion auszulösen. Dieser Prozeß läuft selbst dann weiter, wenn das Enzym ausgedient hat.

Wenn Sie ein paar Probeseiten geschrieben haben, werden Sie wahrscheinlich Ihren Ansatz überdenken. Für eine verbesserte Version müssen Sie eventuell den ursprünglich geplanten Aufbau ändern. Gewisse Materialien scheinen nun weniger relevant. Vielleicht müssen Sie neues Material suchen. Ärgern Sie sich nicht. Betrachten Sie Ihren bisherigen Versuch nicht als verlorene Mühe, sondern als notwendige Vorarbeit. Die Materialsammlung, das Lesen, das Nachdenken, das bewußte und unbewußte Herstellen von Verbindungen – all das hat Ihnen geholfen, Ihre Aussage zu bestimmen, auch wenn Sie sie noch nicht artikuliert haben. Ohne die bisherige Mühe wären Sie nicht da, wo Sie jetzt sind, nämlich an dem Punkt, wo Sie mit der Strukturierung anfangen können.

Jetzt erst beginnen Sie, die wichtigen Gedanken von den weniger wesentlichen zu unterscheiden (und eventuell mit einem Sternchen zu kennzeichnen), sie zu ordnen, und vor allem auszusortieren und zu streichen. Das Redigieren ist, wie wir sehen werden, ein Prozeß der Klärung.

7. Formen der Darstellung

Wesentlich an einem guten Vortrag ist seine Struktur, also die Art seines Aufbaus. Die Struktur zeigt sich in zwei Aspekten:

1. in der Struktur des Arguments,
2. in der Struktur der Sprache.

Der erste Punkt bezieht sich auf die Gestaltung und Anordnung der Argumente. Der zweite betrifft die Formulierung und Abfolge der Sätze. Dieses und die drei folgenden Kapitel behandeln den ersten Punkt.

»Die Aufgaben des Redners«, sagt Cicero, »teilen sich in fünf Bereiche:

- dasjenige bestimmen, worüber gesprochen werden soll,
- die Gedanken so anordnen, daß sie nicht nur übersichtlich sind, sondern daß das Gewicht jedes Arguments genau beachtet wird,
- die Argumente stilistisch ausschmücken,
- sich den Text ins Gedächtnis einprägen,
- die Rede mit Charme und Eindruck vortragen.«[21]

Wir sind inzwischen bei Ciceros zweitem Punkt angelangt. Was wir vortragen wollen, haben wir bereits entschieden. Der Aufbau der Darbietung, wie wir uns erinnern, resultiert direkt aus der verfolgten Absicht. Der Aufbau muß die Absicht erkennen lassen. Es gibt nur eine einzige optimale Anordnung, die diesen Zweck erfüllt.

Angenommen, Ihr Material besteht aus fünf Hauptelementen. In diesem Fall gibt es nicht weniger als zwanzig Möglichkeiten, die Elemente anzuordnen. Etliche davon mögen sich für Ihre spezielle Absicht eignen, aber nur eine bestimmte Reihenfolge wird Ihr Anliegen vollständig verdeutlichen. Eine systematische Gliederung ist die Voraussetzung für gedankliche Klarheit. Nun kommen auch Ordnung, Logik und Zielbewußtsein wieder zum Einsatz.

Im 6. Kapitel blieben Ihre Notizen vorerst unnumeriert, damit sie später geordnet werden können. Nun müssen wir

1. bewerten,
2. herausstreichen,
3. gruppieren.

Sehen Sie nun Ihre Aufzeichnungen durch und markieren Sie jeden wichtigen Punkt etwa mit einem Sternchen. Was Sie für Ihren Hauptgedanken halten (was demnach zwei Sternchen verdient hat), setzen Sie in die Mitte eines Blattes. Dieser Gedanke sollte die Kernaussage Ihres Vortrages darstellen. Nun beginnen Sie damit, einen Gedanken mit dem anderen zu verbinden. Lesen Sie Ihre Aufzeichnungen noch einmal durch und gruppieren Sie die einzelnen Ideen um den Hauptgedanken. Eng verbundene Punkte, d. h. Untergruppen, sollten mit dem Hauptgedanken zusammen in einen Kasten gesetzt werden. Weitere Gedankenbündel können in ähnlicher Weise in separaten Kästchen zusammengefaßt werden. Wenn nicht alle Gedanken in ein Kästchen passen, dann stellen Sie sie in eine Randzeile.

Nun haben Sie einen zentralen Kasten mit dem Hauptgedanken, weitere Gedankenkästchen, die strahlenförmig davon ausgehen, und eine Reihe nicht eingeordneter Ideen. Die einzelnen Gedanken können durchaus aus jenen Zahlen bestehen, die Sie ursprünglich Ihren Aufzeichnungen zuteilten.

In diesem Stadium arbeiten Sie Beziehungen und Muster unter den Gedanken heraus. Die einzelnen Käst-

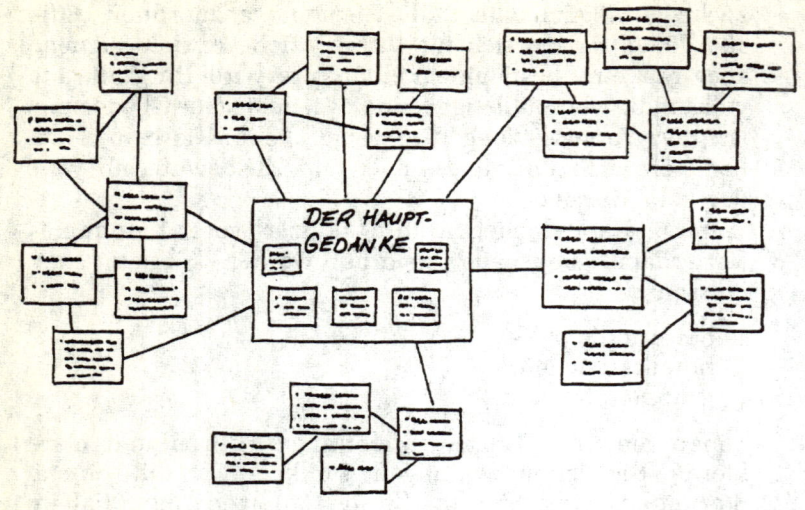

chen beziehen sich alle auf den zentralen Kasten. Das
Schema insgesamt ist also räumlich. Es beinhaltet vorläufig noch keine zeitliche Abfolge. Der Hauptkasten
könnte den Anfang der Rede darstellen, wahrscheinlich
aber wird er den Hauptteil umschreiben. Weitere Unterteilungen werden erst später eingeführt. In dieser Phase
kann sich bereits eine Sequenz abzeichnen. Es kommt
aber vor allem darauf an, daß eine vollständige Argumentation herauszulesen ist. Ergibt sich das Gesamtbild
logisch und natürlich aus dem zentralen Gedanken? Ist
die Struktur *einheitlich* und *klar?*

Bevor Sie die Kästen im Hinblick auf eine zeitliche
Abfolge durchnumerieren, muß gewährleistet sein, daß
die Darstellungsform organisch ist. Wenn sich nicht
jedes der Kästchen auf natürliche Weise aus dem
Zentrum ableiten läßt, wird es schwierig werden, die
Rede kohärent oder auch nur interessant zu gestalten. Unverknüpfte Einzelteile bilden keine Rede. Kunst
hat etwas mit Beziehungen zu tun und das gleiche gilt
für die Wissenschaft. »Information, egal wie gesichert

oder umfassend sie ist, bildet keine Wissenschaft, wenn sie lediglich aus einer Reihe isolierter Daten besteht.«[22]

Das Schema ergibt sich aus der *Absicht*. Im Zentrum der Vorlage steht die *Kernaussage,* die vor allen anderen Aussagen vermittelt werden soll. Und diese anderen Aussagen müssen logisch aus diesem Kern abzuleiten sein. In Platons *Phaidros* kritisiert Sokrates eine Grabrede wegen der willkürlichen Anordnung der Zeilen: »Jede Rede muß wie ein menschliches Wesen seine eigene organische Form haben.... Sie muß einen Rumpf und Glieder haben, die so gestaltet sind, daß sie zueinander und zum Werk als ganzem passen.«[23]

Inzwischen sollte klargeworden sein, daß das Strukturieren eines Vortrags in zwei Phasen erfolgt, nämlich

1. räumlich,
2. zeitlich.

Die Anordnung auf dem Blatt bildet eine räumliche Struktur. Sie zeigt an, ob der Vortrag organisch ist. Eine zusammenhängende Anordnung ist der erste Schritt, um zu gewährleisten, daß das Publikum die Intention erkennt. Der nächste Schritt besteht darin, das räumliche Schema in eine zeitliche Abfolge umzuformen. Vielleicht sind dazu nur die Kästchen in der Reihenfolge des Vortrags durchzunumerieren. Man sollte aber, wie gesagt, auf einen Neuanfang gefaßt sein.

Es ist zum Beispiel unwahrscheinlich, daß der zentrale Kasten die Einleitung abgeben wird. Diese muß sorgfältig formuliert werden. Sie mag in einem der anderen Kästchen oder in den Randbemerkungen enthalten sein oder muß erst noch gefunden werden. Die einzelnen Kästchen müssen unter Umständen umgestellt werden, zum Beispiel in einer anderen Relevanzhierarchie gegenüber dem zentralen Kasten. Sehr wahrscheinlich müssen sie auseinandergenommen und inhaltlich neu geordnet werden. Beachten Sie dabei immer unsere beiden Grundregeln:

Versetzen Sie sich in den Zuhörer.
Schreiben Sie wie ein guter Redner.

Fragen Sie sich, ob das Schema auf dem Papier ohne Erläuterungen in dieser Form verständlich ist. Höchstwahrscheinlich müssen Sie das Material umgestalten, um das Verständnis Ihrer Argumentation zu erleichtern.

Vielleicht wird Ihnen der Unterschied zwischen räumlicher und zeitlicher Struktur klarer, wenn Sie sich folgendes Beispiel vergegenwärtigen. Stellen Sie sich vor, Sie waren bei einem interessanten Vortrag. Ein Freund fragt Sie: »Was hat er gesagt?« Sie nennen die Hauptthese und schildern einige der vorgebrachten Argumente. Ihr Freund stellt eine zweite Frage: »Wie hat er es gesagt?« »Nun«, antworten Sie, »es war sehr interessant. Er fing mit einer Geschichte an. Sie spielte im alten Rom. Dann zeigte er ein Lichtbild mit einem Zeitungsausschnitt aus dem letzten Heft von *Spektrum der Wissenschaft*...«

Die räumliche Struktur betrifft das *Was*.
Die zeitliche Struktur betrifft das *Wie*.

Auch für einen geschriebenen Text ist die zeitliche Struktur wichtig, da der Inhalt in zeitlicher Abfolge gelesen wird. Bei einem Vortrag ist sie wegen der Flüchtigkeit des gesprochenen Wortes weitaus wichtiger.

Inzwischen haben Sie also

• eine Absicht,
• eine Kernaussage,
• und eine zusammenhängende Argumentation.

Wie können Sie diese nun vermitteln?

Die Möglichkeiten sind schier verblüffend. Die folgende Aufzählung ist keineswegs vollständig. Für ein bestimmtes Vortragsprojekt kommen natürlich nicht sämtliche Beispiele in Frage. Diese Liste soll Ihnen nicht die Arbeit abnehmen, sondern neue Richtungen andeuten und zumindest verhindern, daß Sie bestimmte Möglichkeiten versehentlich ausklammern.

Formen des Aufbaus

Das klassische Schema

Die traditionelle Formel lautet: Ankündigen, mitteilen, zusammenfassen. Sie ist zwar sehr einfach, aber man sollte Einfachheit nicht geringschätzen. Das Problem liegt naturgemäß in der Strukturierung des Mittelteils und in der Schwierigkeit, das Interesse wachzuhalten. Wenn man in der Einführung bereits die Schlußfolgerung vorweggenommen hat, wird man das Publikum in der langen Spanne dazwischen kaum fesseln können. Die Gefahr besteht darin, daß man sich wiederholt und dieselben Worte gebraucht.

Fragen

Dies ist eine Variante der klassischen Form, allerdings bezieht sie das Publikum stärker mit ein. Anstatt die Schlußfolgerung einfach zu konstatieren, stellt man eine Reihe von Fragen, die bis zur Schlußfolgerung beantwortet werden. Ein Beispiel: »Ich möchte drei Fragen stellen. Auf welchen zukünftigen Stand zielt die Unternehmensentwicklung ab? Wie soll dieser Stand erreicht werden? Und was wird das kosten?«

Thema und Variationen

Diese Variante des klassischen Modells löst das Problem des Mittelteils. Die Einführung stellt die Kernaussage vor. Diese wird dann von verschiedenen Perspektiven beleuchtet. Das Thema lautet zum Beispiel Industriemarketing. Die *Absicht* unseres Vortrags ist es, eine Zuhörergruppe von Ingenieuren davon zu überzeugen, daß Marketing nichts mit vagen Hypothesen zu tun hat. Unsere *Kernaussage* lautet, daß die Auswirkungen des

Marketing durchaus greifbar sind. Nachdem wir die zentrale These aufgestellt haben, verdeutlichen wir sie anhand verschiedener Beispiele – etwa aus der Konsumgüterindustrie, einem Dienstleistungsunternehmen oder einer Behörde –, bevor wir dann einige Beispiele aus dem Ingenieurwesen herausgreifen. Wir führen Beispiele für erfolgreiches wie für mißlungenes Marketing an. Wir schließen mit einer Erfolgsgeschichte, die den Zuhörern bekannt ist, und überraschen sie mit der Feststellung, daß der technische Durchbruch eines bestimmten Produktes niemals Dividenden gebracht hätte, wäre nicht der Absatzmarkt erforscht und das Produkt auf die Bedürfnisse der Kunden zugeschnitten worden.

Es wird Ihnen aufgefallen sein, daß die Variationen der Veranschaulichung dienen und daß der Schritt von Konsumentengruppen zu technischen Produkten eine *zeitliche* Struktur darstellt.

Die Liste

Die Liste ist eine verbreitete Form, doch sollte man sie nur im Notfall anwenden; manchmal läßt es sich kaum vermeiden. Manche Listen bzw. ihre Titel sind äußerst einprägsam. Zum Beispiel Woodrow Wilson's »Vierzehn Punkte« oder die Zehn Gebote. Mit einstelligen Zahlen sind Sie besser dran, etwa den Sieben Weltwundern.

Aber Listen sind grundsätzlich problematisch, weil sie räumlich anstatt zeitlich strukturiert sind. Die enthaltenen Elemente könnten in jeder beliebigen Reihenfolge aufgezählt werden, ohne daß sich dadurch der Sinn ändert.

Die Sequenz 1-2-3 usw. ist an sich nicht aufregend. Ebensowenig das Alphabet, trotz der Behauptung, daß ein gewisser Schauspieler das Londoner Telephonbuch in höchst spannender Weise deklamieren konnte. Aufzeichnungen alphabetisch zu ordnen, ist keine elegante Lösung. Der Verfasser eines schriftlichen Textes ist zu diesem Vorgehen allein dadurch gerechtfertigt, daß der Leser das gesuchte Thema nachschlagen kann – vorausgesetzt er weiß, daß es in der Liste enthalten ist. Für einen Redner gibt es dafür jedoch keine Rechtfertigung, da das Alphabet das Verständnis nicht erleichtert.

Das Akronym ist ein Trick, der schon eher akzeptiert werden kann. Ein Vortrag über »Kreativität und Radiowerbung« könnte fünf Merkmale des Mediums aufzählen: Rapport mit dem Zuhörer, Akustischer Empfang, Direkte Kommunikation, Interessenauswahl und O-Ton. Am Ende faßt der Redner zusammen, und – siehe da! – die Anfangsbuchstaben der fünf Kriterien ergeben »RADIO«. Der Trick ist kaum noch originell, aber immer noch sehr wirksam.

Kategorien

Begriffsklassen haben eine gewisse Ähnlichkeit mit Listen. Der Stoff wird Standardeinteilungen gemäß untergliedert, zum Beispiel nach geographischen, sozialen oder Alterskriterien. Auch dieser Ansatz bietet sehr wenig natürliche Spannung, aber berücksichtigen Sie vor allem immer das Publikum und Ihr Ziel. Wenn Sie vor den Rotariern in Zürich sprechen, werden Sie nicht mit Zürich beginnen, wenn Sie am Ende auf Agadir hinauswollen.

Zeit – Vergangenheit und Zukunft

Läßt sich das Material nach zeitlichen Kriterien ordnen? Läßt sich eine Geschichte erzählen, die mit dem Anfang beginnt und mit dem Ende schließt? Falls ja, ist ein solcher Aufbau zweckdienlich?

Wenn sich die Perspektive nun aber ändert und der Redner zukünftige Entwicklungen voraussagen will? Der Zukunft fehlt natürlich die Logik der Vergangenheit. Im

Rückblick hat sich eine Ordnung ergeben, die wir zum damaligen Zeitpunkt nicht erkannt haben. Die Vergangenheit hat sich also bereits geklärt; und die Gegenwart *erscheint* zumindest logisch. – Sie können der Zukunft eine Ordnung auferlegen, indem Sie sie aus einer noch späteren Perspektive quasi als Vergangenheit betrachten. Beschreiben Sie die Zukunft so, als würden Sie auf sie zurückblicken.

Für und Wider

Auch dies ist eine weithin gebräuchliche Form der Darstellung. Schüler müssen oft Prüfungsaufgaben wie diese bearbeiten: »Shakespeare gehört nicht in eine bestimmte Zeit, sondern allen Zeitaltern – erörtern Sie Thesen.« Zunächst werden die Argumente für und wider den jeweiligen Diskussionspunkt gesammelt. Dann wird entweder das Pro und Contra zu jedem Diskussionspunkt abgewogen, oder alle positiven Argumente werden aufgezählt, gefolgt von allen negativen – oder umgekehrt. Zum Schluß wird Bilanz gezogen. Der Verfasser des Aufsatzes kommt zu einer ausgewogenen Schlußfolgerung. Die Waagschalen sind unter Umständen aber noch in Bewegung.

Das Abwägen von Für und Wider enthält gewisse Spannungselemente, ist in der Regel jedoch kaum mit Leidenschaft besetzt. Für den Prüfungsraum mag diese Form angemessen sein, doch für die Absicht des Redners ist sie problematisch. Er tritt wahrscheinlich in einem gewerblichen Kontext auf. Seine Aufgabe ist es zu überzeugen. Er muß bestimmte Argumente zur Kenntnis bringen, aber er muß sie vor allem widerlegen.

Eine anspruchsvollere und spannendere Variante besteht darin, von These und Antithese zur Synthese überzugehen. Der Konflikt zwischen Pro und Contra ergibt hier eine neue Einheit. Die Debatte wird im Verlauf des Vortrags entschieden.

Problemlösung

Diese Form ist ebenso spannend wie die vorige. Das Problem wird genannt, verschiedene Lösungen werden geprüft und verworfen. Sämtliche Einwände werden dabei berücksichtigt. Schließlich wird die Lösung vorgeschlagen und sämtliche Einwände werden zerstreut. Das Problem wird gelöst – und zwar im Verlauf des Vortrags.

Chaos

Dieser Ansatz kann mit entsprechendem Fingerspitzengefühl äußerst wirksam sein. Einzelne Aussagepunkte werden scheinbar ohne jegliche Systematik vorgetragen. Da es keinerlei zeitlich geordnete Abfolge gibt, die das Verständnis des Zuhörers erleichtert, muß seine Aufmerksamkeit mit Hilfe des Vortragsstils gewonnen werden. Die einzelnen Punkte sollten kurz und abwechslungsreich sein und in rascher Folge vorgetragen werden. Der Mangel an Struktur ist durchaus berechtigt. Der Zuhörer wird versuchen, falls er sich verlockt fühlt, sie selbst herauszuarbeiten. Zum Schluß ordnet der Redner die Bestandteile des Kaleidoskops so um, daß sie einen Plan erkennen lassen. Dies bildet die Antwort auf eine unausgesprochene, aber implizierte Frage. Der Vortrag gleicht in gewissem Sinne einem pointillistischen Gemälde, das nur wahrgenommen und verstanden werden kann, wenn man ungefähr fünf Meter von der Leinwand zurücktritt.

Das Ende zuerst

In gewisser Hinsicht ist diese Form die Umkehrung der vorigen. Der Redner beginnt mit seiner Schlußfolgerung. Überraschungsmomente gehen dabei völlig verloren, nicht unbedingt jedoch die Spannung. Für den Zuhörer

stellt sich die Frage – besonders wenn die Schlußfolgerung provozierend klingt –, wie in aller Welt der Redner
diesen Schluß ziehen und begründen wird. Dieser Aufbau entspricht einer bestimmten Form der Detektivge-
schichte. So wie man sich beim Krimi fragt: »Wer war
es?«, so will man hier wissen, »Wie will er das schaffen?«

In Medias Res

Genauso wie man eine Geschichte am Ende beginnen
kann, so kann man auch mitten hineinspringen. Die
alten Epiker verfuhren auf diese Weise. Sie kannten die
Erwartungen ihres Publikums und versetzten es gleich
am Anfang direkt in die Handlung und lieferten den
Kontext sozusagen nach. Der Romancier benutzt dieselbe Technik. Und auch der Drehbuchautor läßt einer
Handlungsszene unter Umständen eine Rückblende folgen, die den Zusammenhang nachträglich erklärt.

Die Erzählung

Die Erzählung ist die älteste Form mündlicher Darstellung. Der Geschichtenerzähler fesselt unser Interesse,
indem er eine Figur vorstellt, mit der wir uns identifizieren können. Diese Figur (und dadurch auch uns
selbst) verwickelt er dann in eine Situation oder eine
Reihe von Vorkommnissen, die in uns die Frage wecken,
was wohl als nächstes geschieht. In der Erzählung sind
Beschreibungen zweitrangig. Allein die Geschichte zählt.
Die Botschaft wird nicht offen ausgesprochen; sie wird
durch die Geschichte indirekt vermittelt.

Wie kann aber ein Thema in eine Erzählung umgewandelt werden? Es gibt eine simple Möglichkeit: man
erzählt einfach, wie man die Rede vorbereitet hat.
»Wenn mich vor sechs Wochen jemand aufgefordert
hätte, über das Thema X zu sprechen...« usw. Dann

zeichnet man seinen eigenen Lernprozeß und die Entdeckung wichtiger Punkte nach. Beim Vorbereiten einer Rede kommt es immer zu verblüffenden Einsichten. Oder wie wir in früheren Kapiteln bereits sahen, ist hin und wieder ein Neubeginn notwendig. Diese Art von »Reisetagebuch des Redners« kann die Aufmerksamkeit des Publikums durchaus wachhalten.

Dramatik

Jeder Vortrag sollte im Grunde dramatisch und spannend sein, doch kann Dramatik selbst das Modell für die Darstellungsform abgeben. Wegen der begrenzten Zeit und der spezifischen Absicht eignet sich die streng definierte griechische Tragödie besonders gut. Vor allem die sogenannten Aristotelischen Einheiten der Handlung, des Ortes und der Zeit sind hier von Bedeutung. Das Drama sollte einen einheitlichen Handlungsstrang verfolgen; die Zeitspanne der dargestellten Handlung sollte identisch sein mit der Dauer des darstellenden Bühnenspiels; und die Handlung sollte sich an einem einzigen Ort ereignen. Wenn Sie in diesem Satz »Drama« durch »Rede« ersetzen, erhalten Sie eine verläßliche Formel für einen soliden Vortrag.

Konflikt ist ein wesentliches Element. Konfliktstoff liegt in der Wahl verschiedener Wege, vor die sich unser Held, der Redner, gestellt sieht. Das Drama entwickelt sich zur Krise. Der Redner bewältigt die Krise.

Vorhang

Doch damit ist das Thema der Struktur noch nicht gänzlich abgehandelt. In den folgenden Kapiteln werden wir den Anfang, die Mitte und den Schluß der Rede behandeln und insbesondere die Mittel, mit denen die einzelnen Teile verbunden werden.

8. Der Anfang

Die ersten paar Minuten bieten eine einzigartige
Chance. Mißbrauchen Sie sie nicht, sondern nutzen Sie
sie. Jetzt schenkt das Publikum Ihnen seine Aufmerksamkeit kostenlos. Sehr bald werden Sie sie verdienen
müssen. Der Anfang stellt eine bedeutende Investition
dar.

Beginnen Sie wie immer, indem Sie vom Publikum
ausgehen. Wie haben Sie sich als Zuhörer gefühlt, wenn
ein Vortrag anfing? Haben Sie sich vom Redner angesprochen gefühlt? Hat er Sie aufhorchen lassen? Hat er
Sie fasziniert, amüsiert oder nachdenklich gestimmt?
Oder fühlten Sie sich peinlich berührt, gelangweilt, un-
geduldig?

Wenn ja, fragen Sie sich, weshalb dies der Fall war.
Die Antwort wird zwangsläufig lauten, daß er sich *nicht
richtig vorbereitet* hat. Oder, falls er sich vorbereitet
hatte, wollte oder konnte er seinen ursprünglichen Plan
nicht realisieren. Quintilian sagt: »...ein Thema hat
immer etwas bestimmtes als natürlichen Ausgangspunkt.«[24] Deshalb sollten wir einfach von Quintilian
ausgehen. Er erklärt, die Einführung müsse darauf abzielen,

• Wohlwollen,
• Aufmerksamkeit und
• den Wunsch nach Erkenntnis

zu wecken.

Wohlwollen

Kommunikation verläuft in zwei Richtungen, denn *communicare* heißt teilen. Der Redner muß eine Beziehung zum Zuhörer herstellen. Das ist sicherlich schwierig, wenn er gekünstelt oder gespreizt klingt. Das Manuskript darf ihn nicht auf geschwollene Phrasen festlegen. Er sollte in der Lage sein, auch noch in letzter Minute eine angemessene Improvisation einzubauen. Vor billigen oder fragwürdigen Gags sollte er sich jedoch hüten. Der Redner eröffnet im Grunde einen *Dialog*. Er könnte es mit einer Frage versuchen. Aber die goldene Regel des Feedback lautet, daß jedes Feedback wiederum Feedback verlangt. Wenn das Publikum darauf eingeht, muß der Redner wiederum darauf reagieren. Der wirkliche Dialog sollte aber bereits im Manuskript stehen. Wie Sie sich erinnern, haben Sie die Rede geschrieben, während Ihr Zuhörer Eric Ihnen auf dem Stuhl gegenübersaß.

Wohlwollen gewinnen Sie nicht durch Behauptungen, sondern durch Beweise. Sie mögen vier Wochen lang zu Ihrem Thema recherchiert haben, aber das sollten Sie Ihren Zuhörern nicht in direkter Form sagen. Ihr Vortrag sollte es vielmehr beweisen. Wie würden Sie als Zuhörer auf die beiden folgenden Anfänge reagieren?

»Ich möchte Ihnen gerne die Ergebnisse meiner viermonatigen intensiven Untersuchungen über die vorrömische Geschichte in diesem Teil von Köln mitteilen.«

oder

»Sie wissen wahrscheinlich, daß sich in der Nähe dieses Gebäudes in der Bronzezeit ein Feldlager befand?« (*Pause*) »Ja, man fand zwanzig Meter von jenem Notausgang (*hindeuten*) verkohlte Überreste.«

Machen Sie Ihre Hausaufgaben, wie man so sagt, aber sagen Sie dies den Zuhörern nicht. Die Zuhörer sollten es selbst feststellen können.

Die Einleitung sollte das Publikum davon überzeugen, daß Sie über Ihr Thema Bescheid wissen und daß Sie Ihr Material im Griff haben. Es sollte auch klarwerden, daß Sie den Stoff in ein System gebracht haben. Sie sollten außerdem zeigen, daß Sie sich der Erwartungen und Interessen und über die Zusammensetzung des Publikums bewußt sind. Und vergessen Sie nicht, daß Sie es jedesmal mit einem anderen Publikum zu tun haben. Sobald Sie den Zuhörern das gegenteilige Gefühl geben, nämlich daß sie diesen Vortrag bereits vor einem Dutzend anderer Zuhörerkreise gehalten haben, haben Sie das anerbotene Wohlwollen verspielt.

Aufmerksamkeit

Die Aufmerksamkeit des Publikums läßt sich auf verschiedene Weise wecken. Ich persönlich spare mir spezielle Tricks für den Hauptteil der Rede auf, wenn die Aufmerksamkeit eher zu schwinden droht. Wenn Sie sofort mit einem raffinierten Kniff aufwarten, erwartet das Publikum während des gesamten Vortrags irgendwelche Kunststückchen. Überraschungsmomente gehen dabei verloren.

Zu Beginn weckt man die Aufmerksamkeit der Zuhörer am besten, indem man sie beschäftigt. Man gibt ihnen etwas zu tun – nach dem Motto »Ich tue, ich verstehe«. Bei einem Marketingseminar hielt ich einmal einen Vortrag zum Thema Kreativität in der Fernsehwerbung. Zu Beginn begrüßte ich die Anwesenden so, als seien sie die Jury eines Wettbewerbs um einen Fernsehpreis. Ich »erinnerte« sie an die Regeln, das Licht wurde gedämpft, die Werbespots wurden gezeigt, das Licht ging wieder an und das Seminar wurde fortgesetzt. Gegen Ende des Seminars unterbrach mich ein Kollege. Die ausgefüllten Bewertungsbögen seien »verlorengegangen«. Wir führten die Werbespots noch einmal vor und baten die Teilnehmer, die

Antworten ein zweites Mal anzukreuzen. Hatten sie inzwischen ihre Meinung über bestimmte Spots geändert und falls ja, weshalb? Lag es an den Dingen, die ich gesagt hatte?

Die Beteiligung der Anwesenden muß nicht so aufwendig sein. Aber wenn man Notizblöcke und Stifte austeilt, sollte man auf jeden Fall dafür sorgen, daß sie benutzt werden. Aufmerksamkeit läßt sich auf verschiedenste Weise wecken. Aber man darf nicht auf der Stelle stehenbleiben. Das Interesse muß geweckt und aufrechterhalten werden. Jeder interessiert sich am meisten für sich selbst. Wenn man sich also in den Zuhörer hineinversetzt, wird man seine Kooperation um so leichter gewinnen.

Der Wunsch nach Erkenntnis

Wenn die Einführung eine Beziehung zwischen Redner und Publikum herstellen soll, so ist es wichtig, daß beide Seiten diese auch fortsetzen wollen. Allzu oft haben Einleitungen nichts mit dem Nachfolgenden zu tun. Der Redner spult die üblichen Dankesfloskeln, Begrüßungen, Allzweckwitze und Anekdoten ab, sagt kurz etwas zum betreffenden Thema und verwandelt sich dann vollständig. Die Zeit der Zutraulichkeit ist damit vorbei. Die Einführung muß aber mit dem Hauptteil des Vortrags irgendwie verknüpft sein. Sie muß den Zuhörer fesseln und ihm eine Vorstellung davon geben, wohin der Redner ihn führen will und wie lange die Reise dauern wird.

Im vorigen Kapitel habe ich dargelegt, daß es nicht nur eine »richtige« Form des Aufbaus gibt. Der Anfang kann das Ende vollständig erkennen oder auch nur erahnen lassen. Aber er muß auf jeden Fall eine Marschroute bekanntgeben. Redner und Publikum müssen dieselbe Vorstellung von Richtung und Ziel haben. Die Zuhörer sollen den »Wunsch nach Erkenntnis« über das angekündigte Thema hegen. Eine witzige aber unverknüpfte Einführung birgt die Gefahr, daß das Publikum am Ende der Einleitung gar nicht weiß, wie nun überhaupt das Thema lautet.

Dann haben Sie Ihre Gelegenheit nicht genutzt. Ihre Einleitung ist in diesem Fall nicht Mittel zur Kommunikation, sondern bloß »Störung«. (Und es herrscht bereits genug Störung im Saal. Ihr Text muß nicht auch noch zur Störung werden.) Sie können sich Wohlwollen gesichert, Aufmerksamkeit geweckt und einen Dialog eröffnet haben, aber Sie und Ihr Publikum werden in diesem Fall nicht dieselbe Sprache sprechen – was spätestens dann deutlich wird, wenn Sie in Ihr Thema einsteigen.

Eröffnungsstrategien

»Das Thema lautet...«

Teilen Sie das Thema Ihres Vortrags einfach mit und schießen Sie los. Die Schockwirkung dieses unverblümten Vorgehens kann das Publikum für Sie einnehmen. Sie könnten zum Beispiel auch die *Absicht* Ihrer Darlegungen bekanntgeben. Hüten Sie sich aber davor, die *Kernaussage* vorwegzunehmen. Das zerstört jegliche Spannung.

Eine Frage

Stellen Sie eine Frage, die der Vortrag beantworten wird. Sie könnten es mit einer rhetorischen Frage versuchen, doch seien Sie auf Erwiderungen gefaßt.

Ein Witz

Auch ein Witz kann wirken, doch sollte er relevant sein. Wenn Sie ihn im Hauptteil Ihres Vortrags immer wieder thematisch aufgreifen können – um so besser.

Eine Überraschung

Unter all den Daten, die Sie recherchiert haben, gibt es garantiert etwas, das Sie überrascht hat. Statistiken bergen in der Regel einige Überraschungen. Auch hier gilt Relevanz als oberstes Gebot. Sorgen Sie dafür, daß die Zuhörer mit den statistischen Werten etwa anfangen können. Vermeiden Sie Prozentzahlen. Sprechen Sie nicht von »20 Prozent der Bevölkerung«, sondern sagen Sie »jeder fünfte«. Zitieren Sie nicht große abstrakte Summen, sondern malen Sie ein konkretes Bild. Nicht 200 000 Menschen, sondern »doppelt so viele Personen, wie das Wembley-Stadion faßt«.

Eine wahre Begebenheit

Schwindeln Sie nicht, wenn Sie eine wahre Geschichte erzählen. Adaptieren Sie auch keine bekannte Anekdote, in der Sie einfach den Namen des Vorstandsvorsitzenden verwenden. Suchen Sie statt dessen nach einer neuen Geschichte, die Ihre Absicht verdeutlicht oder Ihre Argumentation untermauert. Falls nötig, erzählen Sie eine persönliche Anekdote, die zum Beispiel mit der Vorbereitung der Rede zusammenhängt.

Ein Zitat

Blättern Sie ein Buch mit Zitaten durch. Wenn Ihre selektive Wahrnehmung funktioniert, finden Sie innerhalb von fünfzehn Minuten mindestens ein geeignetes Zitat. Im Idealfall wird natürlich Ihre eigene Rede zur Quelle guter Zitate. Zitieren Sie sich selbst. Sie können ziemlich sicher sein, daß das Zitat relevant ist und daß Sie es wiederholen werden. Wenn Sie Glück haben, werden die Zuhörer dasselbe tun.

Vielleicht sind Sie inzwischen zu der Schlußfolgerung gelangt, wenn auch erst beim letzten Beispiel, daß Sie Ihre Einleitung unter Umständen *zuletzt* schreiben sollten.

9. Die Mitte

Der Anfang gefällt Zuhörern in der Regel, und den Schluß wissen sie ohnehin zu schätzen. Der Teil dazwischen allerdings bereitet dem Vortragenden das größte Problem. Hier lösen Sie das Versprechen Ihrer Einleitung ein, Sie artikulieren Ihren Standpunkt, entwickeln Ihre Argumentation und nehmen das Publikum für sich ein.

Die Kunst des Formulierens besteht genau darin, daß Ihnen die Zuhörer bei jedem Schritt folgen. Die Argumentation muß sorgfältig entwickelt werden. Sie muß logisch zu Ihrer Schlußfolgerung und zu Ihrer Kernaussage führen. Das heißt nicht unbedingt, daß der Schluß schon von Anfang an oder selbst ab der Mitte erkennbar sein muß. Gehen Sie zu offensichtlich vor, schalten die Zuhörer unter Umständen ab. Überraschung ist eine nützliche Waffe.

Nein, logische Entwicklung bedeutet:

(1) jeder Schritt muß sich auf den vorangehenden beziehen; und
(2) wenn die Schlußfolgerung gezogen wird, muß die »Zwangsläufigkeit« des Argumentationsweges überzeugen.

Der Zielpunkt muß nicht unbedingt mit dem übereinstimmen, was die Zuhörer erwartet hatten, aber wenn sie am Ende angekommen sind, sollten sie sich nicht ungläubig die Augen reiben. Sie sollten an der Entwicklung der Argumentation teilgenommen haben.

Der Redner muß zu jedem Zeitpunkt seines Vortrags einen doppelten Bezug herstellen:

(1) intern: die Komponenten der Rede müssen sich aufeinander beziehen.
(2) extern: die Bezüge sollten auf eine Weise dargestellt werden, daß die Zuhörer etwas damit anfangen können.

Das erfordert, daß Sie den Hauptteil Ihrer Rede mit dem beginnen, was der Zuhörer bereits weiß. Sie müssen auf einer gemeinsamen Basis aufbauen. Sie können die eigentliche Rede mit einer provozierenden Bemerkung einleiten oder sogar mit Ihrer Schlußfolgerung, falls diese das Publikum überraschen oder schockieren könnte. Die Zuhörer werden sich dann fragen, wie Sie Ihre These wohl beweisen werden. Niemals aber dürfen Sie Ihre Argumentation mit einer Grundannahme beginnen, die das Publikum nicht im großen und ganzen teilt.

Zum Beispiel eröffnete ich einmal eine Rede mit der Feststellung, daß Werbeleute über die Köpfe der Menschen hinwegreden müßten. Die Argumentation leitete ich dann damit ein, daß ich über die Bedeutung der Zielgruppenbestimmung sprach, d. h. der Auswahl jenes Bevölkerungsteils, für den ein Produkt bestimmt ist. Die Ansprache dieser bestimmten Gruppe könne einen unter Umständen von der übrigen Bevölkerung distanzieren usw.

Es ist sehr wichtig, zwischen der Einleitung des Vortrags und dem Beginn der Argumentation zu unterscheiden. Auch aus diesem Grund, so meine ich, sollten Sie jene erst dann schreiben, wenn Sie diese bereits formuliert haben. Ihre Argumentation muß vom Bekannten ausgehen und sich zum Unbekannten vortasten. Erinnern Sie sich an Antony Jays »intellektuelles Judo« – die Ansichten Ihrer Zuhörer nutzen, um Ihre Beweisführung zu gewinnen.

Ihre Argumentation muß zur Einstellung und Aufnahmebereitschaft des Zuhörers passen. Es ist daher unwahrscheinlich, daß die Gliederung, die Sie zunächst einmal zur Ordnung Ihrer Ideen erstellten, auch für das Skript genügen wird. Die vorläufige Gliederung sollte wie gesagt gewährleisten, daß Ihre Argumentation klar und schlüssig ist. Nun müssen Sie die einzelnen Elemente neu ordnen. Zumindest muß das Schema mit den Kästchen, die strahlenförmig von einem zentralen Kasten ausgehen, in eine lineare Abfolge umgestellt werden. Wahrscheinlicher noch werden Sie die Einzelteile auseinandernehmen und neu zusammenstellen müssen.

Der Ausgangspunkt für die vorläufige Struktur war der *Kerngedanke* in Ihrem zentralen Kasten. Der Ausgangspunkt für den Aufbau des Skripts dagegen ist der erste *Gedanke,* den Sie vermitteln wollen. Folglich müssen die Kästchen und ihr Inhalt vom *Standpunkt des Zuhörers* aus betrachtet werden. Was ist bekannt und was nicht? Wo sind Meinungsunterschiede zu erwarten? Was könnte Verständnisschwierigkeiten bereiten? Was dient als Ausgangspunkt? Was kann als nächstes folgen? Wenn Sie Glück haben, können Sie die vorliegenden Kästchen einfach umstellen. Andernfalls verwenden Sie eine der Formen, die in Kapitel 7 vorgeschlagen wurden.

Die Elemente lediglich in einer Reihenfolge anzuordnen, die dem Zuhörer das Verständnis Ihrer Argumentation erleichtert, gewährleistet jedoch nicht, daß er Ihnen auf jedem Schritt folgen wird. Redner verwenden ein flüchtiges Medium, den Laut der Stimme. Ein gedruckter Text dagegen enthält Kapitelüberschriften und bietet vor allem die Möglichkeit, zurückzublättern, nachzuprüfen und nachzulesen. Ihr Skript muß das Fehlen einer gedruckten Vorlage wirksam ausgleichen.

Deshalb ist es wichtig, Orientierungshilfen zu bieten. Sie können dies gleich zu Anfang tun, indem Sie dem Publikum die Marschroute bekanntgeben. Etwas über den beabsichtigten Weg zu sagen heißt nicht, daß Sie bereits alles verraten. Falls Sie eine kleine Zuhörerschar vor sich haben, können Sie die einzelnen Teile Ihres Vortrags numeriert an der Tafel auflisten. Ihre Orientierungshilfen sollten wie ein Wegweiser funktionieren. Sie zeigen in zwei Richtungen. Ihr Publikum muß wissen, woher man kommt und wohin es geht.

Gelegentliches Zusammenfassen verstärkt den Lernprozeß. Aber die Zusammenfassung muß sowohl als Schlußfolgerung des Vorausgegangenen wie auch als Einstieg in das Nachfolgende verstanden werden können. Diese Art von Zwischenbilanz stellt Verbindungen her. Das Schema der »Problemlösung« (siehe Kapitel 7) ist ein gutes Beispiel für diese Verstärkung. Die schrittweise Prüfung der Vor- und Nachteile einzelner Lösungen wiederholt implizit das Problem, während sich die scheinbare Unlösbarkeit des Problems allmählich verringert.

Verstärkung ist nicht dasselbe wie Wiederholung. Es geht nicht darum, etwas zu sagen, einfach um es gesagt zu haben. Sie unternehmen eine Reise und treten nicht bloß auf der Stelle. Jede Zwischensumme bringt Sie und Ihre Zuhörer vorwärts, und zwar gemeinsam. Dabei sind Sie der einzige, der weiß, was um die nächste Ecke oder hinter dem nächsten Hügel liegt. Ermutigen Sie Ihr Publikum, indem Sie ihm Erfahrungen in Aussicht stellen und Einsichten zusichern. Geben Sie eine Vorschau – »Demnächst...«. Eine Vorankündigung der bevorstehenden Vergnügungen oder auch Mühen wird die Zuhörer wachrütteln.

Zeigen Sie eine Vorschau

Gelegentliche Nebenbemerkungen, Pausen, Voraus- oder Rückblicke fördern die Spannung. Aber übertreiben Sie nicht, sonst werden diese Techniken zu irritie-

renden Manierismen, die Ihrer eigentlichen Absicht zu-
widerlaufen. Meiner Erfahrung nach sind viele Redner
so auf das Erreichen ihres Ziels fixiert, daß sie selten
innehalten und sich umblicken. Das führt oft dazu, daß
sie allein am Ziel ankommen. Beziehen Sie immer das
Publikum mit ein. Wie mag Eric jenen letzten Abschnitt
finden? Sie könnten seine Fragen sogar direkt in Ihren
Text einbeziehen. »Das ist ja alles schön und gut, aber
inwiefern gilt das auch für Sozialwohnungen?« In
einem Dialog werden solche Fragen beantwortet.

Auch durch eingebaute Erzählungen entsteht Abwechslung. Angenommen, Sie beginnen mit einer einfachen Form, zum Beispiel mit dem Frageschema, und
wechseln dann zum Erzählstil über. Ein Beispiel:

»Lassen Sie mich für einen Moment innehalten. Glauben Sie mir, als ich diesen Vortrag vorbereitete und an
diesen Punkt kam, dachte ich, ich wüßte über alles Bescheid. Schließlich ... (*hier rekapitulieren Sie und lehnen
nach vorn*), bis auf einen kleinen heiklen Punkt ... (*hier
führen Sie einen neuen Gedanken ein und verknüpfen
ihn mit der Zwischenbilanz, die Sie gerade gezogen
haben*).

Diese Mittel erleichtern es dem Zuhörer, Ihrer Argumentation zu folgen, sie zu verstehen, sie verstehen zu
wollen. Auch auf andere Weise können Sie das Interesse aufrechterhalten – durch Filme, Tonbänder, Illustrationen usw. Diese Mittel bezeichnet Antony Jay als
»Textur«. »Da die Aufmerksamkeit nach den ersten zehn
Minuten abnimmt«, sagt Jay, »muß man besonders in
dieser Phase auf Texturvariation und andere Mittel achten, die die Aufmerksamkeit wieder beleben.« [25]

Denken Sie an die Aufmerksamkeitskurve. Sie beginnt
oben, sinkt langsam ab und steigt gegen Ende wieder.
Zwei Faktoren verraten dem Publikum, daß das Ende
naht. Der erste ist die Uhr, der zweite der Redner. Kündigen Sie das Ende an, aber seien Sie fair. Sagen Sie
nicht: »... und schließlich« – und drei Minuten später
»und zu guter Letzt ...«

Falls das Wort »zu guter Letzt« lebhafte Reaktionen auslöst (man blickt auf, legt die Stifte weg, und alles lächelt), seien Sie unbekümmert – es ist zu spät, sich Gedanken zu machen. Sie mögen all die genannten Ratschläge beherzigt und die Argumentation Schritt für Schritt aufgebaut haben, aber die Reise kann ganz einfach länger gedauert haben als nötig gewesen wäre.

Zum Schluß...

AHA! Das hat Sie wachgerüttelt und aufhorchen lassen, nicht wahr?!

Versuchen Sie nicht, die vorgegebene Zeit ganz auszufüllen. Kürzen Sie die Zeitvorgabe von vornherein um fünfzehn Prozent, um während des Vortrags genügend Spielraum zu haben. Versuchen Sie dann, das Skript so abzufassen, daß der Vortrag um weitere fünf Minuten kürzer ausfällt. Man hat Ihnen zum Beispiel dreißig Minuten eingeräumt. Fünfzehn Prozent entsprechen viereinhalb Minuten. Fünfundzwanzig und eine halbe Minute minus fünf ergibt zwanzig einhalb Minuten. Das ist Ihr Soll.

Unser alter Freund Quintilian riet seinen Schülern, klar, knapp und glaubwürdig zu sein. Es ist besser, Sie kürzen jetzt, anstatt bei der Generalprobe oder womöglich erst während Ihres Auftritts. Wenn Sie sich an eine festgelegte Lichtbildreihe halten müssen oder sich nicht mit dem technischen Personal verständigen können, sind ad hoc Kürzungen unmöglich.

Sie werden ohnehin skrupellos kürzen müssen, denn Sie werden wahrscheinlich nicht alles sagen können, was Sie sagen wollen oder was das Publikum Ihrer Meinung nach wissen sollte. Sagen Sie aber auf jeden Fall alles, was Sie sagen müssen. Dann wird Ihr Kürzen den Aufbau eher noch verbessern. Das hat einen doppelten Vorteil: der Zuhörer wird sich erstens weniger langweilen und wird zweitens Ihre Argumentation klarer sehen.

»Das Geheimnis des Langweilers«, sagt Voltaire, »besteht darin, daß er alles offenbart.« [26]

10. Der Schluß

Die Einleitung erst nach dem Schluß zu schreiben hat den Vorteil, daß Sie die beiden Teile aufeinander beziehen können. Achten Sie aber darauf, daß sie nicht identisch sind. Dies kann sehr leicht passieren, wenn Sie sich an die alte Regel halten und ankündigen, was Sie sagen wollen, bzw. zusammenfassen, was Sie gesagt haben.

Einleitung und Schluß, sollten nicht zwei Buchstützen aus Ohren sein.

Ohren als Buchstützen

Das soll nicht heißen, daß sich die beiden Teile nicht auf dasselbe oder auf ähnliches Material beziehen können. Das Material muß jedoch auf andere Weise verwendet werden. Zum Beispiel könnten Sie den einleitenden Witz wiederholen, allerdings mit abgeänderter Pointe. Oder Sie wiederholen das Zitat aus der Einführung, erweitern es aber. Es muß deutlich werden, daß sich die Argumentation entwickelt hat. Den Zuhörer nur wieder an den Anfang zurückzuversetzen, könnte bei ihm den Eindruck erwecken, daß er seine Zeit verschwendet hat.

Ich habe meist nicht viel übrig für ein glattes und gefälliges Ende. Symmetrie behagt mir nicht. Allzu leicht gehen gute Ideen darin unter. Im englischen Fernseh- und Filmjargon wird der Schluß als »wrap up« bezeichnet. Das heißt soviel wie »einwickeln« und »wegpacken«. Aber keinesfalls wollen Sie dem Zuhörer suggerieren, daß Ihr Vortrag hübsch zusammengepackt und beiseite gelegt oder irgendwohin verfrachtet werden könne. Vielmehr wollen Sie beim Zuhörer zum Ende bewirken, daß er sich fragt, wie Sie überhaupt mit der ganzen Sache anfingen. Erinnern Sie sich? Wir nannten es die beabsichtigte Reaktion: Was soll der Zuhörer als Reaktion auf Ihren Vortrag denken, glauben, fühlen oder unternehmen. Sie müssen bei Ihrem Zuhörer eine positive *Reaktion* auf das Gesagte zurücklassen, damit eine entsprechende *Aktion* folgen kann.

Es ist sehr verlockend, »zusammenzupacken« und sich sowohl von seinem Thema wie auch von seinem Publikum zu verabschieden. Das spricht den Handwerker in uns an. Und wie der Handwerker streben auch wir gern nach Perfektion. Aber das Produkt, das wir hier anfertigen, erfüllt keinen Selbstzweck. Es ist vielmehr Mittel zum Zweck. Wir laden die Zuhörer nicht ein, damit sie »Feierabend« sagen. Wir hoffen vielleicht, daß sie sagen, »großartiger Vortrag«. Noch lieber wäre es uns zu hören, »ein faszinierender Gedanke« oder »Sie haben mich zum Nachdenken angeregt«. Die großartigste Reaktion, die mir je widerfuhr, war die Bemerkung eines Generaldirektors sechs Monate nach meinem Vortrag. Er sagte, er habe auf meinen Vortrag hin seine gesamte Firma umstrukturiert!

Reden ausarbeiten heißt also vor allem Fäden verknüpfen. Aber verknoten Sie die Fäden nicht zu einer adretten Schleife. Der Knoten, der alles zusammenhält, sollte nicht hübsch, sondern in erster Linie fest sein.

Einen hieb- und stichfesten Knoten bildet die Absicht Ihres Vortrags.

Zusammenfassend: vermeiden Sie Wiederholungen und alles Glatte und Gefällige.

Der Schluß eines Vortrags enthält somit ein interessantes Paradox. Sie müssen zurückblicken, dabei aber Ihr Publikum vorausblicken lassen – auf irgendeine Aktivität hin. Punkte müssen wiederholt werden, damit sie sich im Gedächtnis der Zuhörer einprägen. Der Vortrag sollte auch einen gewissen Höhepunkt erreichen. Und der Schluß muß schließlich zu erkennen geben, daß Sie nun am Ende angelangt sind – und sei es auch nur, um die Organisatoren oder die Buffetdamen zu mobilisieren. Aber gleichzeitig und vor allem wollen Sie die Zuhörer dazu bewegen, etwas zu unternehmen.

Ihr Rückblick vermittelt Voraussicht und Einsicht

Was denkt Eric, während Sie den letzten Satz sagen? Vielleicht »Na und?« oder »Das weiß ich doch schon – das haben Sie bereits gesagt.« Wenn das der Fall ist, haben Sie wirklich bloß zusammengepackt. In Wirklichkeit aber sollte er so etwas denken wie: »Sie haben recht. Ich werde etwas in dieser Hinsicht unternehmen.«

Wie läßt sich dieses Paradox lösen? Es ist natürlich verlockend, etwas Neues zu sagen, aber vermeiden Sie das. Wenn sich die neue Idee auf Ihre Argumentation bezieht, sollten Sie sie bereits erläutert haben. Und wenn nicht, was hat sie dann hier zu suchen, ausgerechnet im wichtigsten Teil Ihres Vortrags? Der Schluß ist eine ebenso einmalige Chance wie der Anfang. Vielleicht ist das Ende noch wichtiger als der Beginn, da man sich an das zuletzt Gehörte angeblich am längsten erinnert.

Wenn Sie aber nichts Neues sagen können, sollten Sie zumindest eine neue Form des Ausdrucks finden. Womit nicht gemeint ist, daß Sie lediglich paraphrasieren sollten. Paraphrasieren heißt, auf der Stelle treten. Ihr Schluß sollte aber Sie und Ihre Zuhörer vorwärtsbringen.

Drei Techniken seien hier genannt, die das Problem des Schlusses lösen können.

1. Die Zusammenfassung sollte mehr sein als die Summe der Teile

Wiederholen Sie die einzelnen Punkte, verleihen Sie ihnen aber eine zusätzliche Dimension. Am einfachsten ist es, sie in einer mnemonischen, d. h. leicht einprägsamen Formel, wie etwa im obigen »RADIO«-Beispiel, in einem Reim oder gar einem Zitat zusammenzufassen. Die einzelnen Gedanken nebeneinander aufzuführen, verändert das Material manchmal so, wie es Ihnen vorher nicht auffiel.

Quintilian rät seinen Rednern, sie sollten »den gesamten Gegenstand auf einmal in den Blick nehmen und eine Gesamtwirkung erzielen durch Argumente, die einzeln betrachtet weniger Gewicht hatten«.[27] Ein synergistisches Zusammenwirken ist also erst möglich, wenn die einzelnen Teile zusammengefügt werden.

Marktanalyse
Nationaler Bedarf
Entwicklungsprognose
Motivation
Orders von Übersee
Neuverteilung
Investition
SCHluß

2. Variieren Sie den Stil

Der Schluß ist nicht nur eine Gelegenheit, auf dem Vorausgegangenen aufzubauen, sondern auch Nutzen zu ziehen aus den Beziehungen, die Sie (mit etwas Glück und Verstand) hergestellt haben. In diesem Stadium müssen Sie Ihren Ansatz jedoch völlig ändern. Schließlich sollte das Publikum inzwischen das Gefühl haben, Sie zu kennen. Falls Sie Ihre Argumentation an den Mann gebracht haben, erwarten die Zuhörer, daß Sie nun »die Bestellung aufnehmen«. Sollten Sie mit einer ausdrücklichen Empfehlung schließen, müssen Sie sowohl an den Verstand als auch an das Gefühl appellieren. Ein klar aufgebauter Vortrag kann durchaus mit etwas Leidenschaft schließen – vorausgesetzt natürlich, daß die Leidenschaft als relevant für die Argumentation aufgefaßt wird.

Aber Leidenschaft wird nicht nur durch den Vortragsstil signalisiert. Es ist auch die entsprechende Sprachkunst erforderlich. Im Hauptteil einer Rede sollte man auf rhetorische Effekte verzichten, aber wie steht es damit am Schluß? Hören wir noch einmal Quintilian. Am Schluß der Rede, schreibt er, »steht es uns frei, die Schleusen der Eloquenz zu öffnen. Wenn wir das übrige erfolgreich bestanden haben, dann ist uns die Aufmerksamkeit der Zuhörer jetzt gewiß und wir können getrost auf Sprachformen und Empfindungen bauen, die sich durch Erhabenheit und Schönheit auszeichnen.«[28]

Wird ein Gedanke neu formuliert, so wird er vielleicht tiefer empfunden. Der Hauptteil der Rede besteht aus Prosa, hier aber haben wir es in gewissem Sinne mit Poesie zu tun. Die beiden Formen unterschieden sich durch die Intensität, mit der ein Gegenstand untersucht wird. Der Poet betrachtet das Vertraute und sieht es auf eine neue Weise. Und er ist in der Lage, diese Intensität der Wahrnehmung einem dritten zu vermitteln. Die Bedeutung des bereits Gehörten wird dem Zuhörer dadurch plötzlich noch klarer.

3. Bringen Sie Ihre Aussage auf eine knappe Formel

Diesen Punkt haben wir bereits im 5. Kapitel behandelt, als wir über Zweck und Absicht sprachen. Dort wurde vorgeschlagen, daß der Redner sein Hauptargument in einem Slogan zusammenfassen könnte. Tun Sie das, wenn nur irgendwie möglich. Vermeiden Sie es aber, den Slogan bereits im Hauptteil des Vortrags preiszugeben. Mit anderen Worten, Ihre Kernaussage kann im Hauptteil schlicht und einfach ausgedrückt werden. Der Slogan bringt das Argument dann ganz zum Schluß um diesen einen wichtigen Schritt der Einsicht näher.

Und zum Schluß (Ihr Stichwort, um sich aufzurichten) die Frage: Eignet sich ein Witz als Abschluß? Ein späteres Kapitel ist ganz dem Thema Humor gewidmet. Sie werden sehen, daß ich durchaus für Humor bin – vorausgesetzt, er ist relevant. Ein Witz zum Schluß birgt allerdings die Gefahr, daß das Lachen die Zuhörer von Ihrer Aussage ablenkt. Relevante Witze sind sehr dünn gesät. Mit Gewalt läßt sich natürlich immer irgendeine Verbindung mit Ihrem Thema herstellen, aber es ist sehr schwierig, einen Witz zu finden, der Ihre Aussage sichtbar untermauert.

Fragen Sie sich, wozu Sie zum Schluß einen Witz brauchen. Das Motto »Spaß muß sein« mag eine gute Devise für einen Entertainer sein. Aber wenn Sie kommunizieren und zu Reaktionen inspirieren wollen, was nützt Ihnen dann das Lachen? Der einleitende Witz mag Ihr Verhältnis zum Publikum lockern. Können Sie aber Ihre Aussage in einer witzigen Bemerkung zusammenfassen – mit anderen Worten, in einen Slogan, der amüsant ist –, so haben Sie wohl die bestmögliche Form für einen Schluß gefunden. Zum Beispiel referieren Sie über das Thema »Gefahren am Steuer«. Ihre Kernaussage lautet: Der Zuhörer kann letztlich nichts weiter tun als für seine eigene Tauglichkeit und Vorsicht am Steuer zu sorgen. Mögliche Slogans wären »Sicherheit beginnt zu Hause« oder »Sicherheit liegt in Ihrer Hand«. Aber das folgende Resümee wird sich das Publikum wohl eher merken: »Achten Sie auf den Wagen hinter dem Wagen vor Ihnen.«

11. Die Form der Sprache

Wir gehen nun vom Aufbau der Redeteile zur Form der Sprache über, von den Gedanken zu den Worten, die diese ausdrücken. Eine Rede zielt darauf ab, einen Gedanken aus einem Bewußtsein in ein anderes zu übertragen – und den Empfänger zu einer intendierten Handlungsweise zu bewegen. Sprache dient als Mittel, um diesen Gedanken zu formulieren und zu artikulieren. Je klarer er im Bewußtsein des Senders formuliert ist, desto präziser läßt er sich ausdrücken und um so wirksamer übermitteln.

Der Prüfstein für die Werbung ist die Verständlichkeit. Das gilt natürlich in gleicher Weise für geschriebene wie für gesprochene Texte. (Bei letzteren ist die Wirkung allerdings wegen des Feedbacks leichter nachzuweisen.) In der Tat gelten die meisten Grundregeln gut geschriebener Prosa auch für die Sprache eines mündlichen Vortrags. Diese Prinzipien werden in den beiden Formen jedoch unterschiedlich eingelöst.

Sprache dient dem Zweck, unsere Gedanken mitzuteilen. Das heißt:

1. die Worte müssen für den Hörer dasselbe bedeuten wie für den Sprecher;
2. die Worte müssen so formuliert werden, daß sie den Sinn des Gedankens nicht verändern.

Die Wahl der Worte und ihre Strukturierung sind also entscheidend.

Zum Glück sind wir mit einem Reichtum an Synonymen und Worten feinster Nuancierung gesegnet. Verben haben verschiedene Tempi und Modi. Wird die falsche Formulierung gewählt, so geht die ursprüngliche Klarheit verloren. Wie oft haben Sie schon geklagt: »Ich weiß genau, was ich sagen will, aber ich finde einfach nicht die richtigen Worte.« Aber selbst wenn wir schließlich mit unserer Formulierung zufrieden sind, kann sie für den Zuhörer immer noch unklar sein oder gar etwas anderes bedeuten.

Allein auf die Verständlichkeit kommt es an. Fragen Sie sich stets: »Meine ich wirklich das?«, und fragen Sie Eric: »Was heißt das für dich?« Wenn etwas nicht klar ist, überprüfen Sie den Text noch einmal auf seine Präzision hin. Fragen Sie sich dabei:

(1) Sind irgendwelche Worte oder Begriffe *mehrdeutig?*
(2) Ist der Gegenstand jedes einzelnen Satzes absolut klar?
(3) Sind die Worte, Sätze und Bezüge vielleicht
   • allgemein, statt *spezifisch?*
   • vage, anstatt *eindeutig?*
   • abstrakt, anstatt *konkret?*
(4) Sind Ihre Verben passiv statt *aktiv?*

Spezifisch, eindeutig, konkret, aktiv – das sind alles klare Worte. Ihre Sprache muß klar und eindringlich sein, besonders wenn Sie damit etwas Bestimmtes bewirken wollen.

Überprüfen Sie als nächstes die *Länge.*

(5) Wird der Sinn klarer, wenn Sie weniger Worte,
(6) kürzere Worte und
(7) kürzere Sätze verwenden?

Die Sprache ist des Redners Werkzeug. Überprüfen Sie, was Sie geschrieben haben. Haben Sie das Gefühl, Sie können die Gedanken richtig handhaben und geschickt damit umgehen? Wenn Sie es nicht können, kann das Publikum es auch nicht. Was wollen Sie eigentlich sagen? Sind dies die geeignetsten Worte, um es auszudrücken? Sind sie in der günstigsten Weise angeordnet?

Wenn Sie noch immer unzufrieden sind, fangen Sie noch einmal von vorne an.

(8) Wissen Sie wirklich, was Sie sagen wollen?

Wenn die Sprache nicht klar ist, ist meist der Gedanke nicht klar. »Wenn die Sprache inkorrekt ist«, sagt Konfuzius, »dann ist das Gesagte nicht wirklich gemeint. Wenn das Gesagte aber nicht gemeint ist, dann bleibt das, was getan werden sollte, ungetan.«

Sprache verhält sich gegenüber Gedanken wie Lackmuspapier gegenüber Säure. Sie zeigt unklares Denken an. Läßt sich ein Gedanke nicht klar ausdrücken, dann ist er vielleicht gar nicht so klar. Wenn wir krampfhaft versuchen, einen unausgesprochenen Gedanken hinter einer Fassade von Worten zu verstecken, führt das zu ungenauer Sprache, die wiederum weitere ungenaue Gedanken fördert.

Das Gegenteil von scharf ist stumpf. Sprache muß ein scharfes Instrument sein, kein stumpfes Werkzeug. Das Gegenteil von scharf ist aber auch unscharf. Redner scheinen oft besorgter zu sein über unscharfe Lichtbilder als über unscharfe Worte.

»Prosa«, so sagte Orwell, »besteht oft immer weniger aus Worten, die ihrer Bedeutung wegen gewählt werden, und immer häufiger aus Phrasen, die wie die Fertigteile eines vorfabrizierten Hühnerstalls zusammengesetzt werden.« [29]

(9) Fragen Sie sich also stets: Sind die Teile des Textes vorgefertigte Versatzstücke?

Es mag sein, daß austauschbare Phrasen den Zuhörer durch ihre Vertrautheit betören und eine scheinbare Autorität suggerieren. Diese falsche Autorität kann aber auch Sie selbst zu dem Irrglauben verleiten, etwas Wichtiges gesagt zu haben.

Klischees sind solche Versatzstücke, die dem Zuhörer jegliches Mitdenken ersparen. Klischees sind unscharf. Das ursprüngliche Bild ist bis zur Unsichtbarkeit verschwommen. Wenn ich von einem »Meer von Gesichtern« spreche, stellen Sie sich wahrscheinlich eine Menschenmasse vor. Aber haben Sie wirklich eine bewegte Menge vor Augen, die wie bei einem Pokalendspiel in »Wellen wogt«? Ich bezweifle es.

Häufiger Gebrauch stumpft ab. Und der ursprüngliche Kontext eines Ausdrucks ist in der Regel nicht identisch mit dem Kontext, in dem Sie ihn verwenden. Wenn die Phrase aber in Ihren Zusammenhang genausogut wie in jeden anderen paßt, wozu sie dann verwenden?

Abgedroschene, leere Phrasen vermeiden...

... darauf kommt es beim Vortrag an.

Klischees ersparen nicht nur ihnen, sondern auch dem Zuhörer jegliche geistige Anstrengung. Der Zuhörer wird weder beschäftigt noch beansprucht, denn Klischees beruhigen. Sie zeichnen eine vertraute Welt, in der jedes Kind mit dem Bade ausgeschüttet wird, jeder Esel stur und jeder Pfau eitel ist, und in der man den Tag nicht vor dem Abend loben sollte. Das hat man alles schon tausendmal gehört. Soll das der Zuhörer nach ihrem Vortrag auch sagen?

Eine Antwort auf unsere letzte Frage mag viele Probleme eines schwierigen Textes lösen:

(10) Was geschieht, wenn Sie jedes einzelne Wort auszutauschen versuchen?

Ist das möglich, ohne daß sich die Bedeutung ändert? Oder – wie ich zu vermuten wage – wird die Aussage durch andere Formulierungen klarer? Haben Sie zum Schluß mehr Wörter oder weniger? Gibt es Worte, die absolut unersetzbar sind? Und welche Version zieht Eric vor?

12. *Gesprochene Sprache*

Gesprochene Sprache dient demselben Zweck wie geschriebene. Das heißt, wie bereits gesagt:

(1) die Worte müssen für den Hörer dasselbe bedeuten wie für den Sprecher;
(2) sie müssen so zusammengestellt sein, daß ihre Bedeutung bei der Übermittlung nicht verändert wird.

Beim gesprochenen Text sind diese Bedingungen schwieriger zu erfüllen als beim geschriebenen, besonders für den literarisch Gebildeten.

Sprechen betrachten wir als etwas »Natürliches«. Die Grammatik gesprochener Sprache ist, laut Ong, »im Unterbewußtsein in dem Sinne lebendig, daß man die Regeln befolgen oder sogar neue Regeln aufstellen kann, ohne sie jedoch genau benennen zu können«.[30]

Gesprochene Umgangssprache wird von belesenen Leuten oft als minderwertig angesehen. Haben Sie schon einmal jemanden beobachtet, der normalerweise nur spricht und plötzlich zum Bleistift greifen muß? Er übernimmt eine neue Rolle, zieht sozusagen seinen Sonntagsstaat an.

Schreiben erfordert eine gewisse Förmlichkeit, die bei einer Unterhaltung als unnatürlich oder sogar als hinderlich empfunden wird. Einen geschriebenen Text so zwanglos klingen zu lassen wie gesprochene Sprache, erscheint den meisten Menschen als äußerst schwierig und manchen sogar als nicht erstrebenswert. Die beiden Sprachformen werden durch eine »Klassenschranke« getrennt. Das Geschriebene ist schicker als das Gesprochene. Nur die Elite kann schreiben. Von den 3000 bestehenden Sprachen entwickelten nur 78 eine Literatur.[31] Auch Redner sind in gewissem Sinne Literaten. Genau darin liegt ein Teil des Problems.

Dem literarisch gebildeten Redner fällt es schwer, sich eine Sprache ohne Texte vorzustellen. Wie könnte er sich seine Gedanken merken, wenn er nicht schreiben und lesen könnte? Welche Techniken würde er verwenden? Würde er es mit irgendeiner Form von Gedächtnistraining versuchen? Doch könnte dieses Training nicht anhand des gesprochenen Textes selbst praktiziert werden? Worte und Sätze würden wiederholt werden, Rhythmus oder sogar Reim könnten die Gedanken einprägsamer machen. Der Redner würde wie der Balladendichter vorgehen und wichtige Zeilen und Refrains wiederholen. Bei diesem Vorgehen käme es sehr auf den Aufbau an, und dieser würde sich fundamental vom Aufbau eines geschriebenen Textes unterscheiden. Das Flüchtige muß umgeformt werden, damit es nicht untergeht.

Gesprochene Sprache ist etwas Grundlegendes und Primäres. Sie genießt eine funktionale Priorität. »Gesprochene Sprache wird in einer größeren Vielfalt kommunikativer Funktionen verwendet als geschriebene Sprache.«[32] Mündliche Äußerungen werden durch die Übertragung in Schriftform zu etwas Bleibendem. Laute werden zu graphischen Mustern, die wieder umgestellt und neu betrachtet werden können. In der Syntax werden Worte aufeinander und in der Semantik auf Gegenstände bezogen. Gesprochene Wörter unterscheiden sich wesentlich von geschriebenen. Diese sind in der zeitlichen Dimension strukturiert, jene in der räumlichen. Man kann sehen, was man mit der Sprache macht, sobald die Gedanken auf dem Papier sichtbar werden. Darstellungsformen mündlicher Kulturen sind »additiv anstatt unterordnend«, sagt Ong.[33] Mit anderen Worten, ein Sprecher in dieser Kultur neigt eher dazu, verschiedene Gedanken durch ein »und« zu verbinden, anstatt sie zum Beispiel durch ein »während« oder »wodurch« einander zuzuordnen. Er wird sagen:

(a) Letzten Samstag ging ich zu dem Wettkampf. In der Halbzeit gab es eine Demonstration.

Er wird *nicht* sagen:

(b) Während der Halbzeit beim Wettkampf letzten Samstag gab es eine Demonstration.

Die Formulierung im Beispiel (a) besteht aus zwei Sätzen, in denen allerdings drei gleichrangige Elemente isoliert werden können, nämlich Wettkampf/Halbzeit/Demonstration. Die Form (b) ist ein einziger Satz mit einem übergeordneten Element (Demonstration) und zwei untergeordneten Elementen (Wettkampf/Halbzeit).

Da der Zuhörer beim Vortrag keinen geschriebenen Text vor sich hat, kann er auch nicht zurückblättern. Wird eine Argumentation rein mündlich vorgetragen, so müssen sich Sender und Empfänger immer an derselben Stelle befinden. Ein Vortrag muß demnach so aufgebaut sein, daß Gedanken und Aussagen *sofort,* d. h. simultan zur Äußerung, verständlich sind.

Eine Möglichkeit, simultanes Verständnis zu gewährleisten, ist das Zergliedern des Gedankens in separate Elemente. An einem Beispiel können Sie das selbst nachvollziehen. Hier ist ein Teil eines geschriebenen Textes:

»Das Fahrrad neben dem grünen Wagen auf dem Parkplatz gehört dem Schwager der Haushälterin.«

Angenommen, Sie möchten dies einem Kollegen mitteilen. Wie würden Sie vorgehen? Würden Sie den obigen Satz sagen? Wohl kaum. Stellen Sie sich einfach vor, Sie stünden an einem Fenster und überblickten den Parkplatz. Was würden Sie sagen? Wie viele Sätze würden Sie bilden? Womit würden Sie beginnen? Wohl etwa so:

»Sehen Sie den Wagen dort auf dem Parkplatz? Den grünen? Sehen Sie das Fahrrad direkt daneben? Nun, Sie kennen doch die Haushälterin, nicht wahr? Das Rad gehört ihrem Schwager.«

Was hat sich geändert? Wie unterscheidet sich die zweite Version von der ersten?

1. Mehr Sätze

Wir haben den Text zergliedert. Statt eines einzigen Satzes sind es nun fünf. Statt eines kompakten Satzes mit mehreren Elementen haben wir eine Reihe von Sätzen mit jeweils einem separaten Element. Mündliche Sprache ist additiv und nicht subordinativ Gesprochenes Deutsch fließt in einer einfachen geraden Linie, einer Reihe kurzer Sätze, die durch Punkte voneinander getrennt sind. Sie sind durch ein »und« oder »aber« verbunden, selten durch Relativpronomen wie »der/welcher« oder »das/welches«.

2. Mehr Wörter

Wir haben mehr Wörter verwendet. Es sind nicht mehr 15 Wörter, sondern 26, also um 40 % mehr. Aber was fällt uns an den zusätzlichen Wörtern auf? – Sie führen keine neuen Gedanken ein.

3. Redundanz

Wir haben uns wiederholt. Der Fachausdruck für solche Wiederholungen lautet »Redundanz«. Redundanz ist die Wiederholung von Wörtern und Sätzen, die zwar strenggenommen für die Bedeutung überflüssig, für das Verständnis aber nötig sind.

Auf der gedruckten Seite wäre solche Redundanz ein Übermaß an Information. Es ist redundant, »ein Apfel« zu sagen, wenn »einer« oder »Apfel« logisch betrachtet ausreicht. Redundanz fördert jedoch richtiges Dekodieren und vermindert Störungen im Kanal. Die zusätzlichen Wörter enthalten zwar keine zusätzliche Information und könnten daher als unnötig betrachtet werden. Im Grunde sind sie aber äußerst nützlich, da sie gegebene Information bestätigen und somit die Verständigung erleichtern.

Der angemessen redundante Redner ist sich der Bedürfnisse des Zuhörers bewußt. Er führt den Zuhörer Schritt für Schritt weiter und ermöglicht sofortiges Verständnis. Nur darf er nicht übertreiben. Je mehr er sich über das Publikum informiert, desto mehr weiß er, wie gut die Zuhörer über das Thema Bescheid wissen. Je besser sie unterrichtet sind, desto weniger Redundanz ist erforderlich. Und je aufmerksamer sie sind, desto längere und komplexere Sätze können sie aufnehmen. Aber das heißt nicht, daß der Redner sein Material in jeder beliebigen Reihenfolge vortragen kann (siehe unten Punkt 5).

Normale Reden vor dem Volk enthalten mehr Redundanz als wissenschaftliche Vorträge in Akademikerkreisen. Wie viel von dieser Rede Winston Churchills aus dem Jahre 1940, zum Beispiel, ist für das Verständnis wirklich notwendig?

»Wir werden nicht nachlassen und nicht nachgeben. Wir werden in Frankreich kämpfen, wir werden auf den Meeren und Ozeanen kämpfen, wir werden mit wachsender Zuversicht und wachsender Ausdauer in der Luft kämpfen, wir werden unsere Insel verteidigen, egal um welchen Preis, wir werden an den Küsten kämpfen, wir werden auf den Landeplätzen kämpfen, wir werden auf den Feldern und Straßen kämpfen, wir werden in den Bergen kämpfen; wir werden niemals aufgeben.«

Streicht man hier die Wiederholungen, so vermindert sich nicht nur die Eindringlichkeit, sondern auch die Verständlichkeit der Aussage. Redundanz sorgt dafür, daß der Zuhörer Schritt halten kann. Wenn man statt jedes »wir werden kämpfen« ein Komma setzt (zum Beispiel »Wir werden in Frankreich kämpfen, auf den Meeren und Ozeanen,... an den Küsten, auf den Landeplätzen, Feldern ...«), kann der Zuhörer vielleicht nicht alles aufnehmen.

Redundanzen in der Umgangssprache zu reduzieren würde zum Beispiel heißen, auf »Guten Tag«, »bitte« und »danke« zu verzichten. Diese Worte mögen arm an Information sein, aber sie signalisieren Respekt und Interesse gegenüber dem Empfänger, was wiederum die Aufnahme der Information begünstigt. Damit kommen wir zur vierten Veränderung in unserem Beispieltext.

4. Eine neue Form

Wir haben aus dem Text die Hälfte eines Dialogs gemacht. Von den fünf Sätzen sind nicht weniger als vier Fragen. Wir werden nicht lange auf eine Antwort warten, aber der Zuhörer kann uns jederzeit unterbrechen, falls ihm die Antwort ungenügend erscheint.

Die fünfte und letzte Veränderung ist die wichtigste.

5. Eine neue Reihenfolge

Wir haben die Elemente so angeordnet, daß sie ein optimales Verständnis gewährleisten. Die Reihenfolge lautet folgendermaßen:

Parkplatz
grüner Wagen
Fahrrad
Haushälterin
Schwager

Wir führen den Zuhörer vom Bekannten zum Unbekannten. Jedes Element baut auf dem Vorhergehenden auf. Genauso verfährt der Cutter beim Filmschnitt. Ein Film besteht aus verschiedenen Einstellungen. Die Reihenfolge der Einstellungen impliziert bestimmte Beziehungen und diese wiederum schaffen Bedeutung. Die Grammatik des Films ist der Grammatik gesprochener Sprache sehr ähnlich – und umgekehrt. In unserem Beispiel ist der erste Satz (»Sehen Sie den Wagen dort auf dem Parkplatz?«) eine Totale. Wir grenzen das Blickfeld ein auf eine mittlere Größe (»Den grünen Wagen«), bevor wir auf das Fahrrad schwenken (»Sehen Sie das Fahrrad direkt daneben?«). Dann erfolgt ein Schnitt zu einer Nahaufnahme (»Nun, Sie kennen doch die Haushälterin?«). Die Sequenz endet mit einer Halbtotalen (»Das Fahrrad gehört ihrem Schwager«). Jeder Satz enthält einen einzigen Gedanken. Es mag eine unbegrenzte Anzahl von Möglichkeiten geben, diese Sätze anzuordnen, aber was ihre Verständlichkeit betrifft, so gibt es *nur eine ideale Reihenfolge*.

Wenn wir ein Gespräch führen, beachten wir diese optimale Reihenfolge instinktiv. Schreiben wir aber eine Rede, geht uns dieses Talent verloren. Deshalb spielt unser Freund, der uns gegenübersitzt, eine so große Rolle. Wir müssen die Sätze so anordnen, daß er uns zustimmend zunickt. Wir beginnen beim Bekannten und tasten uns schrittweise zum Unbekannten vor. Wir gehen vom Einverständnis zur Kontroverse; vom Allgemeinen zum Besonderen; von der Gegenwart zur Zukunft.

In jedem Satz gibt es ein Verbindungswort, das sich auf ein Wort oder eine Phrase im nächstfolgenden Satz bezieht oder das auf ein Wort oder eine Phrase im unmittelbar vorausgehenden Satz verweist. Hier ist ein simples Beispiel – eine fiktive Radiowerbung aus dem Amerika der dreißiger Jahre:

(1) Und nun eine kurze Mitteilung von unserem Programmsponsor, Flocki.
(2) Flocki.
(3) Flocki-Mehl – ideal für das flockigfeine Gebäck.
(4) Wenn Ihr Kuchen auf der Zunge zergehen soll, brauchen Sie wirklich feines Mehl.

(5) Und das bedeutet Flocki.
(6) Flocki, das feinflockige Mehl.
(7) Also verlangen Sie stets Flocki.

Betrachten wir einmal die Verbindungen. »Sponsor« in (1) bezieht sich auf Flocki in (2). Satz (3) verweist zurück und weist mit »flockigfeines Gebäck« voraus auf »feinflockiges Mehl« in (4) und (6). »Auf der Zunge zergehen« und »feines Mehl« in (4) verweist auf Flocki in (5) usw.

Der geübte Redner geht beim Strukturieren seiner Sprachelemente allerdings weniger plump vor. Hier ist ein Zitat, und zwar der Anfang von Victor Hugos Würdigung anläßlich Voltaires 100. Todestag:

»Heute vor hundert Jahren starb ein Mann. Er starb und wurde unsterblich. Er ging von uns nach einer Bürde von Jahren und mit der größten und schwersten aller Bürden, der Verantwortung des erleuchteten und geläuterten menschlichen Bewußtseins. Er ging unter Flüchen und Lobpreisungen, verflucht von der Vergangenheit, gepriesen von der Zukunft; und dies sind die beiden höchsten Formen des Ruhms.«

So spricht ein Meister der Redekunst. Durch diesen Aufbau kann der Zuhörer die Rede besser verstehen – und der Redner kann sie sich besser merken.

In Hamlets Monolog »To be or not to be« findet man ähnliche Techniken, wie etwa die Wiederholung von Schlüsselwörtern und die Verwendung von Gegensätzen. Finden Schauspieler Shakespeares Texte vielleicht deshalb einprägsamer als die Dialoge moderner Dramatiker, weil der Barde wußte, wie man Elemente der gesprochenen Sprache zusammenstellt?

13. Das sprachliche Werkzeug

Betrachten wir nun die Werkzeuge der Sprache – Sätze, Substantive, Verben, Adjektive – und die Anordnung der Satzteile, d. h. die Syntax.

Der Satz

Jeder Satz ist eine Einheit aus zwei Elementen. Er besteht aus einem Subjekt und einem Prädikat, den beiden Teilen eines Aussagesatzes. Die beiden Satzteile verknüpft ein Bindewort, beispielsweise das Verb »ist«. Ein Beispiel:

> »Das Leben des Menschen (*Subjekt*) ist (*Bindewort*) hart, sinnlos und kurz (*Prädikat*).«

Das Subjekt ist der Satzgegenstand, über den man sprechen will. Und das Prädikat ist die Satzaussage, die man darüber macht. Wenn ein Satz unsinnig klingt, dann hat der Sprecher diese Grundregel nicht beachtet. Man sollte sich immer fragen: »Was ist mein Gegenstand, und was sage ich darüber aus?« Zwischen Subjekt und Prädikat gibt es fünf mögliche Beziehungen:

Existenz	= S ist P
Koexistenz	= S und P sind beide
Sequenz	= S geht P voraus
Kausalität	= S bewirkt P
Similarität	= S ist P ähnlich

Es gibt auch fünf mögliche Satzarten:[34]

Aussagesatz
Fragesatz
Ausruf
Wunsch
Befehl

Der Redner kann das Interesse wachhalten, indem er von der gebräuchlichsten Form, nämlich der des Aussagesatzes, abweicht. Überprüfen Sie Ihr Skript und zählen Sie die Sätze, die keine Aussagesätze sind. Wir empfahlen bereits, gelegentlich eine Frage zu äußern, rein rhetorisch oder direkt an das Publikum. Mit Ausrufen sollte man bis zum Tag des Vortrags warten, denn sie sollten echt und spontan sein, und »militärische« Befehle, falls überhaupt angebracht, sollte man sich für den Schluß aufbewahren. Gewöhnliche Aufforderungen oder Bitten können häufiger vorkommen, wenn man das Publikum zur Teilnahme aufruft. Auch ein gelegentlicher Wunsch kann den Redestil variieren, indem man von der direkten Rede zur Nebenbemerkung übergeht (»Wenn doch nur...«).

In bezug auf den *Stil* schließlich lassen sich lediglich drei Satztypen unterscheiden:

• der *lose* Satz – Fakten werden nacheinander aufgezählt. Er entspricht ja weitgehend der gesprochenen Umgangssprache, die eher anhäufend als analytisch ist;

• der *gefügte* Satz – der Schluß bildet einen Höhepunkt;

• der *ausgewogene* Satz – laut Potter kann dieser Satztyp »zwei ähnliche Gedanken in einem *Parallelismus* oder zwei gegensätzliche in einer *Antithese* ausdrücken«.[35]

Diese Analyse von Sätzen – hinsichtlich Subjekt-Prädikat-Bezug, Satztyp und Stil – soll den Redner an die Vielfalt erinnern, unter der er wählen kann. Vielfalt hält das Interesse wach. Man sollte auch die Satzlänge variieren. Sätze sollten durchschnittlich ungefähr zwölf Wörter umfassen. Die Mehrzahl sollte kurz und treffend sein. Eine Abfolge von ausschließlich kurzen Sätzen kann allerdings langweilig werden. Eine Reihe langer Sätze wird zu hohe Anforderungen stellen. Schwer verständlich sind auch Sätze, in denen Subjekt, Prädikat und Objekt zu weit auseinander liegen. Weit ausschweifende Sätze sind selbstverursachte Störungen.

Syntax

Syntax bedeutet »Zusammenordnung« oder »planvolle Fügung«. Beim Ausarbeiten einer Rede geht es hauptsächlich um Syntax im weitesten Sinne. Das gleiche gilt, wie wir gesehen haben, für den Filmschnitt; Einstellungen werden zusammenmontiert, damit sie etwas bedeuten. Mit Sätzen verhält es sich ebenso.

Ein Text, ob geschrieben oder gesprochen, ist nicht bloß eine Reihe von Sätzen in beliebiger Folge. Jeder Satz muß sich auf das Vorausgegangene beziehen. »Es sollte immer klar sein«, sagen Graves und Hodge, »ob ein Satz die vorausgegangene Aussage erklärt, verstärkt oder einschränkt, beziehungsweise ob er ein neues Thema oder einen weiteren Unterpunkt des ursprünglichen Themas einführt.«[36] Die eigentliche Aussage ist wichtiger als irgend welche Modifikationen. Sie sollte klar und uneingeschränkt erkennbar sein. Jeder Aussage sollte ein eigener Satz eingeräumt werden. Eventuelle Vorbehalte gehören in einen nachfolgenden Satz.

Die Analogie mit dem Filmschnitt und die früher gezogene Parallele mit dem Theater scheinen für das Verfassen einer Rede angemessen. Dramatik sei eine wesentliche Voraussetzung für jede Form erfolgreichen Schreibens, argumentieren Fairfax und Moat in ihrem ausgezeichneten Standardlehrbuch über das Verfassen von Texten.[37] Wie zutreffend das ist, leuchtet unmittelbar ein, wenn man die Satzteile in Klassikertexten um-

stellt. Die Reihenfolge des gedruckten Textes legt die Be-
deutungsschwerpunkte und Betonungen fest. Und in der
Betonung, sagen die Autoren, liegt die Dramatik.

Substantive

Ein Substantiv bezeichnet, wie wir alle wissen, eine Person, einen Ort oder einen Gegenstand. Es steht allein.
Ein Substantiv kann in einem Satz das Subjekt oder das
Objekt bilden. Eine bestimmte Klasse von Substantiven
bezeichnet greifbare Dinge. Dies sind *konkrete* Substantive. Sie beziehen sich auf Gegenstände, die man anfas-
sen, sehen, riechen und schmecken kann. *Abstrakte*
Substantive dagegen bezeichnen Abstraktionen, d. h.
bloße Ideen.

King Lear ist ein Drama über die Undankbarkeit. Der
Alte ist draußen im Sturm. Seine Töchter gewähren ihm
kein Obdach:

> »Mine enemys dog, though he had bit me, should
> have stood that night against the fire.« (Meines Fein-
> des Hund sogar, selbst hätt' er mich gebissen, stünd'
> in solcher Nacht vor dem Kaminfeuer.)

Sollten Sie Zweifel darüber hegen, wie wichtig es ist,
Ihre Rede mit konkreten anstatt abstrakten Substantiven
anzureichern, dann fragen Sie sich, woran Sie vor einer
Weile gedacht haben. Oder fragen Sie einen Zuhörer,
welche Teile einer Rede er behalten hat.

Verben

Ein Verb ist ein Tätigkeitswort. Nun ja, es kann eine
Handlung ausdrücken, ebenso aber auch reines Sein. Es
gibt eine Unterscheidung zwischen *transitiven* und *in-
transitiven* Verben. Transitiv bedeutet, die Handlung hat
eine Zielrichtung, d. h. das Verb hat ein direktes Objekt

(»wen oder was«). Intransitiv heißt, die Handlung ist nicht zielgerichtet, das Verb hat kein Objekt. Zum Beispiel:

»Ich erzählte einen Witz.« (*transitiv*)
»Das Publikum lachte.« (*intransitiv*)

Wenn möglich, benutzen Sie einfache Verben in einfachen Formen. Vermeiden Sie es, Verben in Substantive zu verwandeln. Die Substantive, die dabei entstehen, sind abstrakt. Darüber hinaus bewegen sich Verben, Substantive hingegen nicht. Aus eben diesem Grund sollten Sie hin und wieder ein Substantiv in ein Verb verwandeln. Der Stil muß dramatisch sein. Welche der folgenden Formulierungen ist wohl die dramatischste?

»Er untersuchte die Beweismittel. Sie ergaben, daß ...«
»Als er die Beweismittel untersuchte, konnte er nach-weisen, daß ...«
»Die Untersuchung der Beweismittel ergab, daß ...«

Versuchen Sie, das Verb »sein« zu vermeiden. Sie werden staunen, was an seine Stelle treten kann. Vielleicht gar nichts. Vielleicht ist das Verb hier überhaupt nicht notwendig. Vielleicht macht dies die Rede flüssiger.
    Ein einfacher Hauptsatz besteht aus:

• Subjekt (der Handelnde)
• Prädikat (die Handlung)
• Objekt (das Ziel der Handlung).

Der *Aktivmodus* beschleunigt das Tempo. Hier handelt das Subjekt, während es im Passivmodus Ziel der Handlung ist. Was klingt dramatischer: »Maradona trifft den Pfosten« oder »Der Pfosten wird von Maradona getroffen«? Machen Sie Ihr Thema zum handelnden Subjekt.
    Schließlich können Veränderungen der Zeiten das Tempo beschleunigen. Meistens genügen drei Zeitformen: Vergangenheit, Gegenwart und Zukunft. Vorträge sind »live«. Sie verlangen hauptsächlich die Zeitform der Gegenwart. Gelegentlich verwenden wir die Zu-

kunft, um eine bestimmte Wirkung zu erzielen. Manchmal braucht man auch die Vergangenheit, zum Beispiel bei der Erzählung. Wenn Sie eine Autorität zitieren, formulieren Sie immer in der Gegenwart, auch wenn Ihr Experte, wie etwa Cicero, schon eine Weile tot ist.

Konjunktionen

Konjunktionen sind »Bindewörter«. In der Umgangssprache treten sie ganz natürlich auf: »Und ich sagte ...«, »Und dann nahm der Lehrer sein Notenbuch heraus ...«, »Und was, glaubst du, geschah dann?« Konjunktionen kennzeichnen den »losen« Satztyp, die Aufzählung von Fakten. Im geschriebenen Text werden sie durch Kommas ersetzt. Auch im gesprochenen Text sind Kommas oft wirkungsvoller als Konjuktionen. Noch besser ist eine Abfolge von kurzen, selbständigen Sätzen. Jedes »und« bremst den Vortrag und vermindert den Schwung.

Bindet man Läufer zusammen, so beraubt man sie ihres Tempos

Longinus sagt: »Wenn man Läufer zusammenbindet, nimmt man ihnen ihr Tempo. Ähnlich sträuben sich bewegte Äußerungen gegen eine Behinderung durch Konjunktionen. Dadurch geht der Eindruck verloren, sie seien von einem Katapult abgeschossen worden.«[38]

Adjektive (und andere Bestimmungswörter)

Das Adjektiv ist ein Beschreibungswort. Indem es beschreibt, modifiziert es auch. Manchmal ist das nützlich. Präzision hilft Ihnen und dem Publikum, Bedeutungen scharf zu fassen. Das Adjektiv kann also durchaus informativ sein. Aber überprüfen Sie jedes einzelne. Stärkt oder schwächt es das Substantiv? Für Voltaire steht dies außer Zweifel: »Das Adjektiv ist der Feind des Substantivs.«

Wenn T. S. Eliot schreibt,

»Der Winterabend bricht herein
Mit dem Geruch von Steak in Durchgangsstraßen«[39],

muß uns dann unbedingt gesagt werden, daß es ein kalter Winter ist, wie die Steaks duften, daß die Straßen eng sind? Das wissen wir doch.

Gehen Sie sparsam mit Adjektiven um. Eine amerikanische Lehrerin forderte ihre Klasse auf, eine Seite anschauliche Prosa ohne ein einziges Adjektiv zu schreiben. Dann lasen die Schüler vor, was sie geschrieben hatten, und durften ein einziges Adjektiv an eine geeignete Stelle setzen – wie eine goldene Münze, die sorgsam gespart und bedacht ausgegeben wird. Die Adjektivphrase – eine Beschreibung aus mehreren Wörtern – mag notwendig sein oder auch nicht. Wie gesagt, vergewissern Sie sich, ob sie den Sinn präzisiert oder Information ergänzt. Am Beispiel wird dies klar: »Der Tee, der schon eine halbe Stunde dagestanden hatte, war kalt.« Das Adverb bestimmt das Verb näher – »beleidigt es«, laut Fairfax und Moat. »Der Polizist lief schnell über die Straße.« Auch hier ist das Adverb überflüssig. »Süße Themse! fließe sanft, bis mein Lied verstummt« – dieses Adverb überrascht.

Auch längere Adverbialphrasen können das Verb umschreiben. Sehr oft verkommt die Umschreibung jedoch zum Klischee (»Er staunte mit angehaltenem Atem«, »...harrte mit sinkendem Mut«, »...ging durch dick und dünn«). Adjektivische und adverbiale Phrasen und andere Bestimungswörter bremsen den Fluß der Argumenation. Jede Pause sollte jedoch begründet sein.

Franklin D. Roosevelt argumentierte am 8. Dezember 1941 »für eine Kriegserklärung gegen Japan«:

> »Gestern, am 7. Dezember 1941 – einem Datum, das man nie vergessen noch verzeihen wird –, wurden die Vereinigten Staaten von Amerika plötzlich und vorsätzlich von See- und Luftstreitkräften des Kaiserreichs Japan angegriffen.«

Dies ist ein seltenes Beispiel einer wirkungsvollen Umschreibung. Streicht man Bestimmungswörter, wird die Prosa wieder lebendig. Worte wie ziemlich, beinahe, eher, kaum, recht, ein wenig, ganz usw. sind wie Blutegel, die den Teich der Prosa befallen und die Wörter blutleer saugen.

Und all dies bildet, zusammen mit Präpositionen, Pronomen und Interjektionen, Ihren kompletten sprachlichen Werkzeugkasten.

14. Bilder und Metaphern

Bilder sprechen die Sinne an. Der Autor verwendet Wortbilder, um seine Gedanken zu illustrieren, zu erläutern und auszuschmücken. Bilder erklären. Sie schärfen und betonen. Sie sollten nicht bloß verzieren, sondern die Absicht des Autors bekräftigen. Bilder und Metaphern basieren auf dem Vergleich. Ein *Gleichnis* suggeriert Ähnlichkeit. Bedeutungsmerkmale des einen Elements werden auf das andere übertragen, zum Beispiel: »Meine Liebe ist wie eine rote Rose.« Eine *Metapher* ersetzt ein Element durch ein anderes, wie etwa in: »Unsere Zweifel sind üble Verräter.«

Bilder und Metaphern müssen exakt sein. Man muß sich stets vergewissern: Wie treffend ist das Bild? Paßt die Metapher? Wichtiger noch, fördert sie das Verständnis und vertieft sie den Sinn? Ein bildhafter Vergleich sollte den Gedanken erhellen, so daß der Zuhörer ihn besser »sehen« und erkennen kann.

Poesie wendet sich an die Fantasie, Prosa zielt auf die Vernunft. Diese appelliert an die Sinne, jene an den Intellekt. Das ist jedenfalls die landläufige Auffassung. Doch die Bereiche der Vernunft und der Vorstellung überlagern sich teilweise, genauso wie Kunst und Wissenschaft gelegentlich gemeinsame Sache machen. »Fantasie ist wichtiger als Wissen«, sagte Einstein in einem Vortrag über die Naturwissenschaften. Ein Bild veranschaulicht die Argumentation unter Umständen überzeugender als reine Logik.

Anspielungen, Analogien, Vergleiche und Metaphern drücken unsere Gedanken manchmal klarer aus als nüchterne Prosa. Wir wollen beim Zuhörer den Eindruck sowohl von Überraschung als auch Vertrautheit erwecken. Das klingt zwar paradox, doch haben wir das alle schon erlebt. Ich meine nicht die Überraschung, in der wir »Unglaublich!« rufen, sondern das Gefühl, daß alles irgendwie stimmt, daß zwei Elemente genau zusammenpassen. Willa Cather beispielsweise spricht von »Sommersprossen, wie Rostflecken«. Wir wissen genau, was sie meint, denn wir haben es selbst schon gesehen. Die Überraschung, die wir empfinden, ist der »Schock des Wiedererkennens«. Wir haben es erlebt, konnten es aber nicht so recht in Worte fassen. Ist das nicht ärgerlich? »Ein gereizter Mensch ist wie ein Igel, der sich verkehrt herum zusammengerollt hat und sich mit seinen eigenen Stacheln peinigt.« Ich wünschte, ich hätte das gesagt. Leider ist mir Thomas Hood zuvorgekommen.

Damit aber der Wiedererkennungseffekt funktioniert, darf der Vergleich weder zu weit hergeholt noch zu naheliegend sein. Wir müssen heute die Klischees von morgen erfinden.

Der bildhafte Vergleich ist wie ein eitler Putz, in den wir uns gern kleiden. Die Metapher hingegen ist kein hübsches Kostüm, sondern ein Overall, den wir uns überziehen, um Gedanken besser bearbeiten und montieren zu können. Metaphern erweitern die Sprache. Wir übertragen Bedeutungen von einem Wortkomplex auf einen anderen. Die dabei entstehende Begrifflichkeit kann neue Einsichten fördern.

In der Begrifflichkeit des Bildes können wir uns leicht verlieren, an der Gegenständlichkeit der verglichenen Objekte kann man sich jedoch immer festhalten. Während ein Vergleich zwei Bilder nebeneinander darstellt, zeigt die Metapher nur ein Bild, allerdings durch eine Bifokalbrille.

Stellen wir uns einen Menschen vor, der einen Trauernden tröstet. Er sagt: »Die Zeit heilt alle Wunden.« Wie würde man diese Handlung umschreiben? Shakespeare spricht von einem, der »Leid mit Sprüchen flickt, mit Bücherphrasen den bitteren Schmerz betäubt«.[40] Metaphern sind treffend und knapp. »Poesie sagt mehr und mit weniger Worten als Prosa«, meint Voltaire.

Es fällt auf, daß das Wort »flicken« die Bedeutung erweitert. Daß statt »trösten« das Wort »flicken« gewählt wurde, zeigt mehr als nur die Fähigkeit, eine Ähnlichkeit in unterschiedlichen Begriffen zu sehen. Der Vergleich addiert, die Metapher multipliziert.

Allerdings darf der Vergleich nicht abgegriffen sein, sonst fällt er nicht auf. Und die Metapher muß passen, sonst bleibt der tiefere Sinn hinter der oberflächlichen Bedeutung verborgen. Außerdem muß sie einheitlich und vollständig sein.

15. Stil

Wie verhält sich jemand, den man auffordert, einen Redner zu imitieren? Vielleicht nimmt er eine bestimmte Pose ein, hält sich mit den Händen an den Revers fest, blinzelt über den Brillenrand und äußert Platitüden. Das gilt als der typische Rednerstil.

Dieses Kapitel befaßt sich mit Stil – mit *Ihrem* Stil. Ist Stil überhaupt notwendig? Genügen nicht Klarheit, Verständlichkeit und Ausführlichkeit? Wenn man einem Zuhörer eine klare Botschaft vermitteln kann, wozu braucht man dann noch Stil? »Ein guter Schriftsteller«, sagt Ezra Pound, »ist derjenige, der mit seiner Sprache rationell umgeht, ... der treffend und klar formuliert.«[41] Durch Stil wird die Sprache effizienter, und das Ziel wird leichter erreicht. Für die Redner der Antike hatte Stil immer diesen praktischen Zweck. »Stilistische Ausschmückung«, sagt Quintilian, »trägt in nicht geringem Maße zum Sieg einer Sache bei.«[42]

Korrektheit ist mehr als das Vermeiden von Mängeln. Stilistische Ausschmückung wirkt weitaus positiver. Was ist also genau gemeint mit Stil?

Vorläufig verwende ich Stil im Sinne von Techniken der Ausschmückung, die der Redner beim Vermitteln seiner Aussage bewußt einsetzen kann. Diese Techniken müssen angemessen sein, sowohl dem Thema als auch dem Redner. Im Gerichtssaal muß der Stil dem Anwalt und vor allem dem Rechtsfall entsprechen. Stil ist grundsätzlich auch etwas Persönliches. »Im Stil drückt sich der Mensch aus.«[43] Man sollte diejenigen Ausschmückungstechniken wählen, die am besten zu einem passen. Zum Glück besteht eine breite Auswahl.

Wenn man die richtigen Stilmittel auswählt und konsistent anwendet, entsteht ein *persönlicher* Stil. Der Stil wird zwangsläufig zu einem typischen Merkmal des Redners, zu einer Art Markenzeichen. Dies geschieht jedoch nicht auf Anhieb. Beim Experimentieren wird oft das falsche gewählt. Mit manchen Techniken kommt man nicht zurecht. Der ganze Prozeß mag einem künstlich vorkommen. Das ist er natürlich – jedenfalls am Anfang. Die ersten Lernschritte haben immer etwas Künstliches. Zuerst wird imitiert und dann adaptiert. Entscheidend ist, ob das übernommene paßt. Paßt es zu mir, eignet es sich für meine Absicht? Mit etwas Übung und Erfahrung wird Stil bald zur weiten Natur.

Einige Ermahnungen scheinen angebracht, bevor wir uns mit den einzelnen Techniken beschäftigen. Stiltechniken dürfen nicht mit der Aussage kollidieren. Sie sollten ihr dienen und sie nach Möglichkeit veranschaulichen.

Vermeiden Sie jede Metapher, die zu grandios für Ihr Thema ist, sonst wirken Sie selbst großspurig, aufgeblasen oder anmaßend.

Meiden Sie Bilder, die Sie und Ihr Publikum in eine Seitengasse führen, wenn Sie nicht wissen, wie Sie da wieder herauskommen. Gehen Sie jeder Sackgasse aus dem Weg.

Verwenden Sie keine toten Metaphern. Unterscheiden Sie klar zwischen der Vertrautheit und dem »Schock des Wiedererkennens«. Beim Schock hält man inne und erkennt eine Verbindung. Das Erkennen führt zu Erkenntnis und bewirkt ein Kopfnicken. Vertrautheit dagegen bewirkt Einnicken. Halten Sie den Zuhörer wach und aufmerksam.

Vermeiden Sie Jargon. Wenn Ihr Publikum ihn nicht versteht, rufen Sie Kode-Störungen hervor. Wird der Jargon verstanden, aber als elitär empfunden, haben Sie eine psychologische Störung produziert.

Entsagen Sie allen üppigen und »dickleibigen« Wörtern – sie enthalten »unnötige Kalorien«.

Worte sind nicht wie Zahlen; ihre Bedeutungswerte sind ihnen nicht fest zugeteilt. Die Zahl zwei ist und bleibt zwei. Wörter jedoch enthalten Mehrdeutigkeiten – gesprochene mehr noch als geschriebene. Eine unbeabsichtigte zweite Bedeutung darf nicht durchklingen oder zumindest darf sie sich nicht konträr zur primären Bedeutung verhalten. Jedes Wort hat eine *Denotation* (d. h. eine im Wörterbuch festgelegte Primärbedeutung) und mindestens eine *Konnotation* (d. h. eine in der jeweiligen Verwendung assoziierte Nebenbedeutung). Die Denotation ist eine direkte Aussage, die Konnotation ist eine indirekte Anspielung. Selbst im prosaischsten Text kommen Wörter mit Konnotationen vor. In der stilistisch ausgefeilten Rede erhöht sich die Wahrscheinlichkeit von Ambiguität entsprechend. Das macht sie unter Umständen aber erst interessant. Ambiguität ist nicht unbedingt schlecht. Eine Konnotation kann die Denotation sogar verstärken. Eine relevante Sekundärbedeutung kann Ihre spezielle Argumentation veranschaulichen, vorausgesetzt natürlich, Sie sind sich dessen bewußt.

Vermeiden Sie Ungewißheit. Formulieren Sie Aussagen positiv. Überprüfen Sie alle Ihre Bestimmungen und Einschränkungen danach, ob sie notwendig sind.

Verwenden Sie die Zeitformen der Gegenwart, Vergangenheit und Zukunft. Vermeiden Sie Konditionalformen (würde, könnte, sollte, hätte), es sei denn, Sie wollen absichtlich eine Möglichkeit, Ungewißheit oder Bedingtheit bezeichnen.

Verwenden Sie positive und konkrete Formen, vermeiden Sie abstrakte. Bilder sind immer konkret.

Stilistische Techniken

Vorsicht: Verwenden Sie nicht zu viele Stilmittel. Übertreiben Sie nicht. Die erste der hier folgenden Techniken macht besonders süchtig.

Wiederholung

Wiederholung hilft dem Zuhörer ebenso wie dem Redner. Das Wiederholte ist leichter zu merken. Es sollte von einer passenden Geste begleitet werden, zum Beispiel einem zeigenden Finger oder einer Faust, die in die offene Handfläche schlägt. Ein Beispiel ist das wiederholte »I have a dream« in Martin Luther Kings berühmter Rede. Aber übertreiben Sie es nicht.

Weniger offensichtliche Wiederholungen können sehr wirksam sein. Ein Wort oder Ausdruck wird zu Beginn der Rede verwendet, danach in größer werdenden Abständen wiederholt und am Schluß noch einmal aufgenommen.

Variation

Variation ist Wiederholung mit unterschiedlichen Wörtern, Ausdrücken oder Beispielen. Es ist eine Anhäufung von Aussagen, die im wesentlichen alle dasselbe ausdrücken. Mehr leistet Variation beim besten Willen nicht. Sie können Ihre Argumentation damit nicht entwickeln, sondern lediglich bekräftigen.

Variation tritt auf, wenn ein Wort durch ein verwandtes Wort ersetzt wird (»die Flasche« steht für »Getränk«), wenn ein Teil für das Ganze steht (»Arbeiter« für »Fabrik«) oder das Ganze für einen Teil (»Armee« für »Soldat«).

Inversion

Bei der Inversion wird die Wort- oder Satzstellung umgedreht. Ein Beispiel finden wir in John F. Kennedys Antrittsrede von 1961: »Frage nicht, was dein Land für dich tun kann. Frage, was du für dein Land tun kannst.«

Inversion ist besonders wirksam am Ende einer Reihe von Wiederholungen, wie etwa hier: »Wir müssen das Material zusammentragen. Wir müssen die Argumentation strukturieren. Wir müssen so schreiben, wie wir sprechen. Wir müssen uns vor allem in den Zuhörer hineinversetzen. Das vor allem müssen wir tun.«

Aufzählung

Auch die Aufzählung einer Liste nützt dem Redner und dem Zuhörer gleichermaßen. Kündigen Sie die Aufzählung nach Möglichkeit an. Der Zuhörer spitzt dann die Ohren und greift zum Stift. Zum Beispiel: »Das hat drei Gründe.« Oder: »Was wird in jedem der nächsten drei Monate geschehen?«

Klimax

Klimax ist eine Steigerung auf einen Höhepunkt. Der Vorgang ist der einer Gradation (nach dem lateinischen *gradatio*), d. h. man geht gradweise von einer Aussage zur nächsten über, bis der Höhepunkt erreicht ist. Es muß mindestens drei Stufen geben. Die Wiederholung eines zentralen Wortes oder Ausdrucks kann den Eindruck der Klimax verstärken, kann aber auch als bloße Rhetorikmasche verstanden werden. Denken wir daran, daß Dramatik die Satzstruktur bestimmen sollte. Im Skript sollte es also von Höhepunkten wimmeln, auch wenn nicht alle gleich gewichtig sein können.

Antiklimax

In ganz seltenen Fällen kann man sich einen Schluß ohne Finale leisten, d. h. die Steigerung endet bewußt mit einem Tiefpunkt. Das Publikum muß jedoch merken, daß dies beabsichtigt ist.

Ironie

Ironie ist insofern problematisch, als das Publikum nicht immer sagen kann, ob sie beabsichtigt ist oder nicht. Sie sollte daher vermieden werden, bis man das Stadium absoluter Meisterschaft erreicht hat.

Antithese

Hier handelt es sich um den Gegensatz »einerseits... andererseits«. Der Vortrag insgesamt kann eine einzige Antithese bilden (zum Beispiel das Für und Wider zu einem bestimmten Argument) oder aus einer Reihe von Gegensatzpaaren bestehen.

Parallelismus

Diese Stilform entspricht in etwa der Antithese. Sie zielt jedoch nicht auf Gegensätzlichkeit, sondern auf Ähnlichkeit. Die Ähnlichkeit muß nicht unbedingt im Inhalt der Gedanken liegen, sondern kann auch in der Satzform auftreten.

Ellipse

Die Ellipse ist die Auslassung eines oder mehrerer Wörter. »Danke« ist ein Beispiel für eine Ellipse. »Ich danke Ihnen« klingt zu formell und ist unnötig lang. Das Auslassen eines Verbs erzeugt Dynamik. »Irren ist menschlich, vergeben göttlich.« Wie der Redefluß geglättet werden kann, haben wir bereits beim Weglassen von Konjunktionen gesehen.

Anrede

Hier wendet sich der Redner von seinem Publikum ab
und spricht jemand anderes direkt an. Dies könnte eine
berühmte oder historische Person sein, eine erdachte
Figur oder ein bestimmter Zuhörer im Publikum.

Understatement

Beim Understatement sagt man eher zu wenig, denn
man weiß, daß die Zuhörer das Fehlende ergänzen werden. Alle Witze sind Understatements, wie wir in Kapitel 4 gesehen haben. Der Zuhörer füllt die Lücken.

Fragen

Fragen fordern zur Teilnahme auf. Sie zeigen, daß sich
der Redner des Publikums gewahr ist. Wir haben bereits davon gesprochen, daß eine Frage den Vortrag
insgesamt strukturieren kann. »My Lords«, sagte Ed-
mund Burke, als er Anklage erhob gegen Warren Ha-
stings, »was wollen wir hier eigentlich, einen großarti-
gen Akt der Gerechtigkeit? Wollen wir einen Prozeß, my Lords?... Wollen Sie einen Kriminellen, my
Lords?... My Lords, ist es die Anklage, auf die es
Ihnen ankommt? (*Man beachte die Inversion*)... Oder
wollen wir ein Tribunal?« Dies sind *rhetorische* Fragen.
Der Redner erwartet keine laut geäußerte Antwort. Er
hofft vielleicht auf vernehmbare Zustimmung, aber
nicht auf ein Gespräch. Trotzdem muß er sich auf Reaktionen einstellen, zum Beispiel einen Zwischenruf
oder eine erhobene Hand.

Der Redner kann eine Frage aufwerfen, um einen
Einwand zu diskutieren. Dabei kann er zwei Rollen
spielen. Entweder stellt er die Frage als Opponent und
beantwortet sie in seiner Rolle als Redner. Oder er stellt

sie als Redner und nimmt zur Beantwortung den Standpunkt eines »Befürworters« ein.

Während des Vortrags können Fragen als nützliche Wegweiser dienen. Auf die Frage etwa »Welche Konsequenzen hat das für uns?« folgt ein kurzer Hinweis auf die Antwort.

Kürzen

Nichts verbessert den Stil so sehr wie Kürzen und Streichen. Kürzen läßt sich durch Verwendung kurzer statt langer Wörter. Streichen Sie bedeutungslose Phrasen, wie zum Beispiel »im Grunde genommen«, »es erscheint mir«, »wenn Sie wollen«, »sozusagen«, »es obliegt mir«, »möchte ich hinzufügen«, »an dieser Stelle« usw. Und denken Sie immer an Dr. Johnsons Empfehlung in James Boswells *Life of Johnson* von 1773:

> »Lest Euer Schriftwerk durch, und wo immer Ihr auf einen Abschnitt stoßt, der Euch besonders reizend erscheint, streicht ihn weg.«

Als Ausnahme gilt jedoch, daß hilfreiche Redundanz nicht gestrichen werden sollte. Falls der Zuhörer mit Hilfe einer Wiederholung Schritt halten kann, sollte man sich gut überlegen, bevor man sie beseitigt. Gehen Sie beim Kürzen immer vom Zuhörer aus.

16. Störungen

Sprache ist ein *Kode*. Wenn Sie das nicht vergessen, werden Sie auch immer an den Zuhörer denken.

Während des Vortrags wird Ihr Manuskript das Opfer verschiedener Störungen: Ihr eigener Vortragsstil (Stimme und Manierismen); Haltungen und Verhalten seitens der Zuhörer; zufällige Störungen (für Auge und Ohr) und ablenkende Details beispielsweise im Raum, an Ihrer Kleidung usw. Mit dieser Art von Störung befassen wir uns im zweiten Teil dieses Buches. Hier soll es darum gehen, daß Sie nicht selbst Störungen verursachen, und zwar im Skript.

Eine der besten Umschreibungen von Störungen findet sich in einem Buch über nonverbale Kommunikation. John Lyons schreibt: »...alle Äußerungen enthalten ein gewisses Maß an Information, die vom Sprecher zwar signalisiert, aber nicht bewußt eingesetzt wird.«[44] Mit anderen Worten, Sie als Sprecher sind für solche Information verantwortlich, auch wenn sie nicht beabsichtigt ist. Die Frage ist, werden Sie diese Signale erkennen, bevor sie auftreten, während sie auftreten, nachdem sie aufgetreten sind, oder werden Sie sie gar nicht bemerken?

Unglücksfälle, so sagt man, ereignen sich nicht von selbst. Es tragen immer mehrere Ursachen dazu bei. Eine der Ursachen für Unfälle in der Kommunikation ist natürlich der Zuhörer. Jeder Mensch praktiziert selektive Wahrnehmung. Wir sehen Dinge, die zu sehen wir erwarten. Wir hören Dinge, die wir hören möchten. Unsere Herkunft, Erziehung und unsere Interessen bestimmen unsere Interpretation. Voreingenommenheit und eventuelle Mißverständnisse lassen sich kaum vermeiden. Der aktive Zuhörer schaltet sich ab – und er schaltet sich auch nicht aus. Selbst sein Mißverstehen ist *konstruktives* Mißverstehen. Graves und Hodge formulieren es so: »Fantasiebegabte Leser schreiben Bücher beim Lesen so um, daß sie ihrem persönlichen Geschmack entsprechen.«[45] Zuhörer bei Vorträgen verfahren genauso. Der Redner liefert die Worte, der Zuhörer den Sinn. In gewisser Weise geschieht dies immer. Die Bedeutung des Vortrags sollte aber für den Redner und den Zuhörer identisch sein.

In diesem Kapitel betrachten wir ein paar Hauptursachen für Störungen. Einige haben wir bereits kennengelernt. Anderen werden wir im zweiten Teil des Buches noch einmal begegnen. Hier geht es vor allem um Kode-Störungen. Ein paar der Beispiele betreffen auch psychologische Störungen – vielleicht entdecken Sie sie.

Weitschweifigkeit

Sätze, ja ganze Abschnitte, winden sich um einen Punkt herum, ohne je auf den Kern zu treffen. Und wird der Redner endlich konkret, hört der Zuhörer vielleicht etwas ganz anderes. Wer ohne Skript spricht, kann sehr leicht vom Thema abkommen und an einem ganz anderen Punkt landen.

Überlange Sätze

Satzlänge erschwert das Verständnis nicht an sich. Aber ein überlanger Satz muß übersichtlich sein. Die Zusammenhänge müssen erkennbar sein. Subjekt, Prädikat und Objekt sollten nicht zu weit voneinander entfernt sein. Zu vermeiden sind weitgespannte Sätze, in denen einschränkende Phrasen zwischen Subjekt und Prädikat oder zwischen Prädikat und Objekt treten.

Eigentlich... obwohl ich nicht darauf herumreiten möchte... bleibt die Tatsache bestehen,... daß ich zu guter Letzt... völlig vergessen habe, was ich eigentlich sagen wollte.

Vermeiden Sie Aufzählungen, die das Gedächtnis des Zuhörers überfordern. »Tragbare Staubsauger, spektrometrische Photolinsen und modernste Stoßdämpfigkeit für Sportschuhe waren direkte Nebenprodukte des Apollo-Raumfahrtprogramms.« Stellen Sie statt dessen das erste Subjekt neben das Prädikat und ergänzen dann das zweite und dritte Subjekt. »Tragbare Staubsauger zum Beispiel waren ein direktes Nebenprodukt des Apollo-Raumfahrtprogramms. Und auch...« usw.

Lange Wörter

Nicht alle langen Wörter sind kompliziert, und nicht alle komplizierten Wörter sind lang. Suchen Sie aber immer ein kürzeres Wort. Das zwingt zur Disziplin. Ich weiß noch, wie beeindruckend mir in der Schule die Formulierung »erwiesenermaßen unzutreffend« vorkam. Das war nichts anderes als »ganz falsch« im Frack.

Fremdwörter

Gegen ein Fremdwort ist nichts einzuwenden, vorausgesetzt, es gibt keine genaue deutsche Entsprechung und
das Publikum kennt das Wort. Mir ist im Deutschen
keine exakte Entsprechung für »ergonomisch« bekannt.

„Mens sana in corpore sanatorium!"

Aber kennen die Zuhörer das Wort? Wie verfahre
ich? – Ich verwende es und gebe eine einfache Übersetzung oder Definition, ohne jedoch belehrend zu klingen.

Bestimmungswörter ohne klaren Bezug

Das Bestimmungswort ist hier nicht besonders beliebt,
wie Sie wohl bemerkt haben. Am besten taucht es gar
nicht erst auf. Wo es auf den Plan tritt, ist der Bezug
oft nicht eindeutig. Ein Beispiel:

»Gewöhnlich besuche ich meine Mutter am Sonntag.«

Mag sein, daß ich genau weiß, was ich damit meine,
aber wie will ich wissen, ob es Ihnen auch klar ist?
Will ich zu verstehen geben, daß es meiner allwöchent-
lichen Routine entspricht, sonntags meine Mutter zu be-
suchen? Oder daß der Tag, an dem ich meine Mutter
besuche – wenn ich sie besuche –, der Sonntag ist?

Durch eine andere Formulierung und durch Vermeiden des Bestimmungswortes wird der Sinn klarer. Entweder:

>An drei von vier Sonntagen besuche ich meine Mutter.< – Oder: >Wenn ich meine Mutter besuche, ist es in der Regel sonntags.<

Ähnlich klingende Wörter

Beabsichtigte Wortspiele beleben einen Vortrag und können Kernaussagen veranschaulichen. Doch Wortspiele, die einem unbewußt unterlaufen, können den Vortrag verderben. Ein Lachen an der falschen Stelle bringt den Redner durcheinander und verwirrt andere Zuhörer, denen der doppelte Sinn nicht aufgefallen ist. Doppeldeutigkeiten sind nicht immer komisch. Das ist eigentlich zu bedauern, denn der Redner kann dann nicht am Feedback ablesen, daß etwas danebenging.

Zwei verschiedene Wörter können sowohl gleich geschrieben als auch gleich ausgesprochen werden. Hier hilft also auch kein begleitendes Anschauungsmaterial mit schriftlicher Darstellung.

Unlogische Verbindungen

Eric hat ein gutes Ohr für solche verunglückten Verknüpfungen. Zwei Gedanken kommen zusammen und ergeben ein seltsames Bild.

>Brown schoß über die Torlatte. Der Schlußpfiff folgte.<

Wortverwechslungen

Leicht vergreift man sich mit einem Wort. Beim Verfassen eines Kapitels schrieb ich >Detonation< statt >Denotation«. Wortverwechslungen sind nicht immer lustig, eher bedauerlich wie Mehrdeutigkeiten. Rückmeldungen sind hier als Warnsignale zu verstehen.

Brown schoß über die Latte.
Der Schlußpfiff folgte.

Auf einer Konferenz über Umweltverschmutzung bezeichnete ein Redner die zunehmende Ablagerung von Chemieabfällen in einem See als »Bombe«. Ich dachte eine ganze Weile darüber nach, was er wohl damit meinte. Würde die Nachricht wie eine Bombe einschlagen, wenn die Sache herauskäme? Oder war die Geschichte bereits bekannt, und wurde die verantwortliche Firma bereits mit Angriffen bombardiert? Dann wurde mir klar, daß er »Zeitbombe« gemeint hatte. Eine halbe Minute war meine Aufmerksamkeit durch die Störung abgelenkt.

Gemischte Metaphern

Wenn bereits ein Bild Verwirrung stiften kann, dann können zwei eng verbundene zu Chaos führen. Metaphernmischung ist ein Zeichen von Gedankenlosigkeit. Der Redner verwendet bildhafte Ausdrücke, ohne sie sich bildlich vorzustellen, oder gebraucht Klischees, deren ursprüngliche Bilder verblaßt sind.

> »Als ich meinen Beruf an den Nagel hängte, schüttete ich leider das Kind mit dem Bade aus.«

Wenn man bildhafte Sprache gebraucht, muß man sich klarmachen, welche Bilder man damit in der Wahrnehmung des Zuhörers entwirft.

Überprüfen Sie Ihren Text auf seinen Bildgehalt hin. Sie werden sehr schnell etliche gemischte Metaphern entdecken. Ein Kollege warnte einst in einer Firmenbesprechung vor zu viel Eigenwerbung. Er formulierte es folgendermaßen:

> »Wenn man selbst ins Horn stößt, besteht die Gefahr, daß der Schuß nach hinten losgeht.«

Und im BBC Radio berichtete ein Korrespondent: »Sie sitzen auf einem Pulverfaß. Das könnte leicht ins Auge gehen.«

Natürlich weiß der Redner, was er sagen will, und Sie als Zuhörer wissen, was er meint. Man könnte also sagen, die Kommunikation ist erfolgreich. Während aber der Zuhörer über das unstimmige Bild nachdenkt, kann er dem Nachfolgenden keine Aufmerksamkeit schenken. Eine Kode-Störung beeinträchtigt das simultane Verständnis. Bildhafte Sprache sollte den Sinn illuminieren, nicht eliminieren.

Verschraubte Sätze

Es kommt vor, daß zwei völlig vernünftige Gedanken kollidieren und eine Verknüpfung erzeugen, die weder beabsichtigt noch sinnvoll ist. In der in Kapitel 13 erläuterten Klassifizierung drücken Sätze folgende Beziehungen aus:

Existenz
Koexistenz
Sequenz
Kausalität
Similiarität.

Wir müssen darauf achten, daß Sätze nicht versehentlich eine falsche Relation ausdrücken. Im folgenden Beispielsatz kann die Sequenz als Kausalbeziehung mißverstanden werden:

»Er drehte die Heizung auf und briet seinen Speck.«

Oder die Koexistenz zweier Personen und Handlungen wird als Existenz einer einzigen handelnden Person gedeutet. Zum Beispiel ein Redner über lästige Zwischenrufe:

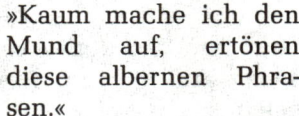

Kaum mache ich den Mund auf, ertönen diese albernen Phrasen ...

»Kaum mache ich den Mund auf, ertönen diese albernen Phrasen.«

Solche Unfälle im Text verursachen also häufig Störungen. Die Vertrautheit des Redners mit seinem Thema erweist sich als Hindernis. Er hat zum Beispiel Homonyme wie »Lerche« und »Lärche« in seinem Manuskript stehen und merkt nicht, welche Verwirrung das bei den Zuhörern hervorrufen kann.

Störungen dieser Art lenken nicht nur momentan ab, sondern hallen noch länger nach. Der Zuhörer wartet auf weitere Formulierungsunfälle, anstatt sich auf das Thema zu konzentrieren. Das Wiederholen von Phrasen wie »wenn Sie wollen«, »fernerhin«, »sozusagen« oder von nichtssagenden Wörtern wie »persönlich«, »eigentlich«, »im Grunde« sind stilistische Manierismen, die die Aufmerksamkeit des Zuhörers zu unrecht beanspruchen. Dasselbe gilt für unnötige Nebenbemerkungen, unlogische Verbindungen und unverständliche Anspielungen.

Allzu häufig fallen solche Fehler leider erst während des Vortrags auf. Wenn der Stuhl vor Ihnen leer ist und Sie keinen Freund und Kritiker zum Üben finden, dann sprechen Sie Ihren Vortrag auf Band und spielen ihn ein oder zwei Tage später ab, ohne dabei in den geschriebenen Text zu sehen. Sie hören ihn dann wie neu und unvoreingenommen, mit den Ohren des Zuhörers.

17. Vom Text zum Skript

Wir kommen jetzt zum zweiten Teil des Buches. Nach dem schriftlichen Ausarbeiten befassen wir uns nun mit dem mündlichen Vortragen. Im Augenblick haben Sie einen Text in Händen. In etwa einer Woche werden Sie vor ein Publikum treten. Dann werden Sie ein *Skript* oder auch Notizen auf einer Karteikarte vor sich haben.

Von jetzt an geht es nicht mehr darum, *was* Sie sagen wollen, sondern *wie* Sie es sagen. Der Text wurde unter Berücksichtigung des Zuhörers aufgebaut. Die Argumente sind so geordnet, daß sie der Flüchtigkeit der Zeit bestmöglich standhalten. Trotzdem sehen die getippten Seiten einem Buchmanuskript erschreckend ähnlich.

Die Aufgabe des Redners besteht nicht darin, sich vorne hinzustellen und vorzulesen, sondern sich frei und klar zu äußern. Ein Text behindert den Vortrag, ein Skript unterstützt ihn. Die beiden Formen sind klar auseinanderzuhalten. Der schriftliche Text ist lediglich die Vorbereitung der Rede. Er wird später vielleicht zu Dokumentationszwecken ausgehändigt oder sogar gedruckt. Aber der Text ist nicht identisch mit dem Skript. Dieses ist nur für Ihre Augen bestimmt, eventuell für den Veranstalter und den Vorführer, falls Sie Bildmaterial projizieren. Das Skript ist nur ein Mittel zum Zweck, kein Selbstzweck. Seine Lebensspanne ist auf die Dauer des Vortrags beschränkt. Es ist ein Requisit, ein Souffleur, ein Freund in der Not. Am Ende ist es übersät mit Anmerkungen, Hervorhebungen und farbigen Unterstreichungen – alles andere als ordentlich und sauber.

Kopieren Sie den Text und archivieren Sie die Kopie, um später darauf zurückgreifen zu können. Lassen Sie am besten eine neue Version des Textes mit doppeltem Zeilenabstand tippen; je größer die Buchstaben, desto besser. Überprüfen Sie die Absatzmarkierungen. Wenn Sie meinen, aus einem Abschnitt zwei machen zu können, dann teilen Sie ihn auf. Lassen Sie auf der linken Seite des Blattes einen breiten Rand. *Sie werden ihn für Ergänzungen, Änderungen und vor allem für Hinweise auf audiovisuelle Hilfsmittel dringend brauchen.* So fertigen Sie sich ein Arbeitshilfsmittel an.

Lesen Sie jetzt den Text laut vor, so wie Sie ihn vorzutragen gedenken, und messen Sie die Zeit. Der Vortrag wird höchstwahrscheinlich zu lang sein und Kürzungen erfordern. Was soll gekürzt werden? Das hängt davon ab, welche Absicht Sie mit dem Vortrag verfolgen. Nehmen Sie einen Farbstift zur Hand und lesen Sie den Text noch einmal in Hinsicht auf ihre Absicht durch. Markieren Sie jeden Abschnitt, der Ihrer Meinung nach Ihre Absicht verdeutlicht, mit einem Punkt. Seien Sie objektiv. Ein anderer Vorschlag wäre, daß Sie jeden Abschnitt mit einem von drei Buchstaben versehen: U für Unentbehrlich, N für Notwendig, W für Wünschenswert. Die Abschnitte der letzten Kategorie fallen dementsprechend als erstes weg. Diese Markierungen kommen einem auch am Rednerpult zugute, falls während des Vortragens Kürzungen erforderlich werden. Der Redner vor Ihnen kann überzogen haben, Sie können in Ihren improvisierten Vorbemerkungen zu weitschweifig gewesen sein, oder es kommen Fragen aus dem Publikum. Es ist daher zweckmäßig, auch im endgültigen Manuskript zu kennzeichnen, was möglicherweise gestrichen werden kann.

Trotz allem sollten Sie aber versuchen, die endgültige Form und Länge des Skripts jetzt schon festzulegen. Streichen Sie überflüssiges Material, *bevor* Sie aufs Podium treten, und markieren Sie rechtzeitig ein paar Teile, die im Notfall ebenfalls geopfert werden können. Die Regel lautet: Im Zweifelsfall streichen. Es ist besser, unter der Zeit zu liegen als zu überziehen.

Als Zuhörer haben Sie selbst die Erfahrung gemacht, daß das Publikum nicht unbegrenzt aufnahmefähig ist. Quintilian rät dem Redner, »nicht weniger, aber auch nicht mehr zu sagen als nötig ist«.[46] Auch die Grundregel des traditionellen Komikers sollte beachtet werden: am besten ist es, wenn das Publikum am Ende noch mehr hören will. »Wahre Redekunst«, sagt La Rochefoucauld, »besteht darin, alles Nötige zu sagen – und nicht mehr.«

Der Zeitablauf wird durch die Verwendung visueller Hilfsmittel mitbestimmt, wenngleich in unterschiedlicher Weise. Zentrale Begriffe, die simultan eingeblendet werden, fördern das Verständnis, ohne zusätzliche Zeit zu beanspruchen. Unter Umständen beschleunigen sie den Ablauf sogar. Eine Illustration zu einem speziellen Punkt, wie zum Beispiel ein Stadtplan, erfordert dagegen mehr Zeit, in der das Publikum das Bild betrachten und den begleitenden Text lesen kann.

Der Zeitfaktor ist ganz wesentlich. Meiner Erfahrung nach wissen sehr wenige Redner bei der Probe bereits genau, wie lange ihr Vortrag wirklich dauern wird. Der größte Stolperstein sind visuelle Hilfsmittel. In der Regel hat der Vortragende nur die Zeit für den gesprochenen Text berücksichtigt.

Es gibt natürlich ein paar Faustregeln. Eine davon lautet: »Einhundert Wörter pro Minute, wenn Bildmaterial verwendet wird.« Die beste Faustregel ist allerdings jene, die man selbst aufstellt. Das heißt, man probt, mißt die Zeit und vergleicht sie mit der Dauer des eigentlichen Vortrags. Man wiederholt die Prozedur und sammelt Erfahrungswerte. Im Laufe der Zeit pendelt sich die Form ein, die sich am besten bewährt. Das kann jedoch ein paar Jahre dauern. Meine eigene Faustregel lautet zwei Minuten pro Seite. Das soll aber keineswegs heißen, daß sie auch für jeden anderen Redner gelten muß.

Sie werden bemerkt haben, daß es in diesem Kapitel um Zeit geht. Ein Skript ist im Grunde ein Text in der

Zeitdimension. Der Aufbau der Seiten mit sämtlichen Markierungen usw. soll dem Redner helfen, den Stoff so zu vermitteln, daß der Zuhörer von Anfang bis Ende jede Sekunde Schritt halten kann.

Ein Text ist eine Reise durch den Raum, auf der der Leser das Tempo bestimmt. Ein Skript ist eine Reise durch die Zeit, bei der der Redner das Tempo festlegt.

Betrachten wir einmal die nachfolgenden Abbildungen 1 bis 3. Es wird Ihnen auffallen, daß der Text (Abbildung 1) in ein Skript (Abbildung 2) umgeformt und dann mit Hinweisen markiert wurde (Abbildung 3). Es wird Ihnen sehr wahrscheinlich leichterfallen, den Text zu lesen. So sollte es auch sein, denn ein Text ist für die Augen des Lesers bestimmt. Das Manuskript dagegen ist für den Vortrag gedacht. Die Hieroglyphen haben eine bestimmte Bedeutung für den Redner, und sie erleichtern dem Zuhörer das Verständnis.

Abbildung 1: Der Text

Identität bezeichnet in unserer speziellen Verwendung des Begriffs die Art und Weise, wie wir uns darstellen. Mit »Firmenidentität« ist daher die Selbstdarstellung einer Firma gemeint. Diese Darstellung folgt klaren Richtlinien, die die Geschäftsleitung in einem Statut zum Firmenimage festgelegt hat.

Die Firmenidentität entsteht aus einer gezielten Kombination sichtbarer Hinweise, mit deren Hilfe die Öffentlichkeit eine Firma identifizieren und von anderen unterscheiden und mit denen das Unternehmen repräsentiert oder symbolisiert werden kann.

Was verstehen wir nun aber unter einem Firmenimage? Das Lexikon definiert ein »Image« als »ein mentales Bild, das ein einzelner oder die Gesellschaft insgesamt von einer Person, einer Firma oder einer Organisation usw. hat.« Ein Firmenimage wird demnach definiert als »das Gesamtresultat aus dem Zusammenwirken aller Erfahrungen, Meinungen, Ansichten, Kenntnisse und Eindrücke, die die Öffentlichkeit mit einer Firma in Verbindung bringt«.

Abbildung 2: Das Skript

Dia IDENTITÄT	*Identität* bezeichnet (in unserer speziellen Verwendung des Begriffs) die Art und Weise, wie wir uns darstellen.
Dia FIRMENIDENTITÄT	Mit *Firmen*identität ist daher ... die Selbstdarstellung einer *Firma* gemeint. Diese Darstellung folgt klaren Richtlinien, die die Geschäftsleitung ...
Dia STATUT ZUM FIRMENIMAGE	... in einem Statut zum Firmenimage festgelegt hat. (Pause)
Dia (wie der gesprochene Text)	Die Firmenidentität entsteht aus einer gezielten Kombination sichtbarer Hinweise, mit deren Hilfe die Öffentlichkeit eine Firma identifizieren und von anderen unterscheiden und mit denen das Unternehmen repräsentiert oder symbolisiert werden kann.
Dia (Schwarzbild)	Aber – was ist nun ein Firmen*image?* Das Lexikon definiert ein *Image* als ...
Dia (wie der gesprochene Text)	... »ein mentales Bild, das ein einzelner oder die Gesellschaft insgesamt von einer Person, einer Firma oder einer Organisation usw. hat.«
Dia (wie der gesprochene Text)	Ein *Firmen*image wird demnach definiert als »das Gesamtresultat aus dem Zusammenwirken aller Erfahrungen, Meinungen, Ansichten, Kenntnisse und Eindrücke, die die Öffentlichkeit mit einer Firma in Verbindung bringt.«

Abbildung 3: Das markierte Skript

Dia
IDENTITÄT

Identität bezeichnet (in unserer speziellen Verwendung des Begriffs) die Art und Weise, wie wir uns darstellen.

Dia
FIRMENIDENTITÄT

Mit *Firmen*identität ist daher ... die Selbstdarstellung einer *Firma* gemeint.
Diese Darstellung folgt klaren Richtlinien, die die Geschäftsleitung ...

Dia
STATUT ZUM FIRMENIMAGE

... in einem Statut zum Firmenimage festgelegt hat.

(Pause)

Dia
(wie der gesprochene Text)

Die Firmenidentität entsteht aus einer gezielten Kombination sichtbarer Hinweise, mit deren Hilfe die Öffentlichkeit eine Firma identifizieren und von anderen unterscheiden und mit denen das Unternehmen repräsentiert oder symbolisiert werden kann.

Dia
(Schwarzbild)

Aber – was ist nun ein Firmen*image?* Das Lexikon definiert ein *Image* als ...

Dia
(wie der gesprochene Text)

... »ein mentales Bild, das ein einzelner oder die Gesellschaft insgesamt von einer Person, einer Firma oder einer Organisation usw. hat.«

Dia
(wie der gesprochene Text)

Ein *Firmen*image wird demnach definiert als »das Gesamtresultat aus dem Zusammenwirken aller Erfahrungen, Meinungen, Ansichten, Kenntnisse und Eindrücke, die die Öffentlichkeit mit einer Firma in Verbindung bringt.«

Je routinierter man Vorträge schreibt, desto leichter fällt es einem, sich von den Standardregeln der Interpunktion zu lösen. Anfangs wird es jedoch notwendig sein, den geschriebenen Text so umzuformen, daß er leicht zu merken und vorzutragen ist. Wer mehr Erfahrung gesammelt hat, wird die Interpunktion automatisch nach dem mündlichen Vortrag ausrichten. Die Interpunktion ist ein wesentlicher Teil des Skripts. Das mag paradox klingen, zumal der Zuhörer Punkte und Kommas ja nicht sieht. Aber was ist Interpunktion denn anderes als die graphische Entsprechung von Atempausen?

Im ersten Teil haben wir gesehen, wie ein langatmiger literarischer Satz durch Aufteilen in mehrere kürzere Sätze den Grundzügen gesprochener Sprache angepaßt wird. Wenn jedoch alle Sätze in einem Vortrag kurz sind, so wirkt das Ganze langweilig und einschläfernd. Die Satzlänge muß variieren, doch der Sinn darf nicht darunter leiden. Die Bezüge zwischen den Teilen eines längeren Satzes müssen klar erkennbar sein.

Die traditionellen Interpunktionszeichen reichen für solche Kennzeichnungen besonders für den Anfänger nicht aus. Wenn man diese Zeichen in konventioneller Weise verwendet, genügen sie den vielfältigen Bedürfnissen des Redners kaum. Das Komma beispielsweise wird für die verschiedensten Zwecke benutzt, etwa nach jedem Wort einer Aufzählung:

»Mit vier Aspekten möchte ich mich hier befassen: mit der Industrie, Wirtschaft, Stadtsanierung und der Sozialpolitik.«

Es kann auch eine eingeschobene Einschränkung kennzeichnen:

»Als nächstes Thema behandeln wir, und das erfordert wirklich Ihre Teilnahme, das ...«

Wer sich in seinem Skript gut zurechtfindet und Erfahrung im Reden hat, der mag die beiden obigen Sätze in der Form vortragen, wie sie auf Papier erscheinen.

Damit der Zuhörer jedoch wirklich folgt, könnte man den ersten Beispielsatz folgendermaßen markieren:

»Mit vier Aspekten möchte ich mich hier befassen: mit der Industrie / Wirtschaft / Stadtsanierung / und der Sozialpolitik.«

Der erfahrene Redner hätte es wahrscheinlich so geschrieben:

»Mit vier Aspekten möchte ich mich hier befassen. Mit der Industrie. Der Wirtschaft. Der Stadtsanierung. Und der Sozialpolitik.«

Die Kommas im zweiten Beispielsatz sollten durch Klammern ersetzt werden, damit der Bezug des Einschubs zum Satz klar wird:

»Als nächstes Thema behandeln wir (und das erfordert wirklich Ihre Teilnahme) das ...«

Der erfahrene Texter hätte an dieser Stelle natürlich ohnehin Klammern statt Kommas gesetzt. Zögern Sie nicht, Ihr Skript mit Markierungen zu entstellen. Unterstreichungen, Klammern und Kreise beleben und lockern auf; sie machen den Aufbau verständlich und erleichtern die Vermittlung. Das Skript macht den Aufbau hörbar:

Das Skript macht den Aufbau hörbar!

Man kann sogar eigene Markierungszeichen erfinden, sollte sie dann aber konsequent und einheitlich verwenden. Ein bestimmtes Zeichen darf nicht für zwei verschiedene Anweisungen stehen. Auch die Kennzeichnung mit Farben muß konsistent sein. Hier sind einige Beispiele aus meiner Hieroglyphensammlung:

1.	/	kurze Pause,
	//	eine Sekunde Pause,
	///	längere Pause. Kennzeichnet unausgesprochene Betonung. Der Zuhörer soll über das eben Gesagte nachdenken.
2.	( )	Klammern. Für Nebenbemerkungen, Einschränkungen, Einschübe, also jede kleine Abweichung von der Hauptargumentation. Ein ganzer Abschnitt kann in Klammern gesetzt werden.
3.	___	Unterstreichungen. Kennzeichnet gesprochene Betonung.
4.	①②③ etc.	Einzelteile des Vortrags. Wenn der Vortrag in verschiedene Teile untergliedert ist, die dem Publikum angekündigt werden, muß der Redner wissen, wo er gerade ist. Die jeweilige Nummer wird vor den entsprechenden Abschnitt und an den oberen Rand jeder Seite gesetzt.
5.	___ /	Hinweiszeichen. Kennzeichnet das Wort, bei dem Bild- oder Tonmaterial eingesetzt wird. Hier empfiehlt sich ein Farbkode, z. B. rot für Dias, grün für Tonband, blau für Overhead-Projektor.
6.	Video	Leuchtstiftmarkierung. Der Leuchtstift ist äußerst praktisch. Er macht Sie sofort auf zentrale Stellen aufmerksam. Ich verwende Leuchtfarben am Rand, um den Einsatz von Bild- und Tonmaterial zu kennzeichnen. Die Farben sind selbstverständlich kodifiziert.

Der Leuchtstift ist auch nützlich zur Markierung von Stellen im Text selbst. Ich verwende eine neutrale Farbe (d. h. eine, die nicht im Farbkode definiert ist, z. B. gelb oder rosa), um ungefähr sechs zentrale Wörter pro Seite zu kennzeichnen. Dadurch finde ich mich leichter zurecht, wenn ich mich zur Orientierung kurz dem Manuskript zuwende. (Vergessen wir nicht, daß der Redner das Skript nicht vorliest, er *stützt* sich lediglich darauf. Er wendet sich dem Publikum zu, nicht dem Skript.)

Wichtige Wörter markieren

Hat man Schlüsselwörter markiert, dann kann man sich nicht nur schneller orientieren, wenn man sich dem Skript zuwendet (besonders nach einer Ergänzung aus dem Stegreif oder einer Unterbrechung); man hat auch einen besseren Überblick über das, was folgt. Das Skript ist wie eine Landkarte mit Ihrer Marschroute. Sie müssen jederzeit wissen, wo Sie gerade sind. Vergleicht man Text und Skript, so fällt auf, daß die einheitliche Struktur des ersteren den Ablauf des Vortrags nicht erkennen läßt, während letzteres nützliche Informationen dazu enthält.

Die Zeilen des Skripts sind durch einen genügend breiten Abstand voneinander getrennt. Der Abstand zwischen einzelnen Abschnitten ist noch etwas breiter als der zwischen den Zeilen. Verschiedene Teile des Vortrags sind durch noch breitere Abstände an den jeweiligen Übergängen (sowie durch Numerierungen) gekennzeichnet. Bei ausreichendem Abstand zwischen den Zeilen sowie breiten Seitenrändern kann man noch kurz vor Beginn des Vortrags verschiedenes ergänzen, etwa den plötzlichen Einfall in letzter Minute, eine aktuelle Anspielung oder eine Anregung aus einem anderen Vortrag.

Am oberen Rand jedes Blattes steht nicht nur die Zahl der Seite, auf der Sie sich gerade befinden, sondern auch die Gesamtzahl aller Manuskriptseiten, z. B. »Seite 8 von 15«. Dadurch läßt sich immer genau sagen, wie weit man jeweils ist. Und da Sie wissen, wie lange der Vortrag dauern sollte, können Sie leicht abschätzen, wie Sie mit der Zeit liegen.

Das Skript wird am besten in einem Ringbuch oder zumindest mit einer Büroklammer abgeheftet. Die Blätter sollten erst zur Generalprobe aus dem Ringordner genommen werden. Ein Ringbuch ist vor allem deshalb geeignet, weil man die Blätter nach der Probe wieder abheften kann. Während des Vortrags selbst legt man die Blätter in zwei Stapeln auf das Rednerpult. Man liest vom linken Stapel und schiebt die nächste Seite im geeigneten Moment darüber. Indem man immer zwei aufeinanderfolgende Seiten vor sich hat, kann man ohne Unterbrechung von der einen zur anderen übergehen. Nichts stört das Publikum so sehr wie das umständliche Umblättern des Amateurs. Grundsätzlich sollte ein Seitenwechsel nie mitten im Satz erfolgen, egal wie flüssig und glatt Ihr Vortragsstil ist. Im Idealfall fängt jede neue Seite mit einem neuen Abschnitt an. Es ist völlig egal, wenn dadurch viel Raum am unteren Rand freibleibt. Das Skript ist wie gesagt nur für Ihre Augen bestimmt.

Form ist zweitrangig; Funktionalität geht vor. Das Skript hat keine andere Aufgabe, als dafür zu sorgen, daß der Redner den Vortrag so professionell wie möglich gestaltet. Danach hat es ausgedient. Paradoxerweise erfüllt es seine Aufgabe am besten, wenn es selbst im Hintergrund bleibt. Je besser es strukturiert und markiert ist, desto weniger muß der Redner darauf blicken.

Sie werden sagen, wenn das stimmt, wozu braucht man dann überhaupt ein Skript? Wieso nicht einfach Notizen? Das ist richtig – der erfahrene Redner stützt sich lediglich auf Notizen. Aber auch darin sind Hinweise auf den Einsatz von audiovisuellem Material und andere Hieroglyphen enthalten. Pausen- und Betonungszeichen kommen allerdings nicht vor, da Notizen keine kompletten Sätze enthalten. Der Profi benutzt auch keine DIN-A4-Blätter, sondern DIN-A6-Karteikarten. Da Karten leichter in der Hand zu halten sind, ist er nicht so sehr an das Rednerpult gebunden.

Wir haben aber darauf hingewiesen, daß selbst der erfahrene Redner zuerst einen Text schreibt. Auf diese Weise entwickelt und strukturiert er zuerst seine Gedanken und seine Sprache. Es wird dann ein leichtes sein, den geschriebenen Text in Notizen umzuwandeln. Der Anfänger sollte jedoch unbedingt ein Skript erarbeiten. Mit zunehmender Erfahrung, und auch durch verschiedene Proben mit ein und demselben Skript, wird der Redner immer freier damit umgehen können.

Bei einem gut markierten Skript muß der Redner immer seltener auf das Blatt schauen und kann trotzdem immer längere Abschnitte frei vortragen, indem er die Sätze auswendig lernt oder paraphrasiert. Damit übernimmt das Skript, obwohl es vollständig ausgearbeitet ist, die Funktion von Notizen.

Manch geübter Redner benutzt sein Skript auf diese Weise. Er hat den gesamten Vortrag vor sich und kann sich gegebenenfalls darin orientieren; und gleichzeitig liegt eine farbig markierte Kurzversion vor, die aus dem Text heraussticht. Dadurch kann der Vortragende frei reden und Blickkontakt mit dem Publikum halten. Er wird auch entspannter sein und kann seinen Vortragsstil der jeweiligen Situation anpassen. Je direkter er sich an die Zuhörer wendet, desto stärker lassen diese sich auf ihn ein. Und um so größer ist das Gefühl unter den Zuhörern, daß der Vortrag relevant für sie ist.

Ein auf diese Weise vorbereitetes Skript (und insbesondere eines, das man auch als Notizen verwenden kann), tritt nicht als Störfaktor zwischen den Sender und den Empfänger. Ein Text erzeugt Störungen, ein gut vorbereitetes Skript reduziert sie.

18. Visuelle Hilfsmittel – Wozu?

Ich höre – ich vergesse.
Ich sehe – ich behalte.
Ich tue – ich verstehe.

Bei Vorträgen im Wirtschaftsleben sind visuelle Hilfsmittel nicht die Ausnahme, sondern die Regel. Der
Zuhörer wird dadurch zum Zuschauer. Und macht man
ihn darüber hinaus zum Teilnehmer, um so besser.

Aber visuelle Hilfsmittel sind für das *Publikum* gedacht,
nicht für den Redner. Natürlich können die Worte und
Bilder auf der Leinwand auch dem Redner auf die
Sprünge helfen. Hauptsächlich aber sollen sie dem
Zuhörer beim Verstehen helfen. Die Wörter auf einem
Lichtbild dürfen nicht als Text dienen, den der Redner

vorliest. Auch darf man nicht vom Publikum verlangen, daß es lange Textpassagen liest. Die Leinwand sollte nie zur Wandzeitung werden.

Bildschirm oder Leinwand sollten auch nie zum Hauptakteur werden. Sie mögen in bestimmten Momenten eine gewisse Rolle spielen, aber der Redner ist der Star. Visuelle Hilfsmittel erleichtern dem Publikum das Verständnis der Argumentation, aber im Mittelpunkt steht der Redner.

Die Leinwand sollte nie zur Wandzeitung werden

Der Redner muß seine begleitenden Materialien im Griff haben. Das erfordert ausreichendes Proben. Zuvor muß er allerdings entscheiden, ob er überhaupt visuelle Hilfsmittel einsetzen will, und sollte den Vortrag entsprechend strukturieren. Unter bestimmten Umständen sind visuelle Hilfsmittel unnötig, zum Beispiel bei einem kurzen Vortrag, einem kleinen Publikum, in einer ungeeigneten Räumlichkeit oder bei Verwendung anderweitiger Hilfsmittel, wie etwa gedruckter Handzettel usw.

Dies sind jedoch Ausnahmen. Gute visuelle Hilfsmittel machen mehr aus Ihrem Vortrag. Sie aktivieren das Publikum. Außerdem stärken sie Ihr Selbstvertrauen und geben Ihnen mehr Bewegungsfreiraum; bei einer guten Lautsprecheranlage können Sie vom feststehenden Podium wegtreten. Vor allem aber können Sie damit die Leinwand als Partner in Ihrer Darbietung einsetzen.

Bei einem kleinen Publikum sind visuelle Hilfsmittel überflüssig

Wenn feststeht, daß Bildmaterial verwendet werden soll, muß der konkrete Einsatz geplant und vorbereitet werden. Dies geschieht am besten, sobald Sie die Argumentation strukturiert haben und mit dem Schreiben des Textes beginnen. Wenn Sie dabei einen breiten Rand lassen (oder, so wie ich es tue, nur auf der rechten Seite eines Schulheftes schreiben), können Sie nach und nach Ideen zu Bildmaterialien einfügen.

Wenn Sie so vorgehen, müssen Sie bei der Auswahl einer Illustration auch über Ihr Argument nachdenken. Diese Funktion von Bildmaterial wird oft unterschätzt. Indem Sie zum Beispiel einen Textabschnitt in einem Lichtbild zusammenfassen, müssen Sie Ihre Gedanken konkreter und Ihre Sprache klarer gestalten. Und wenn ein Bild bei *Ihnen* Unklarheiten beseitigt, so wird es beim Zuhörer sicherlich auch das Verständnis erleichtern.

Ein wissenschaftlicher oder technischer Vortrag ist unvorstellbar ohne Zeichnungen, Tabellen und Statistiken. Komplexe Sachverhalte können ohne irgendwelche Diagramme unmöglich erklärt werden. Versuchen Sie nur einmal, eine Reiseroute zu beschreiben, ohne eine Landkarte zu skizzieren oder ohne auch nur mit dem Finger in der Luft zu malen. Visuelle Hilfsmittel dienen deshalb vor allem der Erklärung. Dias oder anderweitige Bildmaterialien sind somit eine *Ergänzung* zum Vortragstext. Der Text ist ohne Bild unvollständig. Vorbereitung und Vortragen einer Rede müssen sorgfältig auf die Bildverwendung abgestimmt sein.

Bilder werden häufig auch zur *Erläuterung* eingesetzt. Sie illustrieren, untermauern oder erhärten die Worte des Redners. Wichtige Begriffe oder zentrale Sätze können projiziert werden. Ein schwieriges Konzept wird verständlicher, wenn es gleichzeitig gehört und gesehen wird; und ein abstrakter Gedanke wird durch eine Illustration konkreter. Wenn zwei oder drei Ideen diskutiert oder verschiedene Punkte aufgezählt werden, kann sich der Zuhörer die einzelnen Schritte leichter merken, wenn er sie bildlich erfaßt hat.

Eine weitere Funktion visueller Hilfsmittel ist die der *Orientierung*. Sie erinnern sich gewiß an die Bedeutung von Wegweisern im Text. Auch Bilder können diese Hinweisfunktion übernehmen. Ein Vortrag besteht zum Beispiel aus vier Teilen. Zu Beginn werden alle vier Unterabschnitte genannt, und an der jeweiligen Stelle im Vortrag wird der entsprechende Untertitel noch einmal eingeblendet. Noch besser ist es, wenn immer alle vier Titel gezeigt werden und der jeweils aktuelle farbig abgesetzt ist.

Eine »Marschroute« zu erstellen hilft sowohl dem Redner als auch dem Publikum. Ein zu Beginn ausgeteilter Handzettel mit den Titeln der Unterabschnitte könnte diese Funktion erfüllen. Auch ständig sichtbare Karten, z. B. an einer Wandtafel oder sogar auf einer zweiten Leinwand, eignen sich. Vieles hängt natürlich von der Art des Vortrags ab. Sollten Sie das Publikum mit Ihren Darlegungen überraschen wollen, so sind solche Formalitäten selbstverständlich nicht angebracht.

Eine kleine Sensation, eine *Überraschung* – das ist der vierte und letzte Verwendungszweck visueller Hilfsmittel. Das Bild soll eine dramatische Wirkung erzielen, auch wenn seine Relevanz nicht unmittelbar zu erkennen sein mag. Die Leinwand kann somit eine Art Debatte mit dem Redner führen, ihn berichtigen und dem Publikum eine Nebenbemerkung zuflüstern. Einmal erlebte ich einen Redner, der zu Beginn seines Vortrags erzählte, er sei gebeten worden, Dias mitzubringen. Dann zeigte er »die einzigen Dias«, die er besaß, nämlich Urlaubsschnappschüsse von seinen Kindern.

Überraschungsbilder müssen sorgfältig eingesetzt und dürfen auf keinen Fall zu häufig verwendet werden. Um das Publikum zu beschäftigen oder mitten im Vortrag aufzurütteln, sind sie jedoch äußerst wirksam.

Fassen wir zusammen. Visuelle Hilfsmittel sind die Regel, nicht die Ausnahme. Sie dienen primär dazu, dem Zuhörer das Verständnis zu erleichtern. Nebenbei helfen sie auch dem Redner, sich verständlich zu machen – vor allem aber während der Vorbereitung. Sie müssen in dem Moment einbezogen werden, in dem der Vortragsstoff ausgearbeitet wird. Visuelle Hilfsmittel erfüllen vier Funktionen:

- Ergänzung: Teil des Textes
- Erläuterung: untermauert den Text
- Orientierung: gliedert den Text
- Überraschung: dramatische Wirkung

19. Visuelle Hilfsmittel – Dias

Zu den verschiedenen Arten visueller Hilfsmittel gehören:

35-mm-Dia
Overheadprojektor für Transparenzfolien
Wandtafel
Flipchart
Magnet- oder Filztafel
Film
Video
Modell

Dias sind die gebräuchlichste und praktischste Form. Die folgenden Bemerkungen beziehen sich unmittelbar auf das Lichtbild, sind aber für alle Arten von Bildmaterial relevant. Den Overheadprojektor und andere Formen behandeln wir im nächsten Kapitel.

Bevor man visuelle Hilfsmittel vorbereitet, sollte man so viel wie möglich über den Raum der Veranstaltung wissen (siehe Kapitel 22). Ist zum Beispiel eine große quadratische Leinwand vorhanden, kann man sowohl vertikale als auch horizontale Bilder (etwa Porträts bzw. Landschaften) zeigen. Ist die Projektionsfläche nicht quadratisch, sollte man sämtliche Dias im Querformat anfertigen, da die meisten Leinwände horizontal sind. Die Dias füllen dann die gesamte Fläche aus. Vertikale Formate dagegen wären oben und unten abgeschnitten. Um dies zu vermeiden, müßte man den Projektor oder das Objektiv verstellen, was aber die Bilder im Querformat beträchtlich verkleinert.

Die ausschließliche Verwendung von Querformat hat

einen kleinen Nachteil. Bilder im Hochformat, z. B. eine ganzseitige Werbeanzeige oder eine DIN-A4-Illustration, werden verkleinert und haben links und rechts breite leere Ränder. Das muß man in Kauf nehmen, wenn man auf Nummer Sicher gehen oder einheitlich sein will.

Leere Dias mit Schwarzbild sind wichtig

Man sollte immer ein halbes Dutzend leere, schwarze Dias dabei haben. Das klingt vielleicht wie ein Rat für den Notfall. Aber es kann leicht vorkommen, daß ein Dia defekt ist, einen Fehler enthält oder durch den Beitrag eines Vorredners überflüssig geworden ist. Es kann also sein, daß es entfernt werden muß. Anstatt dann aber das vorausgehende Dia zu lange zu projizieren, das nächste zu früh einzublenden, den Projektor auszuschalten oder – o Schreck – das Publikum mit einer weißen Fläche zu blenden, sollte man ein schwarzes Dia projizieren, also eine dunkle Leinwand zeigen.

Scheuen Sie sich nicht vor einer leeren Leinwand. Die Alternative lautet nicht, alle Dias oder gar keine. Auch bei visuellen Hilfsmitteln gilt die Regel: im Zweifelsfall raus. Manche Redner meinen, sie hätten versagt, wenn die Leinwand schwarz und leer ist. Vergessen Sie aber nicht, der Star der Veranstaltung ist nicht die Leinwand, sondern der Redner. Die Leinwand ist lediglich seine Assistentin.

Ein leeres schwarzes Dia kann sehr wichtig sein

Fangen Sie nach Möglichkeit mit einem leeren Dia an

Auf einer Konferenz wird unter Umständen ein Titellichtbild mit Ihrem Namen und Ihrem Thema projiziert, während Sie dem Publikum vorgestellt werden. Dieses Dia sollte eingeblendet sein, wenn Sie beginnen. Falls Sie sich selbst vorstellen, fangen Sie mit einem leeren Dia an. Stellen Sie zuerst Kontakt mit dem Publikum her. Machen Sie den Zuhörern klar, daß Sie im Mittelpunkt stehen. Vielleicht wollen Sie als Einführung etwas Spontanes sagen, etwas auf die Begrüßung oder Vorstellung durch den Veranstaltungsleiter erwidern oder auf einen Vorredner eingehen. Ein leeres Dia läßt Ihnen entsprechenden Spielraum.

Dieser Einstieg gibt dem Publikum zu verstehen, daß die Leinwand den Vortrag nicht dominieren und daß sie auch später noch gelegentlich leer sein wird. Außerdem entsteht ein Moment der Spannung in Erwartung des ersten Lichtbildes. Die Überraschung läßt sich steigern, indem aktuelle Daten in das Dia einbezogen werden, z. B. das Datum, der Anlaß oder der Name des Veranstalters.

Zeigen Sie nicht zu viele Dias

Fragen Sie sich bei jedem einzelnen Dia, welchem Zweck es dient. Wenn es überflüssig ist, was hat es dann hier zu suchen? Ist kein Dia erforderlich, dann projizieren Sie Schwarz. Andernfalls vermindert die Abfolge von unwichtigen Bildern Relevanz und Wirkung der wichtigen Lichtbilder. Dadurch gehen Spannung und Dramatik verloren. Die Leinwand muß nicht ständig und um jeden Preis voll von Bildern sein. Nichts langweilt die Zuhörer mehr als eine endlose Reihe von Dias voll mit Text. Dann hätte man ihnen lieber gleich schriftliche Unterlagen aushändigen sollen.

Projizieren – nicht zu kurz
und nicht zu lang

Es gab einmal eine Rasiercreme namens »Erasmic«, für die mit folgendem Slogan geworben wurde: »Nicht zu viel, nicht zu wenig, genau richtig.« Abzuschätzen, was genau die richtige Projektionszeit für ein Dia ist, lernt man nur durch Erfahrung. Als Zuhörer sollte man vielleicht zur Übung bei jeder Gelegenheit darauf achten, wie lange *in bezug auf den Text des Redners* ein Dia auf der Leinwand verbleibt. In der Regel wird man feststellen, daß die meisten Lichtbilder zu lange gezeigt werden. Dagegen zeigen Redner zuweilen eine komplizierte Tabelle, eine Statistik oder ein Diagramm nicht lange genug.

Ein Dia darf nicht zu lange auf der Leinwand verbleiben

Der Redner mag nervös sein oder befürchten, das Publikum zu langweilen. Er vermutet vielleicht, daß die Zuhörer mit dem Material ebenso vertraut sind wie er. Meistens jedoch läßt der unerfahrene Redner Lichtbilder stehen, auch wenn sie ihren Zweck bereits erfüllt haben. Die Anwesenden betrachten dann das Bild natürlich weiterhin. Sie lesen die projizierten Wörter, während der Redner bereits andere äußert. Sie machen sich vielleicht Gedanken über die Wortwahl – oder bilden gar Anagramme oder vertonen den Text.

Ein zu lange – oder zu kurz – gezeigtes Dia stellt eine Störung dar. Eine leere Leinwand vermindert die Gefahr der Störung.

Ein Bild ist mehr wert als tausend Worte

Das ist allerdings nicht immer vorteilhaft. Am rechten Ort, zur rechten Zeit und für die richtige Dauer ist ein passendes Bild unersetzlich. Doch zeigen manche Redner ein Bild zu lange, anstatt die Leinwand leer zu lassen. Sie glauben, daß Bilder im Unterschied zu Worten, die sich mit anderen Textstellen widersprechen könnten, eine neutrale Szenerie bilden, auf der das Auge ruhend verweilen kann. Irrtum. Je länger ein Bild stehen bleibt, desto mehr sehen die Zuschauer darin. Sie glauben vielleicht sogar, daß sie sich in das Bild vertiefen sollen. Schließlich wird es ja nicht umsonst so lange gezeigt. Eine Karikatur zum Beispiel sollte nie zu lange sichtbar sein. Ein Bild mag zwar so viel wert sein wie tausend Worte – doch neunhundert davon sind vielleicht völlig irrelevant.

Der Redner und die Leinwand –
ein Zweipersonenstück

Ein visuelles Hilfsmittel ist wie ein Partner. Es entlastet den Redner, sollte ihn aber nicht einengen. Der Redner muß immer im Mittelpunkt stehen, und zwar sichtbar. Es ist normal und nützlich, sich hin und wieder der Leinwand zuzuwenden. Gelegentlich sollte man sich vergewissern, daß das richtige Bild gezeigt wird. Doch wer sich ständig der Projektionsfläche zuwendet, verliert den Kontakt mit dem Publikum. Solches Verhalten ist zudem unhöflich. Außerdem verrät es den Zuhörern, daß der Redner nervös ist, besonders wenn er auf eine leere Leinwand blickt (was ich nicht selten erlebt habe!).

Andererseits kann es recht eindrucksvoll sein, wenn Sie sich tatsächlich einmal der Leinwand zuwenden oder auf sie zugehen, vorausgesetzt Sie kennen sich mit Ihrem Material aus. Erläutern Sie zum Beispiel eine Tabelle oder ein Diagramm, so müssen Sie eine Dreiecksbeziehung zwischen Redner, Leinwand und Publikum bilden. Kommentieren Sie die Tabelle, indem Sie z. B. erklären, was die horizontale und die vertikale Achse bedeuten. Weisen Sie auf die besonders wichtigen Zahlen hin. Verwenden Sie nach Möglichkeit einen Leuchtzeiger.

Je erfahrener sie mit Bildmedien umgehen, desto leichter können Sie die beiden anderen Winkel des Dreiecks einander selbst überlassen. Machen Sie eine Pause und lassen Sie die Zuschauer für ein paar Sekunden die Leinwand studieren. Nutzen Sie diese Zeit. Trinken Sie einen Schluck Wasser. Beobachten Sie das Publikum. Nehmen Sie Feedback auf. Wenden Sie sich nicht ab. Führen Sie weiterhin Regie.

Dias sollten einheitlich sein

Es versteht sich von selbst, daß Lichtbilder logisch zusammenhängend und verständlich sein sollten. Sie müssen aber auch einheitlich gestaltet sein. Ein Vortrag braucht eine klare Linie hinsichtlich Inhalt und Stil. Jedes Lichtbild muß als Teil eines bestimmten Vortrags zu erkennen sein. Vermeiden Sie es nach Möglichkeit, Dias von früheren Vorträgen zu verwenden. Grundsätzlich sollte die Wahl der Beschriftung und Bebilderung für das Thema, den Anlaß und das Publikum relevant sein.

Dias müssen sichtbar sein

Dies ist eine wahre Geschichte: Vor ein paar Jahren zählte bei einer Konferenz ein Redner die zentralen Kriterien einer Werbestrategie auf. Er projizierte rote Buchstaben vor einem roten Hintergrund. Bei einem Dia hielt er inne und entschuldigte sich für die schlechte Beleuchtung. Das Schlüsselwort, das wir kaum sehen konnten, hieß »Sichtbarkeit«.

Eine goldene Regel für die Farbe der Schrift gibt es nicht. Aber es gibt eine »gelbe Regel«. *Gelb auf Schwarz* bildet einen ausgezeichneten Kontrast. Schwarz auf Gelb ist nicht ganz so gut. Ich verwende lieber helle Schrift auf schwarzem Hintergrund als dunkle Schrift auf weißem oder hellem Untergrund. Bei hellem Hintergrund ist jeder Fleck sichtbar, und Dias ziehen nun einmal einiges an Staubpartikeln an. Vermeiden Sie Pastellfarben. Verwenden Sie nicht zu viele Farben. Und verwenden Sie Farben durchweg einheitlich.

Einheitliche Kodierung ist nicht nur für die Farben, sondern auch für die Schriftart und Buchstabengröße wichtig. Achten Sie beim Beschriften von Dias darauf, daß die Worte genau mit dem Text übereinstimmen. Wollen Sie zum Beispiel ein Dutzend zentraler Begriffe von gleichrangiger Bedeutung projizieren, so verwenden Sie denselben Schrifttyp und dieselbe Buchstabengröße sowie eine einheitliche Farbe.

Sollten Sie Dias auch zu anderen Zwecken einsetzen, um beispielsweise die Überschriften Ihrer Unterabschnitte oder bestimmte Merksätze aus dem Text einzublenden, dann muß das Publikum Ihren Kode erkennen können. Überschriften könnten zum Beispiel in Großbuchstaben, in einem größeren Schriftgrad oder in einer unterschiedlichen Farbe erscheinen. Der Schrifttyp sollte auf allen Dias übereinstimmend sein. Die Wahlmöglichkeiten sind beträchtlich. Hat man sich einmal für einen Kode entschieden, ist er unbedingt einzuhalten. Als Redner bestimmen Sie die Regeln; wenn Sie sie auch beachten, erleichtern Sie dem Publikum das Verständnis. Wenn Sie sie mißachten, verursachen Sie Störungen.

Das Layout muß ansprechen

Solange Sie an das Publikum denken, können Sie nicht fehlgehen. Das Layout sollte zwar einheitlich, aber nicht so monoton gleichförmig sein, daß das Wechseln der Dias gar nicht mehr auffällt. Etwaiger Text sollte linksbündig sein. Denken Sie auch daran, daß die obere Hälfte der Leinwand besser von allen Plätzen aus zu sehen ist als die untere. Gestalten Sie die Wörter und Bilder deshalb so groß wie möglich.

Wenn Sie einen langen Textausschnitt (von mehr als dreißig Wörtern) zeigen wollen, so verteilen Sie ihn auf zwei aufeinanderfolgende Dias und verwenden Sie eine größere Schrift, anstatt ihn mit kleineren Buchstaben auf einem einzigen Bild unterzubringen. Wo immer es möglich und angebracht ist, sollten Bilder die gesamte Projektionsfläche ausfüllen.

Stopfen Sie nicht zu viele Gedanken, Worte oder Bilder in ein Dia. Am besten veranschaulichen Sie nur einen Gedanken pro Lichtbild. Sind zwei oder mehr Gedanken zu vermitteln, sollten sie klar voneinander getrennt sein. Unter Umständen muß man das ein paarmal proben. Redner probieren zwar oft ihren Text vor einem Kollegen aus, selten aber ihre Lichtbilder.

Wenn Sie auf ein und demselben Dia unterschiedlich große Schrifttypen verwenden, muß der Grund für den Unterschied klar sein – dem Publikum ebenso wie Ihnen. In der Regel bedeutet größere Schrift größere Bedeutung. Die Schrifthöhe sollte nie kleiner sein als ein Achtel der Gesamthöhe des Lichtbildes. Das soll nicht heißen, daß Sie acht Zeilen auf einem Dia unterbringen müssen. Bei mehr als sechs wird es schon problematisch. Lassen Sie genügend Abstand zwischen den Zeilen.

Die Schriftart sollte einfach, klar und auch von der hintersten Reihe aus leicht zu lesen sein. Auch hier ist die Auswahl immens, aber halten Sie sich zurück. Orientieren Sie sich an öffentlichen Hinweisschildern, wie sie an Gebäuden und auf Straßen zu sehen sind, insbesondere auf Autobahnen. Verwenden Sie klare und gleichmäßig dicke Typen ohne jegliche Schnörkel. Lassen Sie sich nicht von einem Buch mit Schrifttypen dazu verleiten, sich wie ein Kind am Süßwarenstand zu bedienen. Beschränken Sie sich auf schlichte Typen und streuen Sie höchstens zur Überraschung einmal ein Statement in Grotesk oder Cheltenham Fettschrift ein.

Cheltenham Bold

Serifen

GOTHIC

ohne Serifen

Jedes Bild muß ein zentrales Motiv enthalten. Die Wirkung auf den Betrachter dürfte größer sein, wenn das Hauptmotiv in der Mitte oder nahe bei der klassischen goldenen Mitte liegt. Ein Bild kann natürlich auch zwei oder drei Elemente zeigen, doch müssen diese sorgfältig angeordnet sein. Das dominante Motiv kann ein untergeordnetes überlappen.

Dias sollten bunt, aber nicht grell sein. Verwenden Sie nicht zu viele Farben, weder in einem einzelnen Lichtbild noch in der gesamten Diareihe.

Ein Dia muß eine gewisse Dynamik erzeugen. Manche Redner verwenden gar keine Textlichtbilder. Ich selbst gehöre nicht zu diesen Puristen. Es stimmt zwar, daß allzu häufig zu viele Lichtbilder mit Text präsentiert werden; schlimmer ist jedoch, wenn ausschließlich solche Dias projiziert werden oder wenn praktisch alles Wichtige auf Dias geschrieben ist. Dies ist nur dann gerechtfertigt, wenn das Publikum den Vortrag in einer Fremdsprache verfolgt.

Hauptbegriffe, Überschriften, Merksätze, komplexe Sachverhalte und schwierige Wörter werden durch Textdias verständlicher und einprägsamer. Anders ist es mit abstrakten Begriffen. Abstrakte Worte werden anschaulicher durch Bilddias. John May hat dies treffend formuliert:

»Man sollte auf die größtmögliche Wirkung abzielen. Anschauungsmaterial ist um so eindrücklicher, je konkreter es ist. Zahlen, Tabellen, Diagramme, Bilder, Gegenstände und Handlungen bilden Stufen zunehmender Konkretheit. Soll das Anschauungsmaterial einschlagen, muß es so konkret wie möglich sein.«[47]

20. Weitere visuelle Hilfsmittel

Der überall anzutreffende Diaprojektor macht uns oft blind gegenüber den Möglichkeiten der traditionelleren Formen von visuellen Hilfsmitteln. Bestimmte Vorurteile sollen hier einmal abgebaut werden.

Die Tafel

Der große Vorteil der Tafel ist die Spontaneität. Ein Diagramm kann zum Beispiel schrittweise und unter Einbezug des Publikums erarbeitet werden. Oder die Hauptüberschriften, die die Stationen einer Marschroute bezeichnen, können während des gesamten Vortrags sichtbar bleiben. Und schließlich erfordert die Tafel kaum technische Vorbereitungen.

Der Nachteil besteht natürlich darin, daß man beim Schreiben oder Zeichnen dem Publikum den Rücken zuwendet. Man muß sich dann überlegen, ob man während des Schreibens weitersprechen soll. In einem Raum, der größer ist als ein Klassenzimmer, ist eine Tafel ungeeignet. Aber sie ist ein sehr unkompliziertes Hilfsmittel, das sich schon seit Generationen bewährt hat.

Flipcharts

Ein Flipchart sollte nicht bloß wie eine Tafel verwendet werden, denn sonst gelten alle vorgenannten Nachteile – und vor allem der des geringen Platzes. Man kann zwar simultan zum Vortrag spontan schreiben und zeichnen, aber Flipcharts sind am wirkungsvollsten, wenn man sie vorbereitet. Einige Blätter können durchaus komplett vorgefertigt, andere nur mit Bleistift vorgezeichnet sein, so daß der Redner sie während des Vortrags dick nachzeichnen oder bunt ausmalen kann.

Die einzelnen Blätter können entweder angeheftet bleiben und über die Staffelei nach hinten umgeschlagen oder abgerissen und auf den Fußboden gelegt werden. Das Abreißen mag die ersten paar Male recht effektvoll sein, doch mit der Zeit verliert die Geste ihren Reiz, und übrig bleibt nur eine große Unordnung. Es ist besser, die wichtigen Blätter abzureißen und ringsherum an den Wänden anzubringen.

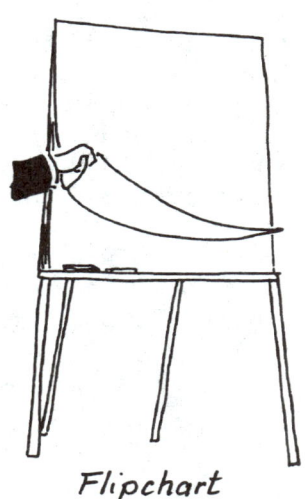

Flipchart

Wer die vorbereiteten Blätter nicht abreißen will, kann diese auch in umgekehrter Reihenfolge präsentieren. Er zählt ab, wie viele Blätter er braucht, numeriert sie an einer beliebigen Stelle und schlägt sie nach hinten um. Wenn er beginnt, schlägt er einfach das erste Blatt nach vorn und so weiter. Flipcharts eignen sich jedoch nicht für große Veranstaltungen oder lange Vorträge.

Magnet- oder Filztafeln

Auch diese Hilfsmittel eignen sich nur für kleine Räume und Vorträge in zwangloser Atmosphäre. Wie durch Zauberkraft bleiben einzelne Bildteile haften, und der

Redner kann schrittweise ein Gesamtbild aufbauen. Hafttafeln sind leicht zu gebrauchen, aber auch leicht zu mißbrauchen. Sie erfordern viel mehr Vorbereitung und Proben als die bisher behandelten Hilfsmittel.

Der Redner muß vom Ende ausgehen, da die Kernaussage seines Vortrags auf das Endbild abgestimmt sein sollte. Mit dieser Vorgabe muß er also überlegen, wie und wann genau die einzelnen Elemente zusammengesetzt werden sollen.

Wenn es bereits beim Schreiben des Vortrags darauf ankommt, das Medium der visuellen Hilfsmittel zu berücksichtigen, ist dies bei Hafttafeln noch wichtiger als bei Dias. Die Verwendung einer Magnettafel entscheidet maßgeblich über den Aufbau des Vortrags. Wesentlich dabei ist der sukzessive Aufbau. Wer lediglich einzelne Wörter oder einfache Symbole anheftet und wieder abnimmt, verwendet dieses technische Hilfsmittel falsch.

Hafttafeln können nur eingeschränkt verwendet werden, da sie wenig wenn überhaupt irgendwelche Spontaneität erlauben. Doch können visuelle Kommentare, innerhalb der gegebenen Grenzen, recht wirkungsvoll sein, besonders wenn das vollständige Bild einige Zeit sichtbar bleiben soll.

Film und Video

Videobänder haben die Filmrolle weitgehend verdrängt. Das Filmbild ist allerdings klarer und kann eine größere Leinwand ausfüllen. Der Nachteil des Films ist das Laufgeräusch des Projektors. Außerdem muß der Raum abgedunkelt werden.

Heutzutage sind Zuschauer mit dem Videobild fast durchgehend vertraut. Die Größe der Projektionsfläche richtet sich natürlich nach der Größe des Raumes. In einem Klassenzimmer können zum Beispiel zwei oder drei Monitore (d. h. normale Fernsehapparate) aufgestellt werden. Jeder größere Raum erfordert eine spe-zielle Projektionsvorrichtung (zum Beispiel Barco 3) oder eine ganze Batterie von Monitoren. Bei Videopro-jektoren ist selbstverständlich kein Abdunkeln nötig.

Doch sowohl Film als auch Video haben einen ent-scheidenden Nachteil: die technische Maschinerie tritt in den Vordergrund. Beim Videogerät ist dies weniger stark der Fall, da die mei-sten Redner routi-nemäßig mit einem Heimvideorekorder umgehen und das Band jederzeit an-halten oder gege-benenfalls zurückspu-len können. Trotzdem übernimmt die Ausrü-stung eine wichtige, wahrscheinlich sogar die dominante Rolle.

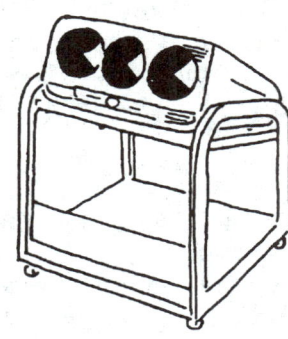

Videoprojektor

Der Redner kann leicht den Kontakt zum Publikum ver-lieren. Es empfiehlt sich daher, einen Vorführer anzu-stellen.

Vieles hängt auch davon ab, wie geschickt Video oder Film in den Kontakt integriert werden. Sagen Sie nicht einfach: »Ich dachte, Sie würden sicherlich gerne ein paar Werbespots sehen.« Oder: »Hier ist eine kleine und gewiß erfrischende Abwechslung zu meiner Stimme.« Legen Sie also nicht Ihr Amt nieder. Versuchen Sie statt dessen, das Publikum während des Zuschauens zu be-schäftigen. Kommentieren Sie zum Beispiel: »Drama hat etwas mit Spannung zu tun. Vergleichen Sie den Man-gel an Spannung im ersten Werbespot mit der hohen Spannung im zweiten. Wie kommt diese Wirkung zu-stande?«

Overheadprojektor

John May bezeichnet den Overheadprojektor als »das rednerfreundlichste visuelle Hilfsmittel. ... Man schreibt oder zeichnet auf einer Lichtplatte vor einem, und die Worte und Bilder leuchten auf der Leinwand hinter und über einem auf. ... Man projiziert bei normaler Beleuchtung und arbeitet dennoch mit einem hellen Bild. Man muß dem Publikum nicht den Rücken zukehren und kann leicht Blickkontakt mit den Zuhörern halten. Man kann den Projektor nach Belieben an- oder ausschalten.«[48]

Ein großer Vorteil des Overheadprojektors bildet gleichzeitig seinen Hauptnachteil – die Größe des Bildes. Auf der Leinwand wird nicht nur jede kleine Unvollkommenheit auf der Folie vergrößert, es wird auch jedes winzige Stäubchen sichtbar. Man kann natürlich spezielle Folien im voraus vorbereiten (weiß auf

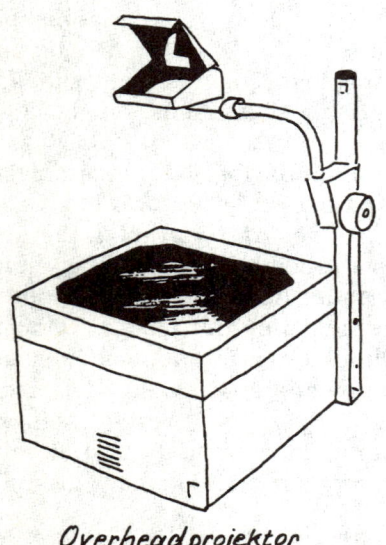

Overheadprojektor

160

schwarz, wie bei den Dias), doch geht dabei der besondere Charakter des Overheadprojektors verloren, nämlich das Element der Spontaneität. Während das Lichtbild ein Partner des Redners ist, ist der Overheadprojektor eine organische Erweiterung. Die von May so treffend beschriebene Situation macht den eigentlichen Wert dieses Systems aus. Der Redner kommuniziert mit seinem Publikum mit Hilfe der Transparentfolie. Das visuelle Medium ist also immer synchron, das heißt simultan zur Rede. Der Redner und der Vortrag werden zu einer Einheit. Der Vortragende und das Publikum gehen im gleichen Tempo voran.

Doch darf die Leichtigkeit, mit der der erfahrene Redner den Overheadprojektor einsetzt, nicht den falschen Eindruck erwecken, als sei das Gerät einfach zu bedienen. Es ist simpel, wenn man es zu nichts anderem verwendet als zu spontanem Kritzeln oder als Ersatz für Lichtbilder. Der Overheadprojektor erlaubt jedoch weitaus mehr. Man kann Elemente aufbauen und wieder entfernen, und zwar viel einfacher und wirkungsvoller als etwa an der Magnet- oder Filztafel. Einzelne Teile können verdeckt oder allmählich aufgedeckt werden. Auf diese Weise lassen sich subtile Wirkungen erzielen.

Der Redner kann verschiedene Elemente kombinieren. Er kann eine vorbereitete Folie zeigen und sie während des Vortrags ergänzen oder abändern. Er kann auf ein Element auf der Folie deuten (zeigen Sie nie auf die Leinwand), entweder mit einem Zeigestab oder einem Bleistift (niemals mit dem Finger), und kann den Zeigestab nötigenfalls an der jeweiligen Stelle liegen lassen. Er kann das Gerät ausschalten, eine neue Folie einlegen, eine Weile ohne Overheadprojektor sprechen und im richtigen Moment wieder einschalten, um ein neues Bild zu zeigen. Man kann sogar ein Bild mit dem Overheadprojektor über das eines projizierten Dias einblenden. All das erfordert jedoch Übung.

Auch das spontane Entwerfen von Texten und Bildern vor dem Publikum verlangt Erfahrung. Die Regeln für das Gestalten von Dias gelten auch hier. Allerdings sind sie in der Live-Vorführung schwieriger einzuhalten. Die Bilder müssen klar und übersichtlich und die Farben auffallend sein.

Folien können im voraus vorbereitet und mit Filzstift oder Schreibmaschine beschriftet werden. Man kann auch spezielles Karbonpapier verwenden. Kopien von Originalbildern oder Texten lassen sich auch auf geeignete Folien photokopieren. Vorgefertigte Folien sollten gründlich vorbereitet, das heißt vor allem in Kartonrahmen befestigt werden. Bei den Herstellern von Folien sind diese gegen einen gewissen Preis zu beziehen. Die Folien lassen sich damit leichter handhaben. Ungerahmte Folien kleben aneinander. Sie werden zwar in Hüllen verkauft, die das Aneinanderhaften verhindern; diese müssen jedoch vor dem Beschriften abgelöst werden. Werden die Hüllen erst kurz vor dem Projizieren entfernt, entsteht zwar weniger statische Ladung, allerdings geht dabei wertvolle Zeit verloren.

Bei manchen Geräten kann man eine endlose Folienrolle einlegen. Diese wird bei Bedarf über die Leuchtplatte weitergedreht. Die Walze läßt sich vor und zurück kurbeln, so daß man auch ein früheres Bild noch einmal zeigen kann. Es empfiehlt sich jedoch, nur in einer Richtung vorzugehen. Die Zweiwegfunktion erleichtert aber die Vorbereitung der Bilder.

Konkrete Objekte

Ein konkreter *Gegenstand* kann für das Publikum anschaulicher und eindrucksvoller sein als ein Dia, das den Gegenstand abbildet. Falls es sich um einen kleinen Gegenstand handelt, kann man für die Zuhörer in den hinteren Reihen gleichzeitig ein Lichtbild projizieren. Sie sprechen zum Beispiel über Ölpreise. So und so viel kostet ein Barrel. »Was ist eigentlich ein Barrel? Ein

Barrel ist...« Beim Vorführen großer Objekte kann es allerdings problematisch werden, diese herbei- und wieder wegzuschaffen, da sie niemals länger sichtbar bleiben sollten als notwendig.

Konkrete Gegenstände ziehen die Aufmerksamkeit auf sich. Das gleiche gilt für Arbeitsmodelle und praktische Demonstrationen. Sie erfordern gründliches Proben und Vertrautheit.

Ein konkretes Anschauungsobjekt vorzuführen kann eindrucksvoller sein als ein Lichtbild

Es gibt ein spezielles Hilfsmittel, das dem Redner Selbstvertrauen einflößen, das Vertrauen des Publikums allerdings vermindern kann, nämlich Texttafeln als Gedächtnisstützen. Ein engzeiliger Text aus großen Buchstaben wird entweder auf eine einzelne durchsichtige Glasfläche vor dem Rednerpult oder auf zwei nach innen gewinkelte Flächen zu beiden Seiten des Pults in Augenhöhe des Redners projiziert.

Der Redner liest. Das Publikum hat einen unbehinderten Blick auf den Redner und bemerkt unter Umständen gar nicht, daß dieser von Projektionsflächen abliest. Es handelt sich hier praktisch um dieselbe Technik, die Nachrichtensprecher im Fernsehen anwenden. (Dort wird der Text auf das Kameraobjektiv projiziert.) Der Trick besteht darin, so zu tun, als lese man gar nicht. Man muß Pausen machen, den Kopf senken und heben und einen starren Blick vermeiden.

Proben sind hier unumgänglich. Der Text muß auf die Tafeln übertragen und überprüft werden. Der Redner muß den gesamten Text lesen und sich genau mit dem Techniker absprechen, der die Texttafeln einblendet. Dabei kommt es besonders auf Pausen, eventuelle Improvisationen, Variationen im Redetempo usw. an. Andernfalls wird das Tempo des Vortrags nicht vom Redner, sondern vom Techniker bestimmt.

Texttafeln sind in gewissem Sinne ein Paradox. Sie eignen sich am besten für erfahrene Redner, die sie eigentlich gar nicht brauchen. Unerfahrene Redner hingegen stützen sich zu stark darauf, wodurch der Vortrag steif und ungelenk wird. Nur ein Profi kann Texttafeln benutzen und trotzdem den Kontakt mit dem Publikum aufrecht erhalten.

Akustische Hilfsmittel

Gelegentlich kann der Redner auch Tonmaterial zu Hilfe nehmen. Eine aufgenommene Stimme oder ein Musikstück stellen eine eindrucksvolle Abwechslung dar, vorausgesetzt natürlich, sie sind klar zu verstehen.

Besondere Sorgfalt erfordern Sprechaufnahmen, denn hier kann sich das Publikum nicht auf die Lippenbewegungen des Sprechers oder einen sichtbaren Kontext stützen. Am besten eignen sich kurze Einschübe mit akustischen Kommentaren. In ähnlicher Weise können kurze Musikfragmente ein Argument unterstreichen oder einen neuen Abschnitt des Vortags ankündigen. Toneffekte wecken die Aufmerksamkeit des Publikums.

Akustische Hilfsmittel wirken am besten, wenn sie kurz, eindrucksvoll und relevant sind. Sie verfehlen ihre Wirkung, wenn das Publikum angestrengt lauschen muß und wenn sie zu lange dauern. Die Zuhörer wissen auch oft nicht, wohin sie blicken sollen. Projizieren Sie deshalb ein Lichtbild als Blickfang, wenn das Tonband länger als fünfzehn Sekunden läuft. Mit Dias projizierte Zitate können von Tonbandaufnahmen begleitet werden, die eine Abwechslung zur Stimme des Redners bieten.

Die wirksamste Form akustischer Hilfsmittel können jedoch die Zuschauer selbst abgeben, entweder einzeln oder gemeinsam. Während eines Vortrags über Kommunikation zum Beispiel kann man die Zuhörer auffordern, eine Textzeile auf einem Lichtbild vorzulesen, etwa eine Formulierung, die einen Fehler enthält, den die meisten gar nicht bemerken – wodurch bewiesen wird, daß wir sehen, was wir zu sehen erwarten. Oder man läßt einen Freiwilligen eine Reihe von Wörtern sprechen und bittet einen zweiten, auf dem Overheadprojektor das zu schreiben, was er hört.

Zuhörerbeteiligung ist der oberste Leitgedanke bei der Verwendung jeglicher Hilfsmittel, sowohl akustischer als auch visueller. Das Medium muß dem Thema, dem Anlaß, dem Publikum und der Räumlichkeit – und dem Redner gerecht werden. Die Beziehung zwischen visuellem Hilfsmittel und Redner wollen wir im folgenden Kapitel noch etwas eingehender betrachten.

21. Die Beziehung des Redners zum Bildmaterial

Wenn man sich die Leinwand als Partner vorstellt, wird man seine visuellen Hilfsmittel nicht als Nebensächlichkeit behandeln. Entschließt man sich zum Einsatz visueller Hilfsmittel, muß man von Anfang an ein Zweipersonenstück planen. Überlegen Sie sich also, wie Sie Ihren Auftritt vorbereiten würden, wenn Sie einen Juniorpartner in Fleisch und Blut hinzuziehen würden. Was würden Sie zuerst tun? Sie würden die Rollen verteilen. Sie könnten die Parts später noch ändern oder tauschen, aber Sie würden gewährleisten, daß das Publikum die getroffene Übereinkunft versteht. Welches Rollenverhältnis würden Sie wählen? Die Auswahl ist begrenzt, doch bleibt genügend Spielraum. Bei zwei Protagonisten, dem Redner (R) und der Leinwand (L), gibt es nur vier Möglichkeiten:

(1) R allein
(2) L allein
(3) L unterstützt R
(4) R unterstützt L

Die meisten Vorträge sind Beispiele für (1) und (3).

Wie Sie sich erinnern, sollten Lichtbilder nicht erzählen, sondern *zeigen*. Deshalb nennt man sie auch *visuelle* Hilfsmittel. Der Redner erzählt, doch das Bild veranschaulicht. Es ist wichtig, diese Übereinkunft so früh wie möglich zu treffen. Dem Publikum muß die Rollenverteilung klar sein. Es muß wissen, daß Sie der ranghöhere der beiden Partner sind. Stellen Sie nicht nur Ihr Verhältnis zum Publikum so frühzeitig wie möglich klar, sondern klären Sie auch, welcher Bezug zwischen Ihnen und der Leinwand und dem Publikum und der Leinwand bestehen soll.

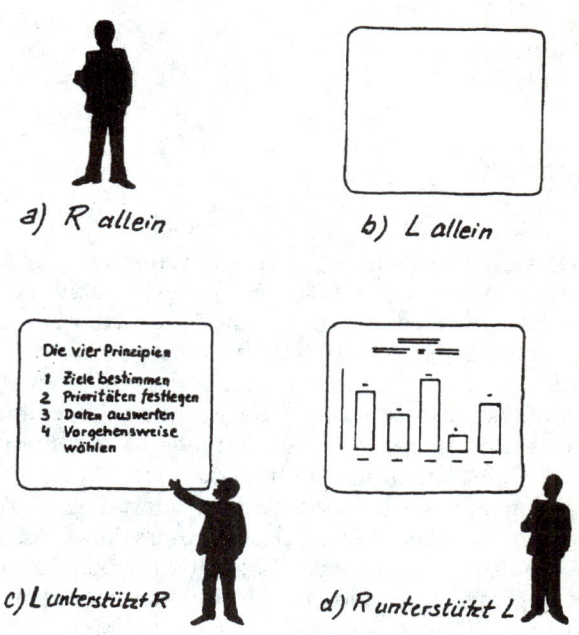

a) R allein

b) L allein

c) L unterstützt R

d) R unterstützt L

Die Leinwand, der Projektor und die Einrichtung des Raums senden gewisse Signale aus und wecken bestimmte Erwartungen. Befriedigen Sie diese Erwartungen so früh wie möglich. Lassen Sie das Publikum nicht auf Bildmaterial warten, wenn keines kommt. Wollen Sie nicht während des gesamten Vortrags Dias zeigen, dann projizieren Sie bereits zu Beginn einen leeren Rahmen. Behandeln Sie die Zuhörer fair. Zu einem späteren Zeitpunkt können Sie immer noch mit Überraschungen aufwarten. Aber ohne Konvention gibt es auch keine Norm, von der Sie zwecks Überraschung abweichen können.

Wie wir bereits in Kapitel 18 festgestellt haben, verfolgen Lichtbilder vier verschiedene Zwecke:

(1) Ergänzung
(2) Erläuterung
(3) Orientierung
(4) Überraschung

1. Ergänzung

Das visuelle Hilfsmittel präsentiert neues Material. Dieses Material ist notwendig, wenn der Redner ohne diesen Zusatz einem Aspekt seines Themas nicht gerecht werden oder das Publikum seine Argumentation nicht richtig verstehen kann. Hier kann man es riskieren, der Leinwand die führende Rolle zu überlassen. Wenn man zuläßt, daß der Juniorpartner die Führung übernimmt – und das sollte immer nur vorübergehend geschehen –, sollte das Publikum dies richtig erkennen.

In diesem Fall stellt das visuelle Material *ergänzende Information* dar. Die Worte des Redners sind dann lediglich ein Kommentar oder Begleittext. Hier kann der Redner improvisieren oder ruhig einmal schweigen. Vorsicht allerdings: Man sollte niemals annehmen, daß ein Lichtbild für sich selbst spricht. Bei komplexem Bildmaterial muß meist der Kontext erläutert werden.

Die Ergänzungsfunktion ist am wirksamsten, wenn der Redner die Leinwand unterstützt. Niemals werden zwei Menschen ein Bild auf die gleiche Art wahrnehmen. Auch müssen die Betrachter das Bild nicht unbedingt in der vom Redner beabsichtigten Weise interpretieren. Deswegen braucht das Publikum Hinweise bezüglich Zeichenkode, Ausgangspunkt und Signifikanz, wenn es eine Tabelle, ein Diagramm, eine Statistik oder eine Landkarte betrachtet. Aber indem der Redner diese Hinweise zu dem ergänzenden Material liefert, spielt er offensichtlich eine Nebenrolle.

2. Erläuterung

Erläuterung ist die gebräuchlichste Funktion visueller Hilfsmittel. In diesem Fall liefert das Bildmaterial zwar keine neue Information, aber es gibt dem im Text vorgetragenen Material eine *zusätzliche Bedeutung*. Dies geschieht dadurch, daß die Aussage *verstärkt* wird, d. h. sie wird durch den Einsatz zweier Medien, eines akustischen und eines visuellen, verdoppelt; oder aber die Aussage wird *paraphrasiert:* was die Worte ausdrücken, wird mit alternativen Mitteln gezeigt; oder sie wird sogar erweitert – der Sinn der Aussage wird etwa durch ein neues Beispiel ausgeweitet.

Durch ein Bild läßt sich ein abstraktes Wort veranschaulichen oder ein abstrakter Begriff verdeutlichen. Das Bild kann einen Kommentar liefern. Es kann auch den Bezug einer Aussage schärfer fassen. Wenn der Redner zum Beispiel von einem Mann in einem Wasserfahrzeug spricht und wenn es entscheidend ist, ob es sich um einen Admiral in einem Zerstörer oder um einen nordamerikanischen Indianer in einem Kanu handelt, so kann das Lichtbild diese Frage für den Zuhörer klären. Wenn aber der Unterschied unwesentlich ist oder wenn der Redner den Zusammenhang im Text genügend klar ausdrücken kann, so ist jegliches Bildmaterial überflüssig. Ein Bild sollte nicht um seiner selbst willen gezeigt werden.

Gesprochener Text sollte, wie ich bereits nahelegte, nur ausnahmsweise simultan projiziert werden, zum Beispiel wenn etwas ganz besonders wichtig oder aber schwer zu vermitteln ist. Aber sollte man das beschreiben, was man zeigt? Im entscheidenden Fall ja. Gewähren Sie dem Publikum jedoch immer genügend Zeit, den projizierten Text selbst zu lesen. Andernfalls wird man Sie für herablassend halten. Ein zentraler Begriff kann projiziert werden, um zu gewährleisten, daß sich die Zuhörer auf den wesentlichen Kernpunkt einer vorgetragenen Textpassage konzentrieren.

3. Orientierung

Hier informiert das visuelle Hilfsmittel die Zuhörer, an welcher Stelle des Vortrags oder der Argumentation sie sich gerade befinden. Das Lichtbild dient einfach als Orientierungspunkt. Der Redner kann es durchaus auf der Leinwand stehen lassen. Ist der Vortrag in Abschnitte unterteilt, so können eine kurze Pause oder auch ein paar Takte Zwischenmusik vom Tonband den jeweiligen Stand markieren.

Die einzelnen Abschnitte sollten allerdings nicht einfach als »Teil 1«, »Teil 2« usw. bezeichnet werden. Es empfiehlt sich, Titel zu formulieren, die den entsprechenden Stand der Argumentation anzeigen und die fortschreitende Entwicklung deutlich machen. Oder wenn auf dem Lichtbild »Teil Eins« steht, sollte man zumindest einen ergänzenden Kommentar dazu geben.

Visuelle Hilfsmittel unterstützen das *Gedächtnis* des Zuhörers. Im Gegensatz zum Leser kann er nicht im Text zurückblättern. Ein Lichtbild kann das Gedächtnis schärfen und das Gehörte verstärken.

4. Überraschung

Hier wartet die Leinwand mit einer Überraschung auf. Der Effekt sollte jedoch immer relevant sein. Es sollte inzwischen klar geworden sein, daß das Verhältnis zwischen Redner und Bild komplex ist. Die Partner gehen zwar im Gleichschritt vor, aber sie ahmen sich nicht einfach nur nach. Zuerst übernimmt der eine die Führungsrolle, dann der andere. Zuerst dominiert der eine die Bühne, dann der andere.

In den Anfangsjahren der Fernsehreklame wurde den Werbeleuten beigebracht, daß man in Werbespots sagt, was man zeigt, und zeigt, was man sagt. Diese Faustregel war aber nur eingeschränkt praktizierbar. Denn wenn man einen Teller Suppe zeigt, begleitet vom Off-

Kommentar »Dies ist ein Teller Suppe«, so ist entweder das Bild oder das Wort überflüssig. Zeigt man jedoch einen Teller Suppe, und der Sprecher nennt die Marke und Sorte, so wird weitere wichtige Information vermittelt. Wenn man dagegen die Suppe zeigt und eine Off-Stimme fragt »Ist die hausgemacht?« oder »Was ist denn das für eine Brühe?«, so entsteht eine Spannung zwischen Bild und Ton, und der Zuschauer wird mit einbezogen. In ähnlicher Weise kann ein Lichtbild Spannung erzeugen, indem es sich kritisch zum Text äußert oder ihm sogar widerspricht. Dramatische Elemente dieser Art halten das Interesse des Publikums wach.

Die Leinwand kann durchaus allein agieren. Ein Cartoon drückt Dinge oft direkter und wirksamer aus als der Redner. Es fordert die Beteiligung des Publikums heraus. In diesem Fall greift der Redner auf eigenes Risiko ein. Andererseits kann der Redner allein agieren; wie gesagt, nur weil ein Diaprojektor vorhanden ist, müssen nicht ununterbrochen Bilder auf der Leinwand zu sehen sein. Der Redner ist selbst ein visuelles Element, wie wir in Kapitel 23 sehen werden.

Visuelle Hilfsmittel hindern den Redner daran, zu viel zu sagen. Umgekehrt sorgt der Redner dafür, daß die visuellen Hilfsmittel nicht zu viel zeigen.

Visuelle Hilfsmittel beeinträchtigen das Tempo des Vortrags. Das Bild muß eine gewisse Zeit wirken können. Deshalb kann man bei Dias etwas langsamer sprechen. Für das Publikum kann es unter Umständen verwirrend sein, wenn sich das Tempo beschleunigt, sobald kein Bildmaterial mehr eingesetzt wird. Andererseits wirkt ein gleichbleibendes, monotones Vortragstempo oft ermüdend. Ein Vortrag im Takt des Metronoms ist zu vermeiden.

Gelegentlich sollte ein visuelles Hilfsmittel dazu benutzt werden, den Redner und die Zuhörer innehalten zu lassen. Der Redner mag beispielsweise vom Pult wegtreten, das Bild betrachten, auf ein Detail hinweisen oder eine Inschrift vorlesen. Hin und wieder sollten drei oder vier Lichtbilder hintereinander einen einzelnen Argumentationspunkt erläutern. Nutzen Sie alles, was Kontraste schafft. Und vergessen Sie vor allem nicht – es ist ein Zweipersonenstück. Der Redner liefert den Kontext für die visuellen Elemente und umgekehrt.

22. Der Raum

Die meisten Vorträge finden in ungeeigneten Räumlichkeiten statt. Der Raum wurde für einen bestimmten
Zweck eingerichtet; er wird täglich für eine andere Verwendung genutzt und wird nun für einen weiteren
Zweck herangezogen – für Ihren Vortrag.

Gehen Sie davon aus, daß Sie keine idealen Bedingungen vorfinden werden. Dann sind Sie zumindest auf alles
vorbereitet; und sollten die Verhältnisse dennoch perfekt
sein, werden Sie angenehm überrascht sein. In jedem Fall
sollten Sie sich die Räumlichkeiten genau anschauen.

*...in der Regel werden Sie nicht die
idealen Bedingungen vorfinden*

Sie haben Ihren Vortrag intensiv vorbereitet. Der Text
ist ausgearbeitet, visuelle Hilfsmittel zur Erleichterung
des Verständnisses liegen bereit. Der Erfolg all dieser

Vorbereitungen kann gefährdet werden durch Störungen, die der Raum erzeugt. Es ist undenkbar, daß ein Redner unvorbereitet in einer völlig unvertrauten Umgebung spricht. Ideal wäre natürlich ein »Heimspiel«, ein Vortrag im eigenen, speziell eingerichteten Vortragssaal. Das würde 90 Prozent aller Überraschungen ausschließen. Aber auch bei einem »Gastspiel« läßt sich die Gestaltung des Raums beeinflussen, wenn man sich früh genug darum kümmert.

Man sollte sich über den Raum erkundigen, sobald man zu dem Vortrag eingeladen wird. Wenn Sie der einzige Redner sind, sollten die Veranstalter Ihren Wunsch respektieren, sich mit der Örtlichkeit vertraut zu machen. Falls Sie einer von mehreren Rednern sind, zum Beispiel bei einer Konferenz, sollten die Veranstalter Sie alle im voraus einweisen. Dies sollte jedoch vor der Probe geschehen, die erst später folgt – meist zu spät für die Bedürfnisse des Redners. Lassen Sie sich den Raum zeigen, am besten, während er benutzt wird. Wenn Sie sehen, wie andere darin agieren, werden Sie sehr schnell seine möglichen Vor- und Nachteile feststellen.

Der Redner muß nicht nur wissen, zu welchem Publikum er spricht, sondern auch in welcher Umgebung er auftritt. Idealerweise sollte er all diese Dinge erfahren, bevor er die Rede vorbereitet. Und da meist doch alles anders kommt, sollte er immer darauf vorbereitet sein, den Vortrag der vorgefundenen Räumlichkeit anzupassen. Wenn Sie zum Beispiel der einzige Redner sind und ein kleineres Publikum in eine offene Diskussion einbeziehen wollen, so wird eine feste Sitzordnung Ihren Plan durchkreuzen. Wenn Sie umgekehrt mehr zu einer Bühnenshow tendieren, eignet sich eine bunte Anordnung von Tischen und Stühlen weniger als eine Auditoriumssitzordnung.

Nehmen wir einmal an, Sie haben völlige Kontrolle über die Einrichtung des Raums. Wofür würden Sie sorgen?

- Jeder kann Sie sehen.
- Sie können jeden sehen.
- Jeder kann sie hören.
- Sie können jeden hören.
- Jeder – Sie eingeschlossen – sollte sich relativ wohl fühlen.

(Das ist nicht zu viel verlangt, werden Sie vielleicht denken. Doch erinnern Sie sich einmal an Ihre Erfahrungen als Zuhörer!)

Angenommen, Sie wissen ungefähr, wie groß die Zuhörerschaft sein wird. Wie groß sollte der Raum sein? Antony Jay würde einen Raum wählen, der eher ein wenig zu klein als zu groß ist. Leere Stühle wirken deprimierend. Man sollte eher in Kauf nehmen, daß einzelne Zuhörer in den Gängen stehen müssen.

Mir wäre etwas mehr Platz allerdings lieber als ein zu enger Abstand zwischen Redner und Publikum oder speziell zwischen den einzelnen Zuhörern, vorausgesetzt natürlich, die leeren Stühle können weggeräumt und der ungenutzte Raum kann abgeschlossen oder anderweitig verwendet werden, zum Beispiel für Ausstellungstücke oder Erfrischungen.

KONFERENZ

Da der Eintritt mit 500,- pro Kopf leicht überteuert ist, sind wir mit 20 Plätzen pro Sitzfleisch ein wenig unterbesetzt

Ausschlaggebend für die Wahl der Raumgröße ist Bequemlichkeit. Unbehaglichkeit ist Störung. Ein unruhiges Publikum wird immer dem Redner die Schuld geben. Leider achten Redner nicht immer auf die Umgebung, in der ihr Vortrag gehört wird. Konferenzredner bleiben selten den ganzen Tag. Auf dem Podium, hinter dem Pult, inmitten des Nervenkitzels kann ein Redner die empfundene Hitze leicht der eigenen Aufregung anstatt der schlechten Lüftung zuschreiben. Oder umgekehrt, weil ihm warm ist, spürt er nicht den eisigen Zug aus der defekten Klimaanlage.

Der Anblick zur Begrüßung zeugt oft von vorausgegangenem Wirken

Die Grundregel beim Schreiben, sich in die Zuhörer zu versetzen, gilt auch beim Vortragen. Überprüfen Sie nach Möglichkeit die Lüftung, vor allem aber die Anordnung der Stühle. Nichts ist unabänderlich. Die Anordnung, die sie vorfinden, wird oft von früheren Veranstaltungen bestimmt oder vom Versuch, die größtmögliche Zahl von Plätzen zu schaffen. Lassen Sie sich vom Hausmeister oder Veranstalter helfen. Ein etwas zu großer Raum bietet Ihnen die Möglichkeit, die Stühle Ihrer Vorstellung gemäß anzuordnen und, falls die Zeit ausreicht, Alternativen auszuprobieren.

Die Sitzordnung, die Sie vorfinden, macht Sie unter Umständen blind für die Möglichkeiten, die der Raum bietet. Entfernen Sie die Stühle (und sei es auch nur in Ihrer Vorstellung) und überlegen Sie sich andere Anordnungen.

Falls sich die Form des Raums verändern läßt, kann man dafür sorgen, daß die Türen an den geeigneten Stellen sind, d. h. nicht zu nahe am Podium, und daß Zuspätkommende den Raum am hinteren Ende betreten.

Bei kleinen Gruppen läßt sich ein Kreis bilden, in den der Redner integriert ist, vorausgesetzt, er will das. Diese Form ist ideal für Diskussionsrunden, allerdings weniger geeignet für den Gebrauch visueller Hilfsmittel.

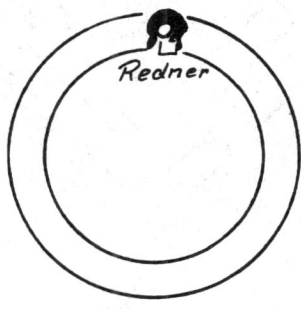

Eine günstigere Form ist das *Hufeisen*. Sie gewährt dem Redner eine abgesetzte Position, begünstigt aber trotzdem die Diskussion. Zwanzig Stühle lassen sich leicht in einem einfachen Halbkreis unterbringen. Damit sitzt jeder in der ersten Reihe. Bei mehr Zuhörern stellt man zwei Reihen auf, entweder in versetzten Halbkreisen oder doppelten Winkeln.

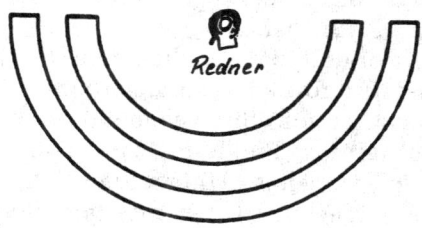

Stellt man die Stühle nicht in Auditoriumsmanier, sondern in einem Kreis, Halbkreis, Hufeisen oder Winkel auf, so hat das den einen Vorteil, daß sich die Leute weniger eingeengt oder eingeschüchtert fühlen. Sie haben genügend Platz, um die Beine auszustrecken. Sie können einander sehen, und haben nicht das Gefühl, daß einer dem anderen im Nacken sitzt. Außerdem kann sich der Redner leicht mit allen Teilnehmern verständigen, selbst wenn er sitzt.

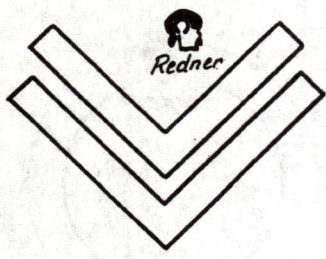

Bei jeder dieser informellen Sitzordnungen läßt es sich einrichten, daß jeder Teilnehmer eine kleine Schreibfläche vor sich hat. Auch darüber sollte im Idealfall der Redner entscheiden. Will er, daß die Zuhörer mitschreiben oder sich Notizen machen? Wenn ja, sollte für kleine Tische gesorgt werden. Ein Tisch kann allerdings leicht zur Quelle individueller Störungen werden. Darauf können Geschäftskorrespondenzen, Zeitungslektüre und Aufzeichnungen erledigt werden, die nichts mit dem Vortrag zu tun haben.

Eine Sitzordnung im Auditoriumsstil ist dagegen eher geeignet für formelle Veranstaltungen und besonders für Vorträge mit Showelementen. Sie ist unvermeidlich bei einem Publikum von mehr als vierzig Zuhörern. Bei visuellen Hilfsmitteln kommt sie dem Redner sehr entgegen. In den meisten Räumen gibt es eine Bühne oder zumindest ein Podium. Leider sind diese Erhöhungen selten hoch genug, daß man auch von den hintersten Reihen aus alles sehen kann. Eine schräg versetzte Bestuhlung kann das Problem lösen, wenn auch nur teilweise. Doch wie die Illustration zeigt, gibt es nicht nur eine einzige Form der Auditoriumssitzordnung. Die Runde ist »demokratischer«; eine breitere und weniger tiefe Bestuhlung kann die Zuhörerbeteiligung anregen.

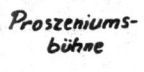

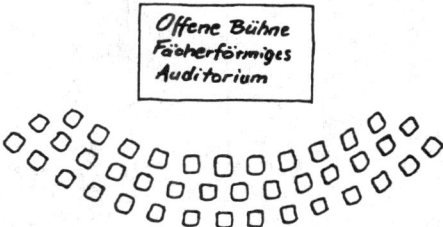

Der Redner hat die Wahl und muß die Entscheidung treffen.

Denken Sie immer daran: Kommunikation verläuft in zwei Richtungen. Und fragen Sie sich stets: Welche Rolle will ich meinem Publikum zuteilen? Und welche Rolle will ich als Redner spielen? Wie will ich auftre-

179

ten? – Immerhin ist der Vortrag eine Art von Auftritt. Sie werden zwar versuchen, natürlich zu wirken, aber die Situation selbst ist künstlich. Es ist nicht alltäglich, zu so vielen Menschen auf einmal und für so lange Zeit zu sprechen. Wenn Sie aber versuchen, sich mit der Umgebung vertraut zu machen, damit Sie sich wohl fühlen und Pannen vermeiden, dann wird man in Ihnen genau die Person sehen, die Sie gerne sein möchten.

Wie soll Ihre Beziehung zum einzelnen Zuhörer aussehen? Soll es die von Lehrer und Schüler sein? Von Guru und Anhänger? Wollen Sie Lehrmeister oder *primus inter pares* sein? Für jede dieser Rollen eignet sich natürlich nicht jede Sitzordnung in gleicher Weise.

Zufluchtsstätte!

Wie steht es mit dem Rednerpult? Brauchen Sie eines? Wenn Sie bei einem formellen Anlaß auftreten und visuelle Hilfsmittel einsetzen, brauchen Sie wahrscheinlich eines. Liegt Ihr Manuskript auf Karten vor, können Sie eventuell auf ein Pult verzichten. Wenn Sie ein Ansteckmikrophon haben oder wenn die Raumakustik keine Lautsprecheranlage erfordert, können Sie sich frei bewegen und das Pult höchstens als gelegentliche Anlaufstelle benutzen. Zu viele Redner sehen im Pult so etwas wie eine Zufluchtsstätte.

Das Pult ist ein Hilfsmittel des Redners. Allzuoft wird es zu einer Störung, zu einer Schranke zwischen Redner und Publikum. Es wirkt wie der Schreibtisch zwischen Chef und Angestelltem, zwischen Lehrer und Schüler. Wollen Sie diesen Eindruck erwecken? Könnten Sie sich nicht vielleicht schräg neben das Pult stellen? Oder vom Pult wegtreten, wenn Sie den Overheadprojektor bedienen? Wie sollten Sie aber solche Entscheidungen treffen, wenn Sie die Räumlichkeiten nicht kennen?

Sie müssen sich vor dem Auftritt mit dem Raum vertraut machen, und sei es auch nur eine halbe Stunde vorher. Sie haben dann genügend Zeit, sich wesentlicher Dinge zu vergewissern. Dazu gehören die technischen Geräte (siehe Kapitel 29 und 30 zum Thema Proben), die Blicklinien (die Tafel könnte beispielsweise die Leinwand verdecken), die Ein- und Ausgänge, das Pult (am besten steht es schräg, so daß Sie sich nicht umdrehen müssen, um auf die Leinwand zu blicken) und die Sitzordnung (ideal ist versetzte Bestuhlung). Sie müssen ein Gefühl für den Ort bekommen, indem Sie sich auf die Bühne oder ans Pult stellen und auf verschiedene Zuhörerplätze setzen.

Ein abschließendes Wort zum Raum ist angebracht. Wie wird der Raum *danach* aussehen, d. h. wenn Ihr Vortrag zu Ende ist? Welcher Anblick bietet sich dem Publikum, wenn zum Beispiel eine fünfzehnminütige Frageruns folgt? Was wird man sehen? Eine leere Leinwand? Eine verdunkelte Bühne? Einen wüsten Haufen verstreuter Folien? – Oder ein Flipchart-Blatt, das Ihre Kernaussage treffend zusammenfaßt?

Wird der Raum ein integrierter Bestandteil Ihrer Mitteilung sein? – Oder wird sich der Raum als Störung auswirken?

Der Kontext ist ein wesentliches Element jeglicher Kommunikation.

Der Raum bildet den Kontext zu Ihrem Auftritt.

Sie mögen froh sein, daß alles vorüber ist, aber so sollten Sie Ihren Wirkungsort nicht zurücklassen.

23. Die Vortragsweise

Quintilian definiert Rhetorik als »die Wissenschaft des kunstvollen Redens«. Sie umfaßt fünf Bereiche: Stoffsammlung, Gliederung des Materials, Ausdruck bzw. Stil, Gedächtnis und *Vortragsweise.* »Selbst mäßig kunstvolle Sprache, wenn sie nur eindrucksvoll vorgetragen wird, erzielt eine stärkere Wirkung als die treffendste Sprache, der dieser Vorzug mangelt.«[49] Die Mitteilung wird also auch von der Vortragsweise beeinflußt. Egal, wie verständlich die Argumentation und wie sorgfältig die Formulierungen sind, auch Vortragsstil und Umgebung beeinflussen die Aussage.

Der Kommunikationsprozeß insgesamt bietet reichlich Gelegenheit für Störungen. Selbst wenn mögliche Störungen im Manuskript ausgemerzt wurden, so können ein irritierender Manierismus des Redners, eine vom Publikum mißverstandene Geste oder eine falsche Bedienung der technischen Geräte in den Worten des Kommunikationswissenschaftlers »die Integrität des Signals beeinträchtigen« und die gründliche Vorbereitung zunichte machen.

Dieses und die folgenden drei Kapitel befassen sich mit dem Vortragsstil. Wir betrachten hauptsächlich drei Möglichkeiten, Störungen zu vermindern – auch wenn sich die Inhalte unvermeidlich überlappen –, nämlich die Kontrolle über das Publikum, die Beherrschung des Materials und der technischen Geräte, sowie die Kontrolle über sich selbst.

Sie werden auf jeden Fall nervös sein, aber darum geht es nicht. Die Frage ist, *wie* nervös werden Sie sein. Üben Sie keine falsche Scham. Wieso sollten Sie nicht nervös sein? Jedesmal, wenn Sie vorn hintreten und reden, steht Ihr Ruf auf dem Spiel. Sie mögen alles überprüft haben, und trotzdem kann etwas Unerwartetes eintreten. Wenn Sie etwas Neues mitzuteilen haben, werden Sie sich fragen, wie es wohl ankommt. Sobald Sie sich klarwerden, was alles schiefgehen kann, haben Sie allen Grund, nervös zu sein.

Die meisten professionellen Redner und selbst viele große Schauspieler sind nervös, egal wie erfahren sie sind. Nervosität regt die Adrenalinausschüttung an. Ein Profi wird sagen, daß sein Auftritt schlecht war, wenn es ihm an Spannung fehlte. Es kann ihn in der Tat beunruhigen, wenn er einmal *nicht* nervös ist. Nun mag er eine gewisse Nervosität zwar begrüßen, aber er muß sie dennoch irgendwie beherrschen, damit das Publikum nichts merkt. Es spricht nämlich nichts dafür, daß die Zuhörer etwas davon mitbekommen, wie dieses Kapitel zeigen wird.

Der Anfänger unter den Rednern muß zunächst einmal lernen zuzuhören. Er sollte anderen Rednern zuhören und nicht nur auf deren Vortragsweise achten, sondern auch auf die Reaktionen der übrigen Zuhörer. Er wird bei jedem Vortrag etwas lernen, vom Amateur ebenso wie vom Profi. Er sollte jeden Redner beurteilen und sich fragen, was den guten vom schlechten unterscheidet. Der wirklich fähige Redner hat alles im Griff. Er erweckt den Eindruck, daß er weiterreden könnte, selbst wenn sich sein Manuskript auflöste, die Leinwand verschwände oder das Licht plötzlich ausginge. Der völlig unerfahrene Redner hingegen ist der Diener seines Manuskripts und der Geräte. Er verrät seine Nervosität durch Gesten, deren er sich weitgehend unbewußt ist. Er signalisiert Unsicherheit, denn er redet zu schnell (vielleicht um es bald hinter sich zu haben?), zu leise (um nicht beim Wort genommen zu werden?) und zu monoton (weil der Text keine Kontraste enthält). Der Unerfahrene liest vom Blatt, doch der Profi setzt sich in Szene.

Dieses Kapitel wird den Dilettanten gewiß nicht in einen Experten verwandeln; mit Sicherheit aber hilft es dem Anfänger, sich besser darzustellen. Reden hat sehr viel mit Darstellen zu tun, denn das Reden ist eine darstellende Kunst. Viele Faktoren tragen zu der Darbietung bei, aber letztlich sind *Sie* es, der sich darstellt. Sie dürfen nicht so tun, als seien Sie ein anderer. Am Pult steht vielleicht nicht Ihr alltägliches Ich, aber Ihr Ich ist trotzdem erkennbar. Bei Ihrem Auftritt werden Ihre besten Seiten sichtbar, vielleicht völlig unerwartete Seiten – aber kein völlig anderes Ich.

Je häufiger man Redner beobachtet, desto klarer erkennt man, daß der Profi sich ganzheitlich darstellt. Der schlechte Redner dagegen stellt sich nur eingeschränkt dar, denn er scheut sich davor, voll in seiner Rolle aufzugehen. Er bringt nur halbe Gesten zustande, nimmt eine verlegene Haltung an und versteckt wahrscheinlich die Hände in den Taschen. Er liest seinen Text vom Blatt, schaut auf die Leinwand und tut alles, um den Blickkontakt mit den Zuhörern zu vermeiden. Indem er aber das Publikum nicht wahrnimmt, sorgt er dafür, daß das Publikum ihn nicht wahrnimmt.

Die Verantwortung für erfolgreiches Kommunizieren trägt immer der Sprecher. Der Redner muß die Situation voll im Griff haben, und zwar von Anfang an. Deutliche Zeichen von Nervosität, etwa eine trockene Kehle, eine zittrige Hand oder mit »Ähs« gefüllte Pausen, lassen sofort ein Gefühl der Unsicherheit erkennen. Und eine Entschuldigung würde diesen Eindruck nur bestätigen. Der offensichtlich nervöse Redner macht auch das Publikum nervös.

Wie aber läßt sich Nervosität verbergen, und wie läßt sich die Situation von Anfang an meistern? *Denken Sie positiv.* Sie haben etwas zu sagen, und das Publikum will es hören. Sie haben zwei oder drei Minuten, in denen das Publikum ganz auf Ihrer Seite ist. Die Zuhörer sind Ihnen höchstwahrscheinlich wohlgesinnt und zollen Ihnen Respekt. Es besteht kein Grund, sie für feindselig zu halten. Natürlich können Sie das Publikum verstimmen, aber zu Beginn haben Sie freie Bahn. Kleine Fehler, die nur Sie bemerken, weil Sie wissen, wie es richtig gewesen wäre, fallen dem Publikum meist gar nicht auf. Und vergessen Sie nicht, Sie sehen wahrscheinlich zehnmal besser aus, als Sie sich fühlen, besonders wenn Sie lächeln.

Und lassen Sie sich Zeit. Der unsichere Redner ist ein Opfer der Zeit. Der selbstsichere Redner hat die Zeit im Griff. Wenn Sie in den ersten paar Minuten ein sicheres Zeitgefühl entwickeln, wecken Sie das Vertrauen des Publikums, was wiederum Ihnen Vertrauen einflößt. Lassen Sie sich also Zeit. Das kommt Ihnen zugute und auch dem Publikum. Die Zuhörer brauchen schließlich ebenfalls Zeit, um sich ein Bild von Ihnen zu machen. Üben Sie Ihre einleitenden Bemerkungen. Bauen Sie eine Pause ein.

Stellen Sie sich das Publikum nicht als Masse vor, sondern als eine Anzahl von Individuen. Konzentrieren Sie sich innerlich auf einen einzelnen Zuhörer. Wenn Sie meinen Ratschlag im ersten Teil des Buches befolgt haben, dann hat Ihnen Eric beim Ausarbeiten des Manuskripts geholfen. Nehmen Sie ihn mit in den Saal. Ihn kennen Sie schließlich. Sie wissen, was ihn interessiert, wo er Verständnisschwierigkeiten haben könnte und wie sich diese Probleme lösen lassen.

Alles drückt etwas aus – Stimme, Intonation, Gestik, Haltung und Aussehen. Sie müssen Übung darin bekommen, die Wirkung Ihrer Gesamtperson zu kontrollieren. Der Gesamteindruck macht Ihren persönlichen Stil aus. Und wie Quintilian uns ermahnt, ist es die Aufgabe des Redners, in einem Stil zu reden, der überzeugt. Man wird ein Publikum nie von etwas überzeugen können, wenn man es langweilt. Man kann die Zuhörer selbst mit dem interessantesten Text langweilen, wenn man ihn eintönig vorträgt. Ein monotoner Vortrag hat zwei negative Wirkungen. Erstens wirkt der strenge Takt hypnotisierend und einschläfernd auf die

Zuhörer. Zweitens überträgt sich die Gleichförmigkeit des Vortrags auf den Text selbst; einzelne Schwerpunkte gehen unter und die gesamte Argumentation verschwimmt zu gleichförmig farblosen Äußerungen.

Abwechslung im Text muß durch Variation im Vortragsstil erkennbar werden. Kontraste wie etwa Betonungen, Pausen und Tempoveränderungen müssen im Manuskript markiert sein. Vorträge sind dazu gedacht, gehört zu werden. Die Stimme übernimmt die Aufgabe der Interpunktion. Sie muß Unterstreichungen, Kursivschrift, Fragezeichen, Kommas, Punkte und Gedankenstriche hörbar machen. Je mehr Anmerkungen dieser Art im Manuskript stehen, desto stärker kann der Redner seinen Vortragsstil variieren. Mit Abwechslung kämpft er gegen Monotonie an. Im Idealfall wird der Vortrag zu einem dramatischen Bühnenereignis. Die Stimme des Schauspielers ist ein Instrument größter Flexibilität; sie verändert sich ständig und ergründet stets neue Ausdrucksformen. Die Aufmerksamkeitsspanne der Zuhörer ist schließlich kurz. Das Publikum muß ununterbrochen angeregt und aufgerüttelt werden. Dazu eignen sich vor allem stimmliche Änderungen. Christopher Turk unterscheidet sechs Dimensionen der Stimmvariation – *Pausen, Tempo, Tonhöhe, Klangfarbe, Lautstärke und Satzmelodie.*[50]

Pausen

Wenn Sie sich beim Vorbereiten des Manuskripts in den Zuhörer versetzt haben, werden Sie Pausen für Zuhörerbeteiligung vorgesehen haben. Denken Sie daran, das Publikum sollte sich aktiv beteiligen. Andernfalls kommt es zu keiner echten Kommunikation.

Pausen sind die Täler, aus denen der Zuhörer die Gipfel erblickt. Pausen sollten Wortgruppen zusammenfassen und einrahmen, die einen bestimmten Gedanken vermitteln. Eine Pause vor einem wichtigen Wort kann wie eine Betonung wirken. Vielleicht wollen Sie eine Pause machen, um Luft zu holen. Tun Sie das nicht. Machen Sie die Pause da, wo sie eine prägnante Wirkung erzielt – und holen dann Luft.

Tempo

Das Tempo ist wahrscheinlich am einfachsten zu variieren. Versuchen Sie, Ihr normales Redetempo herauszufinden. Üben Sie mit einem Kassettenrekorder oder vor einem Kollegen. Fragen Sie sich, ob der Sinn klar wird. Prüfen Sie dann im Manuskript, an welchen Stellen Sie das Tempo verlangsamen bzw. beschleunigen sollten. Verringern Sie das Tempo, um eine Stelle zu betonen; steigern Sie es, um einen Höhepunkt zu markieren.

Sie müssen jedoch bestimmte Normen einhalten. Das Tempo gehört zu jenen Signalen, die Ihren Kode ausmachen. Das Publikum muß diesen Kode verstehen und die Bedeutung teilen. Wenn Sie Ihr Tempo willkürlich variieren, senden Sie widersprüchliche Signale. Wenn Sie zum Beispiel im Hauptabschnitt langsam sprechen, damit er sich den Zuhörern besser einprägt, dann dürfen Sie später nicht das Tempo verringern, nur weil Sie womöglich unter der Zeit liegen. Lieber früher zum Ende kommen, als unbeabsichtigte Bedeutsamkeit suggerieren. Achten Sie auch darauf, daß das Redetempo zum Redeinhalt paßt. Wenn Sie beispielsweise sagen: »Um kurz zu wiederholen ...«, sollten Sie die Rekapitulation nicht in die Länge ziehen.

Variieren Sie das Tempo nicht um der Variation willen, sondern mit Grund und Absicht. Die Gründe sollten sich aus dem Text ergeben, und die Absicht muß im Text erkennbar sein – und zwar bevor Sie ans Pult treten. Das Tempo darf nicht von Zeitdruck am Tag des Vortrags diktiert werden. Um das Tempo gezielt verändern zu können, brauchen Sie ständige Übung. Sprechen Sie aber nicht in einem inneren Monolog leise in sich hinein, sondern simulieren Sie die reale Situation. Das heißt, reden Sie frei, in voller Lautstärke, im geeigneten Tempo, und ändern Sie nötigenfalls das Manuskript.

Tonhöhe

Bei der Tonhöhe lautet die goldene Regel – so tief wie möglich. Die meisten nervösen Redner haben eine hohe Stimme, und die meisten Redner mit einer hohen Stimme sind nervös. Eine tiefere Stimme dagegen vermittelt den Eindruck von Selbstsicherheit. Sprechen Sie Ihre Einleitung auf Band und spielen Sie die Aufnahme ab. Nehmen Sie dann die Passage mit einer niedrigeren Tonhöhe auf und vergleichen die beiden Wirkungen. Sprechen Sie dann einen Mittelabschnitt mit hoher und niedriger Tonhöhe ins Mikrophon. Versuchen Sie es danach mit einer Mittellage, mit Ihrer normalen Tonhöhe. Nehmen Sie abschließend Ihren Schluß in allen drei Tonhöhen auf. Sie werden wahrscheinlich feststellen, daß die hohe Stimmlage unnatürlich klingt und andere Signale sendet, als beabsichtigt. Ihre normale Stimmhöhe mag zwar für den Mittelteil geeignet sein, paßt unter Umständen aber weniger für den Anfang und den Schluß. Auf jeden Fall werden Sie feststellen, daß Abwechslung nötig ist und daß unter verschiedenen Möglichkeiten gewählt werden kann – und zwar bevor Sie mit dem Vortragen beginnen.

Die einzelnen Dimensionen der Stimmvariation sind natürlich nicht scharf voneinander abgegrenzt. Sie können kombiniert sein und sich überlagern. Eine Veränderung der Stimmhöhe bei gleichzeitiger Veränderung des Tempos kann beispielsweise sehr wirkungsvoll sein. Und eine Nebenbemerkung klingt am besten in tiefer Stimmlage, markiert von kurzen Pausen.

Klangfarbe

Überraschend wenige Redner verändern während des Vortrags die Klangfarbe ihrer Stimme. Sie scheuen sich wahrscheinlich vor dem »Schauspielern«. Dabei variieren sie im Alltagsleben durchaus ihre Stimmfärbung. Sie klingen leidenschaftlich, verärgert, freundlich, ernst, objektiv, frech, ruhig oder überrascht. Es ist unwahrscheinlich, daß beim Vortragen einer zwanzigminütigen Rede nicht hin und wieder eine Veränderung der Klangfarbe angebracht wäre. Die Abwechslung kann das Gesagte noch verdeutlichen. Wollen Sie zum Beispiel eine überraschende Statistik präsentieren, könnten Sie am Ende des Satzes Ihre Stimme im Ton der Skepsis erhöhen. Oder wenn Sie absolut ungehalten sind über die Untätigkeit der Regierung, äußern Sie Ihre Unzufriedenheit nicht im gleichen ruhigen Tonfall wie die übrige Argumentation. Die Klangfarbe des Unmuts, eine erhöhte Tonlage, ein gesteigertes Tempo und eine größere Lautstärke sind hier durchaus angebracht.

Lautstärke

Lautstärke ist eine Variationsmöglichkeit, die sparsam eingesetzt werden sollte. Es kommt in erster Linie darauf an, daß die Stimme den vollen Saal ausfüllt. Sind Mikrophone und Lautsprecher vorhanden, braucht der Redner selbst nicht so laut zu sprechen. Idealerweise sollte er ein bißchen lauter sprechen als normal. Wenn Schauspieler auf der Bühne sprechen würden wie im Alltag, könnte man sie nicht im gesamten Zuschauerraum hören und verstehen. Hauptsächlich aber kommt es darauf an, daß die Stimme trägt und nicht verschluckt wird. Es gibt dazu hilfreiche Artikulationsübungen in Büchern über Sprecherziehung.

Gelegentliche Veränderungen der Lautstärke können recht wirkungsvoll sein. Steigern Sie die Lautstärke, um bestimmte Stellen zu betonen, reduzieren Sie sie bei improvisierten Nebenbemerkungen.

Satzmelodie

Im Alltagsgespräch wird die Satzmelodie automatisch variiert, je nachdem was wir äußern. Die Stimme hebt oder senkt sich. Sie hebt sich, wenn wir Fragen stellen, Unentschlossenheit ausdrücken oder wenn wir schüchtern, zögernd oder unsicher sind.

Werder Bremen 1- Eintracht Frankfurt ...

1. FC Köln 2 - FC Bayern München ...

Hamburger SV 0- Bayer Leverkusen ...

INTONATIONSMUSTER
Wer gewann zu Hause ?
Wer gewann auswärts ?
Wer spielte unentschieden ?

Wenn wir dagegen eine Feststellung treffen oder etwas steif und fest behaupten, senkt sich unsere Stimme. Am Schluß einer Rede senkt sie sich in der Regel, um das Ende zu signalisieren.

Die Satzmelodie wird auch davon bestimmt, wie stark der betreffende Satzteil betont werden soll. Hier ist ein scheinbar einfacher Satz: »Einer in diesem Raum lügt bestimmt.« Der Satz enthält nicht weniger als fünf Bedeutungsvarianten, je nachdem welches der Wörter betont wird. Sie können es getrost ausprobieren.

Überprüfen Sie Ihre Intonation, indem Sie Ihren Vortrag auf Band sprechen. Betonen Sie die richtigen Stellen? Was geschieht, wenn Sie anders betonen? Achten Sie beim Zuhören auch auf klaren Ausdruck. Am besten lassen Sie einen anderen zuhören. Es ist weitaus schwieriger, eine Stimme zu hören, ohne den Sprecher zu sehen, da der Zuhörer sich nicht auf die Lippenbewegungen stützen kann.

Spieglein, Spieglein, an der Wand –
wer ist der beste Redner im
ganzen Land ?

Eine Rede in der Öffentlichkeit ist keine Alltagskonversation. Gelegentlich mag eine freundliche, gemütliche, ja sogar vertraute Atmosphäre entstehen. Aber solch ein Eindruck ist immer eine Illusion; er ist das Resultat einer Kunst, die ihre Künstlichkeit verbirgt. Redner müssen sich klar ausdrücken, sie dürfen nicht murmeln, nuscheln, Silben verschlucken oder vergessen, ihren Mund aufzumachen.

Überprüfen Sie Ihren Vortragsstil auch im Spiegel. Falls Ihr Freund Schwierigkeiten hat, Ihre Stimme auf Band zu verstehen, sollten Sie täglich Ausspracheübungen machen. Sie sollten auch laut lesen, am besten vor einem Spiegel oder mit einem Tonbandgerät. Jede Silbe sollte klar verständlich sein. Achten Sie darauf, ob Sie nuscheln oder Worte abhacken. Jede Silbe muß hörbar sein, andernfalls erzeugen Sie Störungen oder verändern sogar den Sinn Ihres Textes.

24. So haben Sie sich selbst im Griff

In diesem Kapitel geht es darum, wie Sie Eigenschaften in den Griff bekommen, über die Sie gewöhnlich weniger Kontrolle haben. Quintilian sagt: »Wie bedeutsam Gesten sind, läßt sich schon allein daran ablesen, daß sie vieles ganz ohne Worte ausdrücken können.«[51]

Der unerfahrene Redner hat oft ein doppeltes Handikap. Er gestikuliert unbewußt oder auch bewußt, aber ungeschickt. Für den Anfänger gilt die Regel: Im Zweifel ohne Gesten. Die richtige Geste kann zwar die Wirkung des Gesagten verstärken, doch ist es zu riskant, die beabsichtigte Wirkung durch die falsche Gestik zu zerstören.

Auch Gesten müssen geübt werden. Die meisten Menschen, so werden Sie einwenden, gestikulieren doch auch in der Alltagskonversation. Wozu also üben? Übung ist erforderlich, weil unsere normalen Gesten nicht unbedingt das ausdrücken, was wir vermitteln wollen; weil die meisten Gesten nicht ausladend genug sind für ein großes Publikum; und weil wir normalerweise nicht gestikulieren, während wir etwas lesen.

Manche Redner gestikulieren nur aus einem einzigen Grund. Sie wissen nicht, was sie sonst mit ihren Händen tun sollten. Dies wirkt unbeholfen und störend. Ungeschicktes Gestikulieren stört; es signalisiert Mangel an Selbstsicherheit und, möglicherweise zu Unrecht, einen Mangel an Beherrschung des Materials. Das Problem wird nicht dadurch gelöst, daß man die Hände in die Taschen steckt oder die Arme verschränkt. Halten

Sie sich statt dessen locker am Rednerpult fest und beugen sich leicht nach vorn. Dadurch bleiben die Hände sichtbar, und in der nach vorn gebeugten Haltung wird der Kontakt zwischen Redner und Publikum verstärkt. Fühlt sich der Redner schließlich sicherer, kann er die Hände vom Pult nehmen. Er wird allmählich so geübt, daß das Pult nur noch als Ruheort für die Hände zwischen den einzelnen Gesten dient.

Gesten müssen klar und eindeutig sein. Halbe Gesten gibt es nicht. Gesten sind wie Ehen – niemand ist »ein bißchen verheiratet«. Zeigen Sie auf etwas, so deuten Sie mit voll ausgestrecktem Arm darauf. Vermeiden Sie es, ins Publikum zu deuten. Wenn Sie einen Zeigestock verwenden, sollte er eine geradlinige Verlängerung Ihres Armes bilden. Spielen Sie nicht mit dem Zeigestab, fuchteln Sie nicht damit herum. Andernfalls betonen Ihre Gesten etwas ganz anderes als Ihre Worte.

Darüber gehen unsere Meinungen weit auseinander ...

... eine ausgeglichene Handelsbilanz ...

... Ich flog von New York hierher ...

... in einem Großraumflugzeug ...

Machen Sie nicht zu viele Gesten und verwenden Sie sie auf jeden Fall konsistent, d. h. mit gleichbleibender Bedeutung. Falls Sie die Arme ausstrecken, um Größenverhältnisse anzudeuten, verwenden Sie diese Geste nicht, um etwas anderes oder, was auch häufig vorkommt, gar nichts auszudrücken. Nicht selten gestikulieren Redner nur um des Gestikulierens willen.

Der zeitliche Einsatz von Gesten muß präzise sein. Wenn eine Geste einen gesprochenen Text begleitet, so muß sie kurz vor dem veranschaulichten Wort erfolgen. Falsch ist: »Wir schreiten vorwärts (*deuten*).« – »Wir schreiten (*deuten*) vorwärts« ist richtig.

Ich will Ihnen nur eines sagen...   *Gott ist mein Zeuge...*   *Das Dach wird einstürzen...*   *Das Nikotin verrät es: ich bin starker Raucher*

Eine einzige Geste darf nicht mehrere Bedeutungen haben

Taten sprechen deutlicher als Worte, aber eine falsche Geste ist wie ein falsches Wort. Vom Pult wegtreten, über das Podium schreiten, nach einem Glas Wasser greifen, ein Requisit in die Hand nehmen oder sich der Leinwand zuwenden – all diese Bewegungen müssen bestimmt und mit klarer Absicht erfolgen. Bewegen Sie sich nicht, nur weil Sie Lust dazu haben oder nicht ständig an derselben Stelle stehen wollen, sondern im Interesse des Publikums. So treten Sie an den Rand des Podiums vor, um einen Freiwilligen aus der Zuhörerschaft zu gewinnen. Nehmen Sie ein Requisit nicht in die Hand, um damit herumzuspielen oder sich zu beruhigen, sondern weil Sie dem Publikum etwas demonstrieren wollen, was Ihre Argumentation verdeutlicht.

Unerfahrene Redner scheinen zu glauben, daß jede Art von Bewegung Selbstsicherheit und Unbefangenheit signalisiert. Das Gegenteil ist der Fall. Wenn sich der Redner seiner ungefälligen Ausstrahlung nicht bewußt ist, kann man ihn von der Notwendigkeit, seine Gestik zu kontrollieren, nur schwer überzeugen. Hier hilft beispielsweise die Videoaufzeichnung eines Vortrags. Sie zeigt, wo die unkoordinierten bewußten Gesten und die unbewußten Manierismen die Botschaft untergraben. Beim Betrachten der Videos hört man dann oft Kommentare wie »Jetzt wird mir vieles klar« oder »Meine Güte, ich wußte gar nicht, daß ich so wirke!«

Alle Redner haben ihre gewissen äußerlichen Manierismen. Der Profi hält die krassen im Zaum und setzt die übrigen gezielt ein. Der nervöse Anfänger reibt sich im Gesicht, kratzt sich am Kopf, zupft sich am Bart, streicht sich durchs Haar oder spielt mit irgendeinem Gegenstand auf dem Tisch oder auf dem Pult. Häufig hält er sich sogar die Hand vor den Mund. Das signalisiert den insgeheimen Wunsch, sich zu verbergen. Außerdem wird das Gesagte unverständlich.

Fassen Sie sich unter keinen Umständen mit den Händen ins Gesicht.

Fahren Sie sich nicht über die Stirn.
Ballen Sie nicht die Fäuste.
Kratzen Sie sich nicht.

Falten Sie beim Sprechen nie die Hände hinter dem Rücken. Stecken Sie die Hände nicht in die Taschen. Lassen Sie die Hände nicht mit ausgestreckten Armen einfach herunterhängen. Verschränken Sie die Arme nicht. Schwanken Sie nicht hin und her. Wenn Sie vom Pult oder von Ihrem festen Standort wegtreten, stemmen Sie die Hände nicht in die Hüften und marschieren Sie nicht vor dem Publikum auf und ab. Dies ist die typische Haltung der Polizei und des Militärs. Bei den Zuhörern erweckt es das Gefühl, sie würden verhört.

Körpersprache ist ausdrucksstark. Die Position des Redners zum Publikum signalisiert, wie er sich mit ihm identifiziert. Distanz oder Nähe, Blickwinkel und Körperkontakt sind Aspekte der nonverbalen Kommunikation, die ebenso wichtige Botschaften aussenden wie der Text. Argyle unterscheidet zwei Kategorien nonverbaler Aspekte in der Sprache, die prosodischen und die paralinguistischen Signale.[52] Zu den prosodischen gehören Tonhöhe und Betonung, Pausen und Tempo. Diese Aspekte beeinträchtigen die Bedeutung und sind »wesentliche Bestandteile der sprachlichen Äußerung«. Paralinguistische Signale dagegen sind »Gefühle, die durch die Färbung und den Klang der Stimme, durch Sprachfehler und die emotionale Verfassung ausgedrückt werden«. Hastiges Vortragen zum Beispiel deutet Nervosität an. Das Sprechen mit einem bestimmten Akzent hingegen läßt die Zugehörigkeit zu einer sozialen oder regionalen Gruppe erkennen.

Nicht immer ist Körpersprache unbewußt; und unbewußte Körpersprache wirkt nicht unbedingt störend. Man sollte jedoch üben und seine Fortschritte solange überprüfen, bis die bewußten Gesten perfekt und die unbewußten unverfänglich sind. Bei nonverbaler Kommunikation ist es weitgehend dem Wahrnehmenden überlassen, welchen Sinn er sieht. Er kann entscheiden, was er glauben will. Er kann sogar die nonverbale Kommunikation als die eigentliche Mitteilung auffassen und den gesprochenen Text als Störung betrachten. Die einleitende Bemerkung des Redners, »Ich freue mich, heute hier zu sein«, kann ein nervöser Tick als völlig unglaubwürdig entlarven. Andererseits glaubt man einem Redner, daß er gerne gekommen ist, wenn er bereits im Foyer nett plaudert.

Während verbale Kommunikation (und begleitendes Bildmaterial) primär Information vermittelt, gestaltet nonverbale Kommunikation die soziale Beziehung in der Kommunikationssituation. Wir reden zwar mit unseren Sprechorganen, wir kommunizieren aber mit unserem ganzen Körper.

Dazu gehören auch die äußere Erscheinung und insbesondere die Kleidung. Die Regel ist ganz einfach: Ihre Kleidung sollte »sprechen« – für Sie sprechen –, und nicht stören. Trägt die Kleidung positiv dazu bei, daß Ihre Mitteilung ankommt? Oder lenkt ungekämmtes

Haar das Publikum ab? Oder stört es Sie selbst? Oder
lenken Sie die Zuhörer nur noch mehr ab, indem Sie
ständig versuchen, Ihr Haar in Ordnung zu bringen?
Tragen Sie eine schreiende Krawatte oder grellen
Schmuck? Es ist kein Zufall, daß man aufdringliche
Mode als »schreiend« bezeichnet – sie teilt zu viel mit;
vom Blickpunkt der Kommunikation stellt sie eine
Störung dar. Andererseits sollten Sie sich nicht unsicht-
bar machen. Meist sind Redner ohnehin weitgehend un-
sichtbar – über das Pult hinweg ist kaum mehr als die
Hälfte der Person zu sehen. Eine Krawatte im selben
Farbton wie das Hemd bzw. der Anzug oder eine Bluse
unter einem Kostüm derselben Farbe lassen den Redner
noch mehr verschwinden. Ich trage gern eine Fliege, da
alle Zuhörer sie vollständig sehen können.

„Ich freue mich sehr,
heute hier zu sein"

Hochroter Kopf
Schweißnaß
Tritt von einem Bein
aufs andere
Eine Hand in der Tasche
versteckt,
die andere fummelt
an der Krawatte
Kopf tief zwischen
den Schultern
peinliches Lächeln

Lenken Sie niemals die Aufmerksamkeit auf Ihre Kleidung, indem Sie etwa den Schal oder die Krawatte zu-
rechtzupfen, ein Taschentuch herausholen oder eine
Manschette herunterziehen. Das vermittelt dem Publikum, daß Sie absichtlich eine Wirkung erzielen wollen.
  Auch andere Dinge können stören, zum Beispiel

sprachliche Manierismen. Die meisten Menschen gebrauchen Floskeln wie etwa »wenn Sie so wollen«, »nicht wahr«, »im Grunde genommen« oder »man kann davon ausgehen«. Auch Fremdwörter, ausländische Redensarten und eigentümliche Konstruktionen gehören dazu. Im geschriebenen Text fallen sie deutlich genug auf. In der spontanen Form des Redens dagegen merkt man oft gar nicht, wie häufig solche Phrasen vorkommen. Das Publikum wird diese ständig wiederholten Ausdrücke oder Gesten allerdings schnell bemerken. Im Nu werden solche Eigenheiten zu Manierismen, auf die das Publikum regelrecht wartet. Die Konzentration darauf geht auf Kosten des Vortragsinhalts. Ich habe erlebt, daß Zuhörer die Häufigkeit einer bestimmten Eigenart gezählt haben.

Es gibt auch stimmliche Manierismen. John May stellt fest: »Redner sprechen oft mit gesenktem Kopf, blicken nervös zur Seite, werden am Satzende leiser oder senken die Stimme.« Des weiteren nennt er gewisse »halbanimalische Manierismen – Grunzen, Stöhnen, Ähs, nervöses Husten und unmotiviertes Lachen.«[53] Sie dienen oft als Pausenfüller. Durch sie entlarvt sich der unsichere Redner. Der selbstsichere Redner muß keine Pausen füllen, denn er kann die Aufmerksamkeit des Publikums jederzeit wachhalten. Und selbst wenn eine kleine Pause entsteht, weil ihm ein Wort momentan entfallen ist, weiß der Profi erstens, daß es ihm wieder einfallen wird, und zweitens, daß die kurze Stille Erwartungen weckt. Ein »Äh« ist nichts weiter als eine Störung.

25. So haben Sie das Publikum im Griff

Der Redner muß das Publikum im Griff haben wie sich selbst unter Kontrolle. Die beiden Aspekte sind natürlich miteinander verknüpft. Der Redner wird kaum die Zuhörer im Bann halten können, wenn er sich selbst nicht in der Hand hat. In diesem Kapitel geht es vor allem um die *Beziehung* zwischen Sender und Empfänger. Um selber verständlich zu sein, muß der Sender den Empfänger verstehen lernen.

Halten Sie Ihr Publikum unter Kontrolle

Ein guter Redner kann sein Publikum fesseln, aber keiner kann das Publikum gegen dessen Willen fesseln. Redner scheitern, wenn sie sich in ihrer Materie verlieren oder sich von ihrer Argumentation hinreißen lassen und dabei jene vergessen, an die sich der Vortrag richtet. Selbst eine perfekt ausgearbeitete Rede kann fehlschlagen, wenn sie bloß vorgelesen wird. Es ist dabei gleichgültig, wie leidenschaftlich oder literarisch anspruchsvoll sie klingt. Viel mehr kommt es auf Blickkontakt, Pausen und die Einladung zu Reaktionen an. Der Redner muß also nicht nur die reine Anwesenheit des Publikums zur Kenntnis nehmen, sondern auf seine aktive Beteiligung am Vortrag hinwirken.

Versetzen Sie sich in den Zuhörer und denken Sie immer an die Aufmerksamkeitskurve. Zu Beginn haben Sie seine Aufmerksamkeit gratis. Verspielen Sie diese Chance nicht! Die Aufmerksamkeit läßt nach ungefähr zehn Minuten deutlich nach. Danach müssen Sie sich darauf verlassen können, daß Ihre Einleitung gewirkt hat. Ihr Text sollte neue Information enthalten, aber auch der Vortragsstil muß aufgefrischt werden – durch Gesten, Pausen, Fragen, Demonstrationen, Veränderungen des Tempos und der Intonation, ein überraschendes Lichtbild usw.

Wir wissen, daß diese Stilmittel nicht nur Abwechslung schaffen, sondern vor allem die Argumentation untermauern sollen. Sie müssen zur Kernaussage beitragen. Es ist nicht leicht, ein Publikum mit einer Reihe von Anekdoten, Witzen und Illustrationen zu unterhalten. Der Redner sollte jedoch nicht unterhalten, sondern überzeugen. Alles muß sich auf das Thema der Argumentation, auf die zentrale Mitteilung beziehen. Und auch der Stil muß angemessen sein.

Gegen Ende steigt die Aufmerksamkeit automatisch wieder an. Verläuft die Argumentation logisch und plausibel, so werden die Zuhörer den Schluß, also den für sie einprägsamsten Teil, als natürliche Zusammenfassung alles Vorausgegangenen verstehen. Besteht der Hauptteil dagegen aus einer Reihe unverbindlicher Einlagen, so wird der Schluß die Zuhörer verwundern oder verwirren.

Der Vortragsstil muß also der Argumentation angemessen sein und diese unterstützen. Ein unpassender Stil stört und lenkt ab. Erinnern wir uns noch einmal an die drei Arten von Störungen, die eine Mitteilung beeinträchtigen können. Es gibt Störungen des *Kodes,* Störungen des *Kanals* und *psychologische* Störungen.

Einige *Kodestörungen* konnten bei der Vorbereitung des Textes ausgeschaltet werden. Das Skript wurde so formuliert, daß der Zuhörer es klar verstehen kann. Komplizierte Gedankengänge wurden vereinfacht, lange Sätze in eine Reihe kürzerer Sätze umgeformt. Schwierige Wörter wurden erklärt oder gegen einfachere ausgetauscht. Jargon wurde durch benutzerfreundliche Begriffe (man verzeihe den Jargon) ersetzt. Mögliche Mißverständnisse wurden ausgeräumt, indem der Text einem Kollegen vorgelesen wurde.

Damit sind mögliche Kodestörungen allerdings nicht völlig beseitigt. Auch die Aussprache, ein Akzent oder Dialekt oder ein Sprachfehler können Mißverständnisse verursachen. Selbst das scheinbar harmloseste Wort im Text kann einem Publikum Probleme bereiten, wenn es mit dem Thema nicht so vertraut ist wie der Redner oder sein Kollege.

Es gibt eine spezifische Form von Kodestörungen, die nicht im Text, sondern im Vortrag auftreten. Sie hängen mit dem Kode zusammen, den man für das Anschauungsmaterial und die visuellen Hilfsmittel wählt. Wie gesagt, Buchstabengrößen und Schrifttypen müssen einheitlich, die Beziehung zwischen Redner und Leinwand muß klar sein; und die Funktionen von Overhead- und Diaprojektor müssen dem Publikum einleuchten. Werden die betreffenden Kodes nicht von Anfang an definiert, so können die visuellen Hilfsmittel die Kommunikation unter Umständen blockieren.

Während des eigentlichen Vortragens sind natürlich *Störungen im Kanal* die potentiell größte Gefahr. Gründliche Vorbereitung und Proben sind daher unerläßlich. Es empfiehlt sich, immer aufs Schlimmste gefaßt zu sein, denn das Unerwartete kann jederzeit eintreten. Beispielsweise kann eine Glühbirne durchbrennen. Bringen Sie also immer eine Ersatzbirne mit. Die Lautspre-

cheranlage kann mitten im Vortrag ausfallen oder Taxifunk empfangen. Ein Lichtbild kann klemmen oder auf
dem Kopf stehen (wahrscheinlich weil Sie es erst in
letzter Minute einsortiert haben). Das Licht kann stören,
die Veranstaltung im Nebenraum, die Heizung, die Ven-
tilation und vieles andere, was wir in einem späteren
Kapitel behandeln werden.

Schließlich gibt es *psychologische Störungen*. Hier
geht es nicht mehr darum, daß der Zuhörer nicht hört
oder nicht versteht, was gesagt wird, sondern nicht verstehen will, was er hört. Er hat vielleicht kein »Verständnis« für die Mitteilung, den Redner oder die Veranstaltung. Er ist vielleicht nicht in guter Stimmung,
träumt vor sich hin (tut das bei Konferenzen nicht
jeder?) oder denkt besorgt an seinen überhäuften
Schreibtisch. Aus welchem Grund auch immer, er ist
einfach nicht bei der Sache. Es ist Ihre Aufgabe, ihn zu
fesseln.

Der Zuhörer muß von Anfang an angesprochen werden. Zu Beginn schenkt er dem Redner seine Aufmerksamkeit zwar gratis; das heißt aber nicht, daß das Interesse des Zuhörers nicht geweckt werden muß. Aufmerksamkeit und Interesse sind zweierlei. Ein traditio-
nelles Modell der Werbekommunikation ist bekannt als
»AIDA«-Formel (Attention-Interest-Desire-Action):

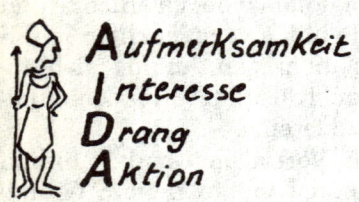

Aufmerksamkeit
Interesse
Drang
Aktion

Diese vier Stadien
sollte der Betrachter
einer Werbeanzeige
durchlaufen. Es fängt
damit an, daß er die
Werbung überhaupt
wahrnimmt, und en-
det damit, daß er das
betreffende Produkt
kauft. Das Modell ver-
einfacht zwar stark, aber es unterscheidet vier gänzlich
verschiedene Emotionen und setzt die richtigen Schwerpunkte.

Aufmerksamkeit ist nicht dasselbe wie Interesse. Ersteres mag man Ihnen schenken, letzteres aber müssen Sie sich verdienen. Und wenn Sie wollen, daß das Publikum nach Ihrer Botschaft verlangt und sie anschließend in die Tat umsetzt, müssen Sie sich auch den dritten und vierten Punkt verdienen.

Dazu müssen Sie mit dem Publikum Kontakt herstellen, und zwar freundschaftlichen. Lächeln Sie, auch wenn Ihnen gar nicht danach ist. Die freundliche Reaktion der Zuhörer wird Ihre Anstrengung belohnen und Ihnen Mut machen. Meist ist das Publikum durchaus wohlgesinnt. Ihr Lächeln ist eine Botschaft. Es drückt aus, daß Sie gerne gekommen sind oder daß Sie wissen, daß die Zuhörer wissen, was Sie durchstehen müssen. Es gibt den Anwesenden zu verstehen, daß Sie sie mögen.

Achten Sie aber darauf, daß es ein breites Lächeln ist. Übertreiben Sie ruhig. Ein schwaches, nervöses Grinsen bewirkt das Gegenteil. Und halbe Gesten gibt es nicht. Was Ihnen als Übertreibung erscheinen mag, kommt dem Publikum völlig normal vor. Und wenn es Ihnen hilft, lächeln Sie den Mann oder die Frau in der hintersten Reihe an. Ein breites Lächeln und sofortiger Kontakt zum Publikum zeigen, daß Sie die Situation im Griff haben. Übernehmen Sie sofort das Kommando und geben Sie es nicht mehr aus der Hand. Schauen Sie ringsumher ins Publikum. Sie müssen nicht jeden einzelnen Zuhörer anschauen, aber blicken Sie in jede Richtung.

Beginnen Sie nach Möglichkeit bei heller Beleuchtung. Wenn Sie Übung und Erfahrung haben, treten Sie während der Einleitung vom Pult weg. Verwenden Sie nach Möglichkeit immer ein Ansteckmikrophon, damit Sie sich freier bewegen können. Beginnen Sie aus möglichst großer Nähe zum Publikum zu sprechen. Sie können, wenn Sie routiniert sind, sogar von Ihrem Platz im Publikum oder von der ersten Reihe aus das Wort ergreifen, bevor Sie das Podium ersteigen. Mit anderen

Worten, tun Sie alles, um die Distanz zum Publikum zu überwinden. Und benutzen Sie auf keinen Fall das Pult als Festung.

Suchen Sie nach einem freundlichen Gesicht, wenn Sie ins Publikum schauen. Wenn Sie sich gründlich vorbereitet haben, dann kennen Sie auch die Zusammensetzung des Publikums. Vielleicht haben Sie auch schon vor dem Vortrag mit ein paar Zuhörern gesprochen. Fixieren Sie Ihren Blick aber nicht ständig auf eine einzige Person oder einen bestimmten Gegenstand. Starren Sie vor allem nicht ununterbrochen auf die Leinwand, besonders wenn nichts darauf zu sehen ist. Schauen Sie auch nicht unentwegt in Ihr Skript, auch wenn Ihr Blick dort verhältnismäßig am längsten verweilt. Denken Sie immer daran, ein guter Redner liest das Skript nicht vor, sondern bezieht sich lediglich darauf.

Wenn Sie mit einem Witz beginnen (der auf jeden Fall relevant sein sollte), erzählen Sie ihn aus dem Stegreif. Ihre Augen dürfen sich nicht vom Publikum abwenden. Auch bei anderen Einleitungen sollten Sie nach Möglichkeit frei sprechen. Das zeigt sofort, daß Sie Ihr Material im Griff haben. Es wird Ihnen leichterfallen, auch das Publikum in den Griff zu bekommen. Nutzen Sie die ersten entscheidenden Minuten, um die Aufmerksamkeit der Zuhörer in Interesse zu verwandeln.

Der Bühnenregisseur Tyrone Guthrie schärfte seinen Schauspielern immer wieder ein, sich vorzustellen, sie würden dem Publikum ein Seil zuwerfen. Die Zuhörer müssen das Seil auffangen und nicht wieder loslassen. Es muß während des gesamten Schauspiels angespannt bleiben. Wie stark das Publikum zugreift und mitzieht, hängt weitgehend von der Leistung des Schauspielers ab.

Werfen Sie Ihr Seil in den ersten Minuten eines Vortrags oder einer einfachen Tischrede aus. Wird es aufgefangen? Wie stark ist es gespannt? Je mehr der Redner über sein Publikum erfährt und je mehr Feedback er bekommt, desto leichter fällt ihm seine Aufgabe. Als erstes erfährt er, ob die Anwesenden überhaupt Zuhörer sind. Ein Witz kann voll danebengehen. Eine Anspielung kann unverstanden bleiben. Es kommt zu keinem Feedback.

Stellen Sie sich vor, Sie werfen dem Publikum ein Seil zu

Kein Grund zur Panik. Das passiert selbst dem routinierten Redner oder dem erfahrenen Komiker. Das Publikum kann ja schüchtern, verwirrt oder reserviert sein. Stellen Sie Kontakt her, indem Sie erklären, was Sie vorhaben. Entschuldigen Sie sich nicht. Konzentrieren Sie sich auf eines der freundlichen Gesichter. Stellen Sie eine Frage. »Versteht hier vielleicht jemand Deutsch?« Ganz bestimmt werden einige lächeln. Vielleicht lacht sogar einer. »Na also!«

In den ersten paar Minuten muß das Publikum erforscht werden. Der Kabarettist kennt die Situation genau. Er kann sehr rasch feststellen, wie schnell sein Publikum reagiert, was er voraussetzen kann und was nicht, ob er und das Publikum auf derselben Wellenlänge liegen und wie weit er sich anpassen muß. Unter Umständen muß er sogar einen Teil seines Materials abwandeln.

Für den Redner gilt genau das gleiche. Er muß Blickkontakt herstellen, um erkennen zu können, wo die Interessen liegen, wer sich langweilt oder wem das Verständnis schwerfällt. Sobald Feedback vorliegt, läßt sich feststellen, ob das Publikum überzeugt ist, ob es überrascht oder verwirrt ist, ob es zustimmt, gelangweilt oder gleichgültig ist.

Ein Vortrag ist die Hälfte eines Dialogs. Ohne Bezug zum Publikum bleibt er bedeutungslos. Sinnloser noch ist es, Feedback auszulösen, sei es absichtlich oder unabsichtlich, und es nicht umzusetzen. Das heißt nicht, daß Sie jeden Moment innehalten und Ihre Rede umschreiben oder eine implizierte Frage beantworten müssen. Es ist aber angebracht, sich gelegentlich zu vergewissern, ob die Zuhörer folgen, hin und wieder eine Zusammenfassung zu liefern oder den Kontext des jeweiligen Argumentationspunktes zu erläutern. (In solchen Momenten ist es hilfreich, auf eine ständig sichtbare Skizze der Marschroute zu verweisen.)

In den ersten Minuten muß das Publikum erforscht werden

Tun Sie so viel wie möglich, um die Atmosphäre zu entspannen. Man kann niemanden von seinem Standpunkt überzeugen, wenn man ihn zu seinem Gegner macht. Wenn Sie die Zuhörer in Ihren Vortrag einbeziehen, können Sie zeigen, daß Sie sich mit ihren Interessen identifizieren. Bitten Sie einen Freiwilligen, am besten schon vor Beginn des Vortrags, Ihnen bei einer Demonstration oder auch nur beim Einsatz der Geräte zu helfen.

Sie können auch Fragen an das Publikum richten.

Das ist natürlich riskant. Ein Zuhörer kann versuchen, Sie mit einem Zwischenruf aus dem Konzept zu bringen oder Ihnen zu widersprechen. Direkte Wortmeldungen lassen sich vermeiden, indem man um Handzeichen bittet. »Wie viele unter Ihnen stimmen dem zu?« Handzeichen sind eine einfache, aber wirksame Form der Beteiligung. Sie lassen das Interesse wieder aufleben, besonders wenn die Lichtverhältnisse geändert werden. Sie bieten die Möglichkeit, sich zu bewegen. Außerdem sind sie völlig spontan. Und sie beziehen jeden mit ein – ohne irgend jemanden verlegen zu machen. Publikumsbeteiligung kann leicht ins Auge gehen, wenn sich ein Zuhörer eingeschüchtert fühlt.

Am meisten eingeschüchtert – zu Recht oder zu Unrecht – fühlt sich wahrscheinlich der Redner selbst. Die komplizierten Geräte verwirren ihn vielleicht ebenso

Dieses Thema würde ich gerne noch ausführlicher behandeln...

...falls sich eines Tages die Gelegenheit dazu ergeben sollte.

wie das lebhafte Publikum. Er nimmt alles persönlich –
ob nun jemand in der ersten Reihe nervös herumzappelt oder gähnt, ob in der dritten Reihe mit Papier geraschelt, in der Zeitung gelesen oder laut gesprochen
wird oder ob ein Zuhörer leise, aber scheinbar demonstrativ den Raum verläßt.

Es gibt einen alten Witz, den man sich unter Rednern
erzählt. »Ich bin leicht beunruhigt, wenn ein Zuhörer
auf die Uhr schaut. Aber wenn er sie abnimmt, ans Ohr
hält und schüttelt, bin ich höchst besorgt.«

Ein Redner tut recht daran, solche Zeichen persönlich zu nehmen. Es sind immerhin konkrete Formen
von Feedback, vielleicht Anzeichen von Desinteresse
oder Widerspruch. Aber es muß nicht immer so sein.
Manchmal verläßt ein Zuhörer den Raum, weil er anderweitige Verpflichtungen hat. Vermeiden Sie es, die
Aufmerksamkeit auf ihn zu lenken. Verabschieden Sie
ihn nicht. Wenn er sich aber entschuldigt, nehmen Sie
dies ohne Vorwurf zur Kenntnis.

Wenn Zuhörer im Publikum plaudern, sollten Sie ein
wenig leiser sprechen, so daß die Unterhaltung deutlicher zu vernehmen ist. Das wird die Plaudernden in
Verlegenheit bringen; gleichzeitig wächst die Sympathie
der übrigen Zuhörer für den Redner. Sie können auch
innehalten, bis die Unterhaltung aufhört. Vermeiden Sie
auch hier jede Auseinandersetzung. Je routinierter Sie
sind, desto gelassener werden Sie mit solchen Zwischenfällen fertig. Am wirksamsten sind schlagfertige
Bemerkungen.

Etwas anderes sind absichtliche Zwischenrufe. Sie
sind zwar auch eine Form von Feedback, allerdings von
der feindseligen Art. Sie sollten sie nicht von vornherein ignorieren. Übernehmen Sie nicht die Taktik des
Zwischenrufers. Hören Sie ihn beim ersten Mal an und
gehen Sie auf ihn ein. Wenn er nicht nachgibt, ignorieren Sie ihn – wenn möglich mit einer höflichen Zurechtweisung, oder, wenn er hartnäckig bleibt, mit einer
unhöflichen.

Dies ist die schwerste Prüfung Ihrer Fähigkeit, das Publikum im Griff zu haben. Aber wenn Sie gleich zu Beginn Kontakt herstellen, wenn Sie Aufmerksamkeit in Interesse verwandeln, den Text und den Vortragsstil genügend variieren, wenn Sie auf Feedback achten und es umsetzen, dann werden Sie das Publikum für sich gewinnen. Und wenn das Publikum auf Ihrer Seite ist, dann hat der Zwischenrufer keine Chance.

26. Der Redner und seine Ausrüstung

Man kann es nicht oft genug sagen. Der Redner muß seine Sache im Griff haben, und je mehr er probt, desto leichter beherrscht er die Situation. Ausrüstung und Material sind seine Diener, nicht seine Herren. Wenn er sie nicht braucht, verzichtet er auf ihre Dienste. Wenn er sie aber benötigt, was beinahe immer der Fall ist, muß er wissen, wie er sie geschickt einsetzt.

Bei einer Konferenz mit einer Schachtel unsortierter Dias, ohne Leerrahmen und ohne markiertes Manuskript aufzutauchen, ist eine Beleidigung für die Veranstalter. Auf das Podium zu steigen, ohne geprobt zu haben, und dann herumzubrüllen und zu fluchen, ist eine Beleidigung für das technische Personal. Und was bei all dem herauskommt, ist eine Beleidigung für die

Zuhörer. Massive Störungen öden das Publikum an oder stoßen es ab. Weniger krasse Störungen lenken lediglich ab, doch auch das kann den Vortrag ruinieren und die verfolgte Absicht durchkreuzen.

In Hollywood lautet ein altbewährtes Motto: »Teile nie die Leinwand mit einem Baby oder einem Tier« – denn sie stehlen dir die Show. Ich möchte diese Faustregel abwandeln und raten: »Teile nie die Bühne mit einem Dia- oder Filmprojektor« – außer es ist klar ersichtlich, daß der Redner die Starrolle spielt. Der Projektor lenkt höchstens ab, wenn er unbenutzt herumsteht oder immer noch ein Einführungsbild zeigt, das längst seinen Zweck erfüllt hat und irrelevant geworden ist. Das visuelle Hilfsmittel wird dann zur Störung.

Vorträge gehören zum Showbusiness. Das Publikum geht davon aus, daß alles auf der Bühne einem bestimmten Zweck dient und daß es Teil der Darbietung ist. Wir sollten es begrüßen, wenn das Publikum dieser Meinung ist. Schließlich erkennt es damit an, daß der Veranstalter und der Redner Profis sind. Wenn etwas

Ein Vortrag ist Showbusiness

nicht gezeigt oder benutzt werden soll, dann würde es bestimmt nicht vor den Augen des Publikums aufgebaut werden.

Der Redner muß sich fragen, am besten während der Probe, spätestens am Tag des Vortrags, was die Bühne, die Kulisse, die Requisiten, die technischen Geräte – kurzum die Gesamtdarbietung – aussagen. Sinn resultiert schließlich aus dem Kommunikationsvorgang insgesamt.

In einer faszinierenden Studie über Kommunikationsprozesse im Theater geht Keir Elam auf die Schule des Prager Strukturalismus ein. »Bis 1981«, so schreibt er, »gab es in der Theorie des Bühnendramas keine wesentlichen Fortschritte gegenüber den Anfängen bei Aristoteles.« Die Prager Schule habe das Drama aus dem Zugriff der traditionellen Literaturwissenschaft befreit, in der die Textanalyse dominierte, und den Blick auf die Gesamtwirkung der Kommunikationsvorgänge während der Aufführung eröffnet. Der Text sei nur »ein Element in einem System von Systemen, die in ihrer Gesamtheit das Wesen des Dramas ausmachen.« »Die Bühne«, so schreibt Elam weiter, »bewirkt eine radikale Transformation aller Gegenstände und Körper, die in ihrem Raum definiert sind. Sie nehmen spezielle Eigenschaften an, Qualitäten und Merkmale, die sie im alltäglichen Leben nicht haben.«[54]

Gehört ein Vortrag ins »alltägliche Leben«? Ich würde sagen nein. Auf die Künstlichkeit der Situation haben wir schon oben hingewiesen. Sobald es sich um eine Darbietung jedweder Art handelt, ist auch die simpelste Ausstattung im kleinsten Raum nicht weniger theatralisch als die improvisierte Pseudobühne der mittelalterlichen Moralitäten. Sobald sich jemand zu einer bestimmten Zeit an einem vereinbarten Ort vor andere Menschen stellt, die ihm Aufmerksamkeit schenken und die er zur Teilnahme auffordert, haben wir es mit einem theatralischen Ereignis zu tun.

Der Text allein macht nicht die gesamte Darstellung

aus, und auch nicht das Vortragen des Textes. Alles auf der Bühne teilt etwas mit. Oder wie Jiri Veltrusky von der Prager Schule es formuliert,

> »Alles, was sich auf der Bühne befindet, fungiert als Zeichen.«[55]

Auch Elam vertritt diesen Standpunkt: »Das Publikum geht von der Annahme aus, daß jedes Detail ein absichtlich gesetztes Zeichen ist.«[56] Und mit Recht. Denken Sie daran, wie wir als Publikum reagieren.

Ein verdecktes Flipchart-Blatt ist ein Zeichen dafür, daß der Redner uns später etwas zeigen wird. Falls die Tafel noch von einer früheren Veranstaltung stammt, wird dies den Zuhörern erst im Laufe des Vortrags klar. Die Anordnung der Stühle auf dem Podium kündigt eine Diskussion an. Wir fragen uns, wann es wohl so weit sein wird – vielleicht unmittelbar im Anschluß an den Vortrag, also als Teil der Gesamtdarbietung? Wenn ja, wer wird an der Diskussion teilnehmen? Etwa jemand aus dem Publikum? Vielleicht ich!? Oder vielleicht wurden die Stühle für die nächste Sitzung so aufgestellt? Der Leiter der Podiumsdiskussion sitzt auf der Bühne, und zwar unterhalb der Leinwand. Das signalisiert, daß keine Lichtbilder projiziert werden, denn er würde sie von seinem Platz aus nicht sehen, auch wenn wir im Publikum sie sehen würden. Könnte es sein, daß der Vorsitzende trotzdem teilnimmt? Auf dem kleinen Tisch neben dem Overheadprojektor liegen Folien und ein Stift, die der Redner wahrscheinlich benutzen wird. Vielleicht wird der Leiter sie später benutzen, oder auch während des Vortrags, um dem Redner zu helfen? Ein zweites Pult mit einer Leselampe steht auf dem Podium. Das deutet auf einen zweiten Redner hin. Kurz und gut: alles teilt etwas mit.

Es dürfen keine unnötigen Zeichen gesetzt werden. Lassen Sie nichts auf der Bühne stehen, was Sie nicht brauchen und was sich entfernen läßt. Wenn Sie einen Gegenstand erst im Verlauf des Vortrags benötigen, sollte er erst hereingebracht oder durch entsprechende Beleuchtung sichtbar gemacht werden, wenn er tatsächlich relevant wird. Das wird kaum als Störung oder Ablenkung empfunden, sondern wird eher die Aufmerksamkeit beleben. Und wenn Sie visuelle Hilfsmittel verwenden, denken Sie immer an das Dreieck zwischen Ihnen, dem Publikum und der Leinwand. Treten Sie nicht zwischen das Publikum und die Bildfläche. Kehren Sie den Zuhörern nie den Rücken zu.

Wenn Sie ein Videoband abspielen möchten, machen Sie sich gründlich mit den Bedienungsfunktionen vertraut. Noch besser ist es, sich von jemandem helfen zu lassen. Üben Sie mit dem Techniker oder Assistenten. Es passiert allzuleicht, daß man während des Vortrags den falschen Knopf drückt oder die Rückspultaste zu lange hält. Einen Vorführer anzustellen hat den Vorteil, daß das Gerät nicht auf dem Podium stehen muß.

Eine Probe mit dem Videogerät ist unumgänglich, besonders wenn Sie das Band zwischendurch anhalten wollen. In diesem Fall muß man zwischen die aufgezeichneten Passagen schwarzes Startband montieren, die Zahlen am Zählwerk genau beachten und sehen, wie weit das Band zurückspult, wenn man es anhält. Man kann die Pausentaste nur drücken, wenn kein Bild projiziert wird. Ein geübter Vorführer läßt das schwarze Startband anhand des Zählwerks bis kurz vor die nächste Passage weiterlaufen, drückt erst dann die Pausentaste und spielt das Band auf Ihr Zeichen hin weiter. Sehen Sie nun ein, weshalb Sie nicht alles selbst übernehmen sollten?

Was immer Sie auch benutzen – Videogerät, Film- oder Diaprojektor –, deuten Sie nicht an Ihrem Körper vorbei auf die Bildfläche. Das Pult sollte schräg stehen, so daß Sie die Leinwand aus dem Augenwinkel sehen können und wenn nötig mit dem der Leinwand zugewandten Arm auf das Bild zeigen können. Falls Sie einen Zeigestock verwenden, fuchteln Sie nicht damit herum. Fuchteln Sie überhaupt nicht herum.

Kann mir vielleicht jemand sagen, wo der Schalter ist?

Achten Sie darauf, daß die Knöpfe und Schalter der Projektorfernbedienung markiert sind, so daß Sie die Schalter für Vorwärts und Rückwärts klar unterscheiden können. Diejenigen Knöpfe, die Sie nicht bedienen, können Sie mit Klebeband zukleben. Legen Sie den Fernbedienungsschalter so auf das Pult, daß er leicht zu erreichen ist, ohne sich mit anderen Kabeln (zum Beispiel dem des Ansteckmikrophons) zu verheddern. Bei modernen Diaprojektoren sind die Fernbedienungen ohnehin kabellos.

Wenn Sie Ihre Ausrüstung nicht im Griff haben, werden Sie zwar nicht sofort die Kontrolle über Ihr Publikum verlieren, aber Sie verlieren sehr wahrscheinlich Ihre Selbstsicherheit, was letzten Endes auf dasselbe hinausläuft. Und Sie verlieren Ihr Zeitgefühl. Exaktes Timing ist auch ohne visuelle Hilfsmittel schwer zu verwirklichen. Bildmittel machen es noch schwieriger, zumal nun Bild und Wort, Projektorschalter und Stimmbänder koordiniert werden müssen.

Das technische Personal kann den Schalter für Sie betätigen, wenn Sie ihm ein Manuskript mit Einsatzzeichen geben – und sich auch daran halten. Damit geben Sie aber einen Teil der Kontrolle aus der Hand. Das nimmt Ihnen die Möglichkeit zu improvisieren. Falls Sie dennoch vom Manuskript abweichen wollen, müssen Sie den Assistenten unbedingt vorwarnen und trotzdem aber die vereinbarten Stichwörter liefern.

Stellen Sie fest, wie viele Sekunden nach dem Knopfdrücken das Lichtbild erscheint. Diese Spanne ist bei den verschiedenen Systemen unterschiedlich lang. Das

Lichtbild sollte nicht zu früh aufleuchten. Falls ein exakter Einsatz schwierig ist, zeigen Sie es lieber eine Sekunde zu spät als zu früh. Streben Sie aber perfekte Synchronität an. Das erfordert Übung. Synchronität heißt nicht, den Knopf genau mit dem Aussprechen des Wortes zu drücken, das Sie projizieren wollen, sondern ein oder zwei Worte vorher. Achten Sie deshalb darauf, daß Sie nicht mit der Hand gestikulieren, mit der Sie die Fernbedienung halten.

Eine Darbietung kann recht komplex sein. Es können zwei Leinwände und bis zu neun Projektoren eingesetzt werden. Der Redner kann all dies unmöglich selbst in die Hand nehmen. Bei einem solchen Ausmaß an technischem Aufwand ist es zweifelhaft, ob der Redner überhaupt noch gebraucht wird – jedenfalls »live«. Er ist weitgehend auf Video- oder Tonband verbannt.

Bei Diaprojektoren hat man oft die Wahl zwischen Geräten mit Einzelmagazin oder solchen mit Doppelmagazin. Die ersteren zeigen ein Lichtbild nach dem anderen und mit einem deutlich hörbaren »Klack-klack«; dazwischen ist die Leinwand für einen Augenblick schwarz. Letztere projizieren die Bilder in einer fließenden Folge von Ausblenden und Einblenden, so daß wie bei der Überblende im Kino ein Bild lückenlos ins andere übergeht.

Die Überblendtechnik mag zwar raffinierter sein, ist aber nicht immer geeigneter. Die Bilderfolge muß auseinanderdividiert und auf zwei Magazine verteilt werden. Ergänzungen sind sehr schwierig und Änderungen der Reihenfolge so gut wie unmöglich. Die Wahl des Projektors hängt weitgehend vom Zweck des Vortrags ab. Bei einer glatten Show ist die Überblendtechnik geeigneter. Ein spontaner Vortrag mit Beteiligung des Publikums wird dadurch eher vereitelt. Ich nehme gerne den »Klack-klack«-Projektor. Ihm geht Eleganz ab, dafür ist er leichter zu bedienen; ich habe direkteren Zugang zum Bildmaterial und kann dadurch spontaner damit umgehen.

Ein Vortrag mit Einzelmagazinprojektion läßt sich natürlich viel einfacher üben. Man kann sich nicht nur leichter mit dem Bildinhalt vertraut machen, sondern auch mit dessen jeweiliger Wirkung. Wenn man aber mit Einzelmagazinprojektion übt und während des Vortrags Überblendtechnik verwendet, überrascht einen gewöhnlich das Timing und die Atmosphäre. Oft findet die Probe am Tag zuvor mit Einzelmagazinprojektor statt, und erst während des Vortrags selbst wird das teurere Gerät (das nur für das »eigentliche« Ereignis gemietet wird) eingesetzt.

Noch ein Wort zum Schluß des Vortrags, zum letzten Lichtbild. Was soll es enthalten? Wie lange soll es zu sehen sein? Wer drückt den Knopf? Das Ende der Darbietung wird meist nicht gründlich genug geplant. Stecken Sie unmittelbar nach Ihrem letzten Lichtbild einen schwarzen Rahmen ins Magazin, selbst wenn Ihr letztes Dia auch schwarz ist. Andernfalls wird das Publikum von einem weißen Quadrat geblendet, falls Sie aus Versehen den Knopf einmal zu viel drücken.

Stellen Sie sich vor, wie die Bühne am Schluß aussehen soll. Was soll das Publikum sehen, falls Sie vorn bleiben, um Fragen zu beantworten? Haben Sie Unordnung geschaffen, oder zeigen Sie eine geeignete Gedächtnisstütze, auf die sich die Zuhörer konzentrieren können, um sich Ihre Kernaussage besser einzuprägen? Kein Augenblick macht deutlicher, wie sehr Sie die Situation im Griff haben, als Ihr Abtreten von der Bühne. Und besonders dann, wenn verdienter Applaus ertönt.

27. Drama

Es ist durchaus sinnvoll, sich einen Vortrag als Drama vorzustellen. Ein Drama ist dazu gedacht, aufgeführt zu werden. Sehr viele Vorträge lesen sich besser, als sie sich anhören. Sie sind und bleiben Worte auf Papier. Das liegt an der falschen Verwendung der Sprache (und möglicherweise auch an der Verwendung der falschen Sprache), das heißt, an der mangelnden Strukturierung zum Zweck des mündlichen Vortrags. Aber auch daran, daß sich der Redner nicht genügend auf die Vortragssituation einstellt.

Diese beiden Mängel rühren daher, daß die Dimension der *Zeit* nicht genügend berücksichtigt wird. Für den Leser stellt Zeit kaum ein Problem dar, zumal er jederzeit zurückblättern kann. Für den Zuhörer dagegen bildet die Zeit eine gravierende Einschränkung. Deshalb muß der Autor, ob er nun eine Rede oder ein Schauspiel schreibt, den zeitlichen Ablauf sorgfältig strukturieren, indem er die einzelnen Sätze klar aufeinander bezieht. Aber das allein macht die Darbietung noch nicht »dramatisch«. Der Vortrag mag eindeutig zu verstehen sein, aber er schlägt nur dann richtig ein, wenn der Redner nicht nur die Entwicklung seiner Argumentation, sondern auch die seiner Aktion plant und wenn er sich in Szene setzt.

Ein Gefühl für exaktes Timing ist unentbehrlich. Kein Text und keine Darbietung kann darauf verzichten. »Der wesentliche Faktor des Dramas«, schreibt Whiting, »ist das Moment des ›wann‹ – das Element des Geschehens, das sich in der Handlung realisiert... Mit anderen Worten, der Dramatiker muß nicht nur die gesprochenen

Worte erfinden, sondern auch bestimmen, was getan wird und wann dies geschieht.«[57]

Dasselbe gilt auch für den, der eine Rede schreibt. Er muß seinem Werk eine zeitliche Dimension verleihen und einen Fahrplan für die Einzelteile erstellen. Die Dimension, in der er arbeitet, ist nicht die Räumlichkeit der gedruckten Seite, sondern die Zeitlichkeit der Handlung. Er muß, wie Whiting feststellt, nicht nur darauf achten, was er sagt und wie er es sagt, sondern auch, *wann* er es sagt.

Beim Erstellen des Skripts muß der Redner seine zentralen Aussagen an den Punkten größtmöglicher Wirkung plazieren. Er muß seine Argumentation so strukturieren, daß sie einen Höhepunkt erreicht. Es mag eine Reihe von kleineren Höhepunkten geben, doch sollte etwa im fünften Sechstel des Vortrags ein deutlicher Höhepunkt herausstechen. Der Redner muß auch wissen, daß ein zu früher Höhepunkt eine verringerte Wirkung hat und daß dann das Interesse des Publikums nachläßt. Was für das Ausarbeiten der Rede gilt, trifft natürlich auch auf das Vortragen selbst zu. Zu viel Dramatik im ersten Teil der Darbietung kann die Sache aus dem Gleichgewicht bringen. Ein bißchen Theatralik hilft dem Redner vielleicht, die Aufmerksamkeit der Zuhörer zu wecken, aber möglicherweise verspielt er damit einen Trumpf. Präsentiert er dasselbe theatralische Element jedoch zu einem späteren Zeitpunkt und an einer relevanten Stelle, so wird sie das Interesse des Publikums *wachhalten*.

Ein Vortrag ist Theater. Es gibt eine Bühne, ein Publikum und die Atmosphäre des Auftritts. Der Redner muß sich beim Schreiben stets den Auftritt vor Augen halten. Vergräbt er sich in die Manuskriptseite, wird er am Ende einen Text vorlesen. Stellt er sich dagegen eine lebendige Zuhörerschaft in einem großen Saal und einen etwa dreißigminütigen Auftritt vor, hat er am Ende nicht bloß ein vorgetragenes Skript, sondern einen dramatischen Auftritt.

Ein solches Ereignis ist immer »live«, denn es gibt nie zwei identische Auftritte. Während des Geschehens hat man das Gefühl, wirklich dabei zu sein. Und man fragt sich, was als nächstes passieren und wie es ausgehen wird. Oft macht den Redner genau das nervös, was ihm eine solch große Wirkungsmöglichkeit gibt, nämlich die Unmittelbarkeit. Das Ereignis findet in Echtzeit statt. Man kann die Zeit nicht zurückdrehen. Und es kann alles schiefgehen. Aber genau darin liegt das Wesen des Dramas. Ohne Spannung keine Dramatik.

Das Drama muß natürlich schon beim Schreiben angelegt sein. Die Argumentation darf nicht sprunghaft sein, sie darf nicht durch eine Reihe von Seitenstraßen führen. Sie muß eine klare Linie verfolgen. Erzeugt der Redner Spannung, kommt ihm natürliche Spannung zugute, die bereits durch die äußeren Bedingungen gegeben ist. Die Aufgabe des Künstlers besteht doch darin, sich innerhalb seiner Grenzen zu entfalten. Er begrüßt den Zwang zur Disziplin als kreative Notwendigkeit. So wie der Maler den Rahmen und der Dichter die Versform braucht, so benötigt der Dramatiker die Konventionen der Bühne.

Mir gefiel, wie Sie die drei Einheiten beachteten, aber die Katharsis war etwas übertrieben

Wie wir bereits gesehen haben, übt der Verfasser einer Rede auf drei verschiedene Weisen Disziplin. Es sind die drei Grundregeln des Dramas, die erstmals von Aristoteles definiert und in der neoklassizistischen Ästhetik des 17. Jahrhunderts zur festen Konvention erhoben wurden. Dieser Kodex ist nicht annähernd so kompliziert, wie er klingen mag. Die drei Grundregeln betreffen nichts anderes als die Einheit des Ortes, der Zeit und der Handlung.

Der Vortrag findet an einem einzigen Ort statt. Die Szenerie ändert sich nicht. Der Redner bleibt immer auf der Bühne. Mit Hilfe der Leinwand mag er das Publikum an andere Orte versetzen. Er kann sich auch ein Stück weit vom Pult oder vom Podium entfernen. Dennoch gibt es beim Vortrag nur einen Brennpunkt, nämlich den Standort des Redners.

Der Vortrag ereignet sich in Echtzeit. Dreißig Minuten sind dreißig Minuten. Die Klassische Tragödie versucht nicht, die gesamte Lebensgeschichte der Charaktere zu schildern. Man zeigt vielmehr das *Endstadium* einer Geschichte. Die Bühnenhandlung umfaßt nur so viel Zeit, wie man braucht, um die Geschichte darzustellen. Vorausgehende Ereignisse werden von den Figuren oder vom Chor erzählt, aber nicht gezeigt. – Ein Vortrag, der zu viel erzählen will, ist dementsprechend nicht klar genug auf einen Punkt konzentriert. Einheit der Handlung heißt, es gibt nur einen einzigen Handlungsfaden ohne Nebenhandlungen. Für Subplots reicht die Zeit nicht aus.

Die drei Einheiten – Ort, Zeit, Handlung – kommen dem Redner sehr zugute. Sie erlauben es ihm, den Vortrag dramatisch zu gestalten. Garantieren können sie das allerdings nicht. Dramatik besteht nicht nur aus Zwängen, genauso wie ein Gemälde mehr ist als nur ein Rahmen.

Im Drama geht es um einen *Charakter* in einer *Situation*. Der Charakter muß erkennbar menschlich sein. Sowohl sein Verhalten als auch die Situation müssen verständlich sein. Andernfalls kann das Publikum nichts damit anfangen. Die Situation wirkt auf die Figur ein. Die Figur wiederum hat Einfluß auf die Situation; sie kann sie sogar verursacht haben. Die Interaktion zwischen Charakter und Situation macht im Grunde das Drama aus. Der Zuschauer fragt sich: Wie wird die

Spannung gelöst werden – unter Lachen (also als Komödie) oder unter Tränen (als Tragödie)?

Nun scheint dieser Sachverhalt kaum etwas mit Ihrem bevorstehenden Vortrag über den Vertrieb eines neuen Softwareproduktes zu tun zu haben. Aber das täuscht. Ein Vortrag in der Geschäftswelt zielt wie gesagt auf Überredung ab. Der Redner versucht, seinem Publikum seinen Standpunkt nahezubringen. Ein Zuhörer ist überzeugt, wenn er seine Meinung ändert. Aus Skepsis wird Aufgeschlossenheit, aus Desinteresse wird Neugier, aus Gleichgültigkeit wird Engagement.

Im Theater wird vom Publikum nicht unbedingt erwartet, daß es sich direkt beteiligt. Der Zuschauer bleibt Beobachter. Er verfolgt die Entwicklung einer Figur als Folge ihrer Verstrickung in einer Situation. Ist das Stück gut geschrieben und wird es überzeugend aufgeführt, so identifiziert sich der Zuschauer mit der Figur. – Bei einem Vortrag dagegen kann das Publikum selbst die Hauptfigur sein. Zum Beispiel hängt die Zukunft der Firma vom Ergebnis einer Kampagne ab. Das Drama, das während des Vortrags aufgeführt wird, ist (im entsprechenden Jargon) ein Szenarium, in dem die Zuhörer selbst eine Rolle spielen werden.

Im Drama geht es auch um *Entwicklung*. Standpunkte werden bestimmt und Veränderungen festgestellt: Jetzt befinden wir uns hier; dies oder das wird auf uns zukommen; wie werden wir darauf reagieren?; wie werden wir damit fertigwerden?; wie können wir es zu unserem Vorteil wenden? Die Entwicklung besteht aus verschiedenen Phasen, einer Ausgangssituation, einem Handlungsplan und einem Resultat.

In einem Vortrag gibt es immer eine Entwicklung, und sei es auch nur die Entwicklung einer Argumentation. Eine gut strukturierte und wirksam vorgetragene Argumentation sollte in den Zuhörern die Neugier darüber wecken, wie die Situation wohl gelöst und was aus der Hauptfigur – d. h. aus dem Publikum selbst – werden wird. In einem Vortrag ist das Publikum die Hauptfigur.

Gehen Sie immer von der Reaktion aus, die Sie erzielen wollen. Was sollen die Zuhörer als Ergebnis Ihres Vortrags denken, glauben, empfinden und tun?

Eine Entwicklung soll also stattfinden. Der im 8. Kapitel zitierte Vortrag ist ein gutes Beispiel hierfür. Das Publikum wurde als Jury eines Wettbewerbs angesprochen. Man zeigte den Zuhörern eine Auswahl von Werbespots und bat sie um ihr Urteil. Nach dem Vortrag wurden sie erneut um ihr Urteil gebeten, unter dem Vorwand, die Antwortzettel seien verlorengegangen. Die ursprünglich gegebenen Noten wurden mit der zweiten Benotung verglichen.

Die Hauptfigur ist das Publikum

Auf Veränderung kommt es an. Wie undynamisch ein Stück auch sein mag, eine Figur im Schauspiel ist am Ende nie dieselbe wie am Anfang. Etwas verändert sich an ihr. Im griechischen Drama geschieht ihr Traumatisches. Nach Aristoteles nennt man dies die »Peripetie«, den plötzlichen Umschwung des Schicksals. Nichts ist mehr so wie es einmal war, und es wird auch nicht mehr so sein wie früher. Ist das nicht genau das, was Sie mit Ihrem Vortrag bewirken wollen, wenn auch in kleinerem Maßstab? Und wie wird das Publikum darauf reagieren? Mit einer rationalen Analyse der Argumentation, mit einer nüchternen Betrachtung der Zahlen und

Fakten – in ein oder zwei Tagen? Das wäre nicht schlecht. Diese Wirkung wäre vergleichbar mit der eines gedruckten Handzettels, den Sie zur späteren Einsichtnahme austeilen.

Ein Vortrag ist jedoch ein »Live«-Ereignis, eine Art Drama. Der Zweck Ihres Vortrags verlangt nach einer dramatischen Wirkung. Auch für diesen Effekt prägte Aristoteles einen Begriff: »Anagnorisis« ist die plötzliche Einsicht. Man könnte es auch die »Stunde der Wahrheit« nennen. Ein Beispiel ist der Augenblick, in dem Ödipus die Wahrheit über seinen Vater erfährt. Jeder Vortrag muß einen solchen Augenblick der Erkenntnis bieten. Und die Erkenntnis muß sich auf die zentrale Aussage beziehen. Läßt sich das in irgendeiner Weise »theatralisch« gestalten?

Wenn sich Ihre Zuhörer am folgenden Tag nur an zehn Sekunden Ihres Vortrags erinnern könnten, wie würden Sie diese gestalten? Ideal wäre ein Überraschungsmoment, der Ihre Argumentation veranschaulicht. Überall in Ihrem Vortrag gibt es Gelegenheiten für Feuerwerke, aber wenn sie nicht Ihre Kernaussage unterstützen, sollten Sie sie sparsam nutzen. Das erneute Benoten bei der Prämierung der Werbespots ist ein solches Überraschungsmoment.

Jedes Thema enthält ein Körnchen Dramatik, wir müssen es nur finden. Und es ist immer möglich, das Publikum anzusprechen und zu überraschen. Hüten Sie sich jedoch vor Tricks und Gags um ihrer selbst willen. Ein Werbefachmann sprach einmal vor einer Gruppe junger Werbetexter; er zeichnete das Bild eines Mannes, der auf dem Kopf stand. »Das wird Ihnen Aufmerksamkeit verschaffen«, sagte er. »Aber wofür?« Dann zeichnete er Geldstücke, die dem Mann aus der Tasche fielen, und fügte hinzu: »Wenn Sie indes eine neue Form von Hosentaschen verkaufen wollen, die es verhindern, daß man Geld verliert, dann ist das Bild ein Gag.«

Ein Gag weckt Aufmerksamkeit. Ein relevanter Gag hält das Interesse wach.

Denken Sie immer an die Aufmerksamkeitskurve. Ändern Sie die »Textur« des Vortrags, d. h. die Mittel, mit denen Sie das Publikum ansprechen. Der Wechsel vom Diaprojektor zum Overheadprojektor, vom mündlichen Vortrag zur Tonbandaufnahme, von halbdunklem zu hellem Licht; Variation im Tempo, in der Lautstärke oder in der Tonhöhe; die Demonstration eines konkreten dreidimensionalen Gegenstandes – all dies sind legitime Tricks auf dem Theater.

Auch einen Fehler zu machen ist ein beliebter Trick. Mein Kollege Peter Townsend baut immer einen Fehler ein – absichtlich. (Manche Redner müssen sich nicht sonderlich bemühen). Legen Sie zum Beispiel eine Folie in der falschen Reihenfolge auf, korrigieren Sie sich und sagen Sie den Zuhörern, daß sie sie später sehen werden. Das weckt die Zuhörer auf, sichert Ihnen ihre Sympathie und prägt das Bild auf jeden Fall stärker in ihr Gedächtnis ein. Man schenkt immer den Dingen mehr Aufmerksamkeit, die man nicht sehen sollte. Vor allem Briefe, die an andere adressiert sind, haben etwas Unwiderstehliches.

Ein Zauberer beginnt mit einem Trick, aber er funktioniert nicht. Der Zauberer probiert etwas anderes. Später versucht er den ersten Trick noch einmal, und er gelingt. Eine andere Technik besteht darin, ein Lichtbild anscheinend verkehrt herum zu zeigen. Sie stellen es richtig, und es drückt etwas ganz anderes aus. Dann kehren Sie zur ursprünglichen Form zurück und erläutern seinen Sinn. – Die Regel sollte inzwischen klar sein. Dramatische Effekte müssen relevant sein und sollten nach Möglichkeit die Aussage unterstützen.

Neben den zwei Hauptelementen des Dramas, nämlich Figur und Situation, gibt es ein drittes Element – Stil. Auch der Stil bewirkt eine Einheit. Er ist im Text angelegt und kommt im Vortrag zum Ausdruck. Falls Sie einen dramatischen Effekt einbauen, sollte er auf jeden Fall zu ihrem »Stück« passen. Nichts spricht dagegen, sich zu kostümieren. Schließlich ist der Redner selbst das wichtigste seiner visuellen Mittel.

So viel zu meinem Witz zum Aufwärmen. Wenn Sie sich nun noch einen Moment gedulden würden

Sie können beispielsweise eine Kopfbedeckung tragen. Die Auswahl ist fast unbegrenzt: Schirmmütze, Filzhut, Melone, Haube, Hochzeitsschleier, Feuerwehrhelm, Barett, Pagenkappe, Zylinder, Sturzhelm, Bärenmütze, und so weiter. Ihre Krawatte oder Ihre Ohrringe könnten aufleuchten. Sie könnten eine Perücke aufsetzen. Es wirkt noch absonderlicher, wenn Sie die Perücke erst im Lauf des Vortrags plötzlich abnehmen.

Sie könnten auch Ihre Jacke ausziehen, so daß auf Ihrem Hemd oder auf Ihrer Bluse ein Spruch oder ein Bild sichtbar wird. Aber was wollen Sie mit solch einem Effekt sagen? Steht er in einem Bezug zu Ihrer Kernaussage? Ihre Fantasie und das Prinzip der Relevanz sind die einzigen Grenzen beim Einbauen solcher Effekte.

Theatralische Effekte und Dramatik müssen klar auseinandergehalten werden. Ein Trick hier und da mag gerechtfertigt sein, um die Aufmerksamkeit des Publikums zu wecken, aber wenn der Effekt nicht das Interesse an Ihrem Argument wachhält, ist er nicht wirklich dramatisch. Denn die Dramatik Ihres Vortrags liegt im Grunde in der Struktur des geschriebenen Textes. Dramatik resultiert nicht nur aus dem, *was* gesagt wird und *wie* es formuliert wird, sondern vor allem *wann* es geäußert wird.

28. Humor

Sie haben es gewiß schon oft erlebt. Der nervöse Redner erhebt sich und lächelt zaghaft. Er bedankt sich mit einem Kopfnicken für den Applaus und räuspert sich. Er dankt dem Vorsitzenden, der ihn vorstellte. Und dann – der obligatorische Witz. Er erzählt ihn nicht, weil er gerne Witze erzählt oder weil er es sonst auch immer tut. Er erzählt ihn aus zwei anderen Gründen. Er glaubt, das Publikum erwarte es; und er denkt, ein Witz sichere ihm das Wohlwollen und die Aufmerksamkeit der Zuhörer. Der Witz kommt aber nicht an. Es erklingt nur ein höfliches Murmeln, das man kaum als Lachen bezeichnen kann. Der Redner wendet sich seinem Text zu, setzt eine ernsthafte Miene auf und fängt an vorzulesen.

Solche Vorstellungen bringen den Humor in Verruf. Humor ist völlig legitim, um das Publikum kennenzulernen und schnell eine Beziehung herzustellen; aber es ist ein billiger Trick, mit Humor Sympathie erheischen zu wollen.

Und wenn der Witz keinen Lacher auslöst, steht der Redner schlechter da als vorher. Das Ausbleiben der entsprechenden Reaktion kann zwei Gründe haben. Es kann am Inhalt oder an der Vortragsweise liegen. Der Witz ist vielleicht alt, nicht komisch oder unpassend. Das zeigt, daß der Redner sich nicht ausreichend über das Publikum informiert hat. Ein Witz muß noch nicht rassistisch oder sexistisch sein, um das Publikum zu beleidigen. Ein dürftiger oder abgedroschener Witz kann die Intelligenz der Zuhörer ebenso leicht beleidigen. Ein schlecht erzählter Witz drückt ein anderes Signal aus, und zwar ein *Warnsignal,* wie wir gleich sehen werden.

Bin ich also gegen Humor? Ganz im Gegenteil. Ich bin gegen den Mißbrauch von Humor. Mit Witzen muß man vorsichtig umgehen. Wenn ich einmal den Autor zitieren darf, dessen Auffassung zum Thema Humor in der Werbung mir am besten vertraut ist:

Bockmist! rief er ...
wir verwenden
Sahne-
creme!

»Ein Witz ist etwas Hochexplosives, so etwas wie eine Handgranate. Es läßt sich damit ein Straßenkampf gewinnen; der Sprengstoff kann aber auch in der eigenen Hand hochgehen. Vielleicht sollte man besser die Finger davon lassen. Humor ist etwas höchst Subjektives. Manche Leute kapieren einen Witz, andere nicht. Oft schlägt ein Witz gar nicht ein; noch häufiger aber geht er nach hinten los. Ironie, die nicht als solche erkannt wird, ist selbstzerstörerisch.«[58]

Dasselbe gilt für Humor im Vortrag. An den Witz werden sich die Zuhörer vielleicht erinnern, das vorgestellte Produkt aber haben sie vergessen. Ist dies nun eine Kritik am Humor oder an der schlechten Darbietung? Ein Witz ist fehl am Platze, wenn er irrelevant ist oder die Mitteilung erdrückt.

Humor ist eine kritische Angelegenheit. Er verlangt eine unmittelbare und vernehmbare Reaktion. Ein Witz schlägt sofort ein – oder läuft sofort auf Sand. Kein Wunder, daß viele davor zurückschrecken. Wenn man in der Werbung einen Fehler macht, wird er durch Humor nur noch sichtbarer. Humor verstärkt Fehler.

Einen Witz in einer Rede kann man vergleichen mit einem Gutschein in einer Werbeanzeige. Wenn niemand den Coupon ausschneidet und einlöst, dann hat die ganze Anzeige ihre Wirkung verfehlt – nicht nur der Gutschein. Allerdings wäre es niemandem aufgefallen, wenn die Anzeige keinen Gutschein enthalten hätte.

Nur weil Humor hochexplosiv ist, sollte man ihn nicht gänzlich vermeiden, sondern lediglich mit Vorsicht einsetzen. Wir wollen noch ein paar weitere Einwände gegen Humor betrachten, bevor wir untersuchen, wie er dem Redner unter Umständen doch nützen kann.

»Vielleicht erzähle ich nicht den richtigen Witz«

Das ist zugegebenermaßen ein Risiko. Wer sich allerdings vorbereitet und sich über das Publikum erkundigt, der wird wahrscheinlich auf der richtigen Wellenlänge senden. Wer sich vor dem Vortrag unter das Publikum mischt, kann seinen Witz oder seine Anekdote sogar an ein paar Zuhörern ausprobieren. Man sollte ihnen nicht im voraus mitteilen, daß man den Witz später erzählen möchte. Ist die Reaktion positiv, kann man ja sagen, daß man den Witz unter Umständen in den Vortrag einbauen werde. Wenn man die Zuhörer dann nach ihrer Meinung fragt, hat man bereits ein paar Eingeweihte im Publikum. Man kann sich die Sache natürlich dadurch erleichtern, daß man mehr als einen Witz parat hält.

»Ich bin kein Komiker«

Natürlich sind Sie kein Komiker. Es ist nicht Ihre Aufgabe, Witze zu erzählen. Sie sollen einen Vortrag halten. Bestenfalls sind Sie ein Amateurkomiker. Wenn Sie zu viele Witze erzählen, wird das Publikum sich fragen, was Sie wohl verbergen, wann Sie endlich zur Sache kommen.

„Ich bin kein Komiker..."

Nein, Sie sind kein Komiker. Deshalb sollten Sie Ihren Text auch nicht mit Gags garnieren. Je weniger Sie Witze als beliebige Extranummern betrachten, sondern Humor als integrale Textvariante verstehen, desto besser werden Sie fahren.

»Ich kann keine Witze erzählen«

Nicht jeder kann Witze erzählen. Und nicht jeder kann Vorträge halten. Aber die beiden Fähigkeiten sind eng verwandt. Ich würde so weit gehen und behaupten, wer keine Witze erzählen kann, der kann auch keine Vorträge halten. Hier müssen wir das Warnsignal beachten, von dem ich vorhin sprach. Wenn der Redner einen Witz schlecht erzählt, dann kommt wahrscheinlich der ganze Vortrag nicht an.

Beim Witz kommt es auf exaktes Timing an. Damit ein Witz funktioniert, muß die Geschichte genauestens strukturiert sein. Die einzelnen Elemente müssen haarscharf zusammenpassen. Es gibt nur eine einzige richtige Reihenfolge. (Sie haben wahrscheinlich schon oft den Dilettanten gehört, der sich kurz vor der Pointe unterbricht und sagt: »Oh, ich habe ganz vergessen zu sagen, der Papagei hatte die Augen verbunden.«

Wer einen Witz erzählt, muß den Zuhörer Schritt für

Schritt durch die Geschichte führen, damit die richtige Reaktion erfolgt. Wenn ein Witz nicht richtig konstruiert ist und nicht richtig vorgetragen wird, ist es kein Witz.

»Man wird mich nicht ernst nehmen«

Wenn ein Redner nicht als humorvoll bekannt ist, dann wird das plötzliche Versprühen von Witz sicherlich befremden. Ist er seinem Publikum jedoch unbekannt, so ist nicht zu befürchten, daß ein überlegter Einsatz von relevantem Humor seine ernsthaften Absichten untergräbt. Es ist eine verbreitete, allerdings falsche Auffassung, daß man nicht gleichzeitig unterhaltend und ernsthaft sein kann. Ich bin immer wieder verblüfft über dieses Mißverständnis, zumal es doch genügend Persönlichkeiten auf der Welt gibt, die das Gegenteil beweisen. Eine gelungene und glaubwürdige Mischung von Ernst und Humor verlangt natürlich Talent. Aber man muß kein Shakespeare, Shaw, Wilde, Mark Twain, Voltaire oder Karl Valentin sein, um seine ernsten Argumente amüsant vorzubringen.

Denken Sie bei Ihrem Vortrag, Sie seien der Zuhörer, der Sie sonst immer sind. Oder der Schüler, der Sie einmal waren. Der Talmud lehrt: »Nur eine Lektion, die Spaß bereitet, wird richtig gelernt.«

Man kann durchaus seriös und gleichzeitig amüsant sein. Man sollte nie bierernst sein. Das wäre Ernsthaftigkeit, die sich selbst zu ernst nimmt. Über sich selbst lachen und einen ernsten Gedanken heiter vermitteln zu können, sichert einem die Sympathie und das Interesse der Zuhörer.

Humor ist allerdings nicht bloß ein Beschwichtigungsmittel, eine Pause inmitten eines ernsten Vortrags oder eine entspannende Unterbrechung mit Werbespots. Humor ist auch nicht der Zucker, der die bittere Medizin versüßt. Solange Humor ein integraler Bestandteil

Ihrer Mitteilung ist und sobald er Ihren persönlichen Standpunkt vermitteln hilft, werden Sie auf jeden Fall ernst genommen.

»Humor lenkt ab«

Das stimmt im wesentlichen. Ein Witz ist eine Kollision. Zwei Gedanken prallen aufeinander. Verschiedene Pfade kreuzen sich. Erst wandert man auf einem Pfad, plötzlich ändert sich die Richtung. Das Wesen des Humors liegt im Widerspruch und Widersinn. Aber kann der Redner es sich denn leisten, widersinnig zu sein? Durchaus – vorausgesetzt natürlich, der Widersinn ist relevant. Ein gelegentlicher Witz zur Abwechslung und Entspannung hat die gleiche Berechtigung wie das Strecken und Recken steifer Glieder. Aber das Humoristische als Prinzip muß integriert und relevant sein.

Einen passenden Witz zu finden ist gar nicht so schwierig, wie es scheint. Es gibt zahlreiche Bücher mit Witzen, Anekdoten und Epigrammen, die ein bestimmtes Thema veranschaulichen können. Über das Register kann man entsprechende Beispiele auffinden.

Der Widersinn in einem Witz kann also dazu dienen, ein Argument zu illustrieren. Aber Humor wirkt dann am besten, wenn die Widersinnigkeit selbst relevant ist.

Witze basieren auf dem Prinzip der Mehrdeutigkeit. Ein Wort hat zwei Bedeutungen oder zwei Bedeutungsebenen. Ein einfaches Beispiel für Mehrdeutigkeit ist das Wortspiel. Die Feuerprobe für ein Wortspiel, besonders in der Werbung, ist die Frage: »Würde man sich die Mühe machen, die sekundäre Bedeutung mitzuteilen, wenn sie alleine stehen würde?« Wenn ja, dann funktioniert das Wortspiel. Ein gutes Wortspiel ist mehr als ein selbstbewußtes Protzen mit Sprachgeschick; es ist die geglückte Verbindung bestimmter Gedanken.

Manche Leute behaupten, Humor sei irrelevant. Sie haben recht – *irrelevanter* Humor ist irrelevant. Relevanter Humor aber kann ein Publikum überraschen und aufmuntern. Er kann dem bereits Gesagten eine neue Bedeutung verleihen. Und er läßt gewisse Dinge in einem gänzlich neuen Licht erscheinen.

Das Wesen des Humors liegt in der Essenz. Ein Witz ist immer ein Destillat. Das Epigramm, die schlagfertige Bemerkung und der treffende Witz gehen sparsam mit Worten um. Humor kann deshalb einen Großteil der Argumentation in knapper Form vermitteln. Ein Witz kann beispielsweise zwei vorausgegangene Textseiten zusammenfassen. Humor leistet das, was laut Voltaire die Poesie der Prosa voraus hat – »sie sagt mehr mit weniger Worten.«[59]

Wir haben bereits festgestellt, daß ein guter Witzerzähler ein guter Redner ist. Der Witz ist ein perfektes Beispiel für unser Modell der Kommunikation. Ein Witz funktioniert immer in zwei Richtungen, denn er erfordert die Beteiligung des Zuhörers. Die Botschaft muß sorgfältig kodiert werden, denn die Wirkung des Witzes liegt im richtigen *Dekodieren*. Damit dieser Prozeß funktioniert, müssen Sender und Empfänger über eine gemeinsame Deutung verfügen. Im Grunde bedarf es sogar *zweier* gemeinsamer Deutungen, nämlich der offenkundigen, mit der die Geschichte erzählt wird, und der verdeckten, die den Stoff zur Explosion bringt.

Die Reaktion auf die zweite Bedeutungsebene erfolgt mit leichter Verzögerung. Diese Lücke entspricht der Funkenstrecke bei der Zündkerze. Die Größe des Abstands wirkt sich auf die Zündung aus. Ist der Abstand zu weit oder zu eng, springt kein Funke über. Auch beim Zuhörer muß es »funken«. Reagiert er nicht, so war es kein Witz. Es gibt keinen Witz ohne anfängliche Verwirrung. Nach einem Sekundenbruchteil der Verwirrung geht einem das Licht auf.

»Herr Ober, da ist eine Fliege in meiner Suppe.«
»Soll ich Ihnen noch einen Löffel bringen?«

Die Reaktion erfolgt in zwei Phasen, erst ein Hm?, dann ein Ah! Der Zuhörer muß die Verbindung herstellen. Das ist keine besonders schwierige Aufgabe, aber es ist immerhin eine Aktivität.

Der Zuhörer wird sich eher an einen Vortrag erinnern, an dem er aktiv beteiligt war. Wenn ich den Zuhörern etwas erzähle, so hören sie bestenfalls zu. Wenn ich ihnen einen Witz erzähle, hören sie nicht nur zu, sondern nehmen aktiv teil. Doch was geschieht, wenn die Beteiligung nicht zustande kommt, wenn das Publikum den Witz nicht versteht? Das könnte, wie gesagt, bedeuten, daß ich das Publikum falsch eingeschätzt oder den Stoff falsch angepackt habe. Am Fehlschlag ist auf jeden Fall der Redner schuld. Es ist ein Fehler in der Kommunikation, und keine Sünde, die dem Humor anzulasten wäre. Denken Sie daran: Ein Witz, der nicht ankommt, kann auf ein Problem im Vortrag als ganzem hindeuten.

Meist wird ein Witz allerdings nur von einem Teil des Publikums nicht verstanden. Lachmuskeln sind zwar nicht so individuell ausgeprägt wie Fingerabdrücke, doch ist auch Humor recht subjektiv. Das Material kann unterschiedlich subtil sein, und das Publikum kann in unterschiedlicher Weise damit vertraut sein. Seien Sie nicht zu sehr enttäuscht, wenn nicht die gesamte Zuhörerschaft auflacht. Falls man einen speziellen Teil des Publikums besonders ansprechen möchte, kann man dies mit einem Witz tun, bei dem sich die Eingeweihten dann zu erkennen geben. Eine speziell kodierte Botschaft, etwa ein Witz für Kenner, schafft eine besondere Komplizenschaft zwischen dem Redner und jenem Teil des Publikums. Jeder Akt der Kommunikation ist zunächst einmal ein privater Austausch, auch wenn man öffentlich einen Witz erzählt. Der Witz für Kenner schmeichelt jenen, die ihn verstehen, und schafft ein Bündnis sowohl zwischen Redner und Zuhörern als auch unter denen, die ihn begriffen haben. Wird diese Strategie jedoch zu häufig angewendet, so entsteht ein Elitedenken unter den kundigen und eine Unzufriedenheit unter den übrigen Zuhörern. Man muß also behutsam vorgehen.

Vor Ironie haben wir bereits gewarnt. Sie kann selbst den erfahrensten Redner zu Fall bringen. In einem kleinen Kreis von Kollegen, die einen gut kennen, kann man durchaus ironisch sein. Drückt man eine unerwartete Meinung in einer überraschenden Form aus, so werden die Kollegen sie trotzdem richtig interpretieren. In einer gemischten Gruppe von Freunden und Fremden kann man seinen Freunden durch Ironie etwas verschlüsselt zu verstehen geben. Doch vor einem größeren Publikum kann man nicht A sagen und B meinen und gleichzeitig andeuten, daß man genau dies tut. Man kann auch nicht sagen: »Jetzt werde ich etwas Ironisches sagen«, denn das durchkreuzt den Zweck der Übung. Ironie funktioniert nur, wenn das Publikum den Redner kennt.

Ich sprach einmal auf einem Symposium, bei dem auch Bob Waterman, der Mitautor des amerikanischen Bestsellers *Auf der Suche nach Spitzenleistungen,* aufgetreten war. Es ging darum, wie Engländer die in diesem Buch vertretenen Prinzipien sehen. Ich nannte meinen Vortrag »The other side of the water, man«, und in einer vorgetäuschten Redeweise der Oberschicht, voller Wichtigtuerei und Geringschätzung, kritisierte ich das Buch wegen des Feilbietens von Patentrezepten, die für den britischen Markt völlig unpraktikabel sind. Hätte ich das vor meinen Freunden und Kollegen versucht, wäre der Groschen in einer halben Minute gefallen. Aber in diesem Seminar, vor zweihundert unbekannten Zuhörern, mußte ich zwanzig peinliche Minuten über mich ergehen lassen – denn man nahm mich ernst. Schlimmer noch, einige der Zuhörer zeigten volle Sympathie für mein alter ego. Wieder auf die richtige Spur zurückzukehren, fiel nicht nur mir schwer, sondern auch einigen Zuhörern.

In ähnliche Verlegenheit kam ich, wenn auch nicht

so lange, als ich vor einem Seminar unserer Industrie- und Handelskammer über Reden in der Öffentlichkeit sprach. Ich empfahl den Zuhörern, beim Vorbereiten ihrer Reden an das Publikum zu denken. »Stellen Sie sich immer vor, Sie seien ein Zuhörer im Publikum.« Ich hielt inne und blickte mich im Saal um. »Also – nun stellen Sie sich bitte einmal alle vor, Sie seien Zuhörer in einem Publikum. Strengen Sie sich an.«

Ich hielt es für recht komisch, die Zuhörer zu bitten sich vorzustellen, sie seien Zuhörer. Die Zuhörer fanden es gar nicht komisch.

In der Trickkiste des Humors gibt es ein weiteres Verfahren, das mit Vorsicht anzuwenden ist, und zwar die Nebenbemerkung. Sparsam eingesetzt und deutlich markiert (die Klammern müssen hörbar sein), können Nebenbemerkungen durchaus wirkungsvoll sein, und sei es auch nur zur momentanen Entspannung oder um zu zeigen, daß Sie nicht ganz so wichtigtuerisch sind, wie Sie zunächst geklungen haben mögen. Die Sache wird aber da problematisch, wo sich die Nebenbemerkung verselbständigt, wo es zwei Redner zu geben scheint. Welches ist nun Ihr eigentliches Ich? Nebenbemerkungen können sehr leicht zur Kritik werden, zur Kritik am Thema, an der Veranstaltung, an anderen Leuten und am Redner selbst.

Das weitaus schwierigste Problem für den Anfänger ist es aber, die heiteren und ernste Teile des Vortrags im Gleichgewicht zu halten. Wenn man mit ein paar Witzen beginnt, weiß das Publikum nicht unbedingt, ab wann die Sache ernst gemeint ist. Es mag über einen Witz rätseln, der gar keiner ist. Es mag auf eine Pointe warten, die nicht kommt. Oder umgekehrt, folgt ein Witz auf einen ernsten Teil, wird er unter Umständen nicht als Witz erkannt.

Doch läßt sich das Problem weitgehend lösen, wenn man nicht so sehr auf einzelne Witze erpicht ist, sondern Humor als eine mögliche Textvariante anstrebt. Je relevanter und integrierter der Humor ist, desto leichter läßt sich das Publikum fesseln. Im gelungenen Vortrag heißt es nicht »jetzt Ernst und jetzt Spaß«. Ein Vortrag sollte einer Cassata-Schnitte gleichen – schwungvolle Linien werden aufgelockert durch eingestreute Nußsplitter und kandierte Früchte.

Brillante Redner können die Textur ihrer Rede variieren, indem sie Gefühlslagen so mischen wie der Maler Farben mischt. Humor muß in die Botschaft integriert sein. Ernstes und Heiteres bilden eine Einheit. Witz und Humor sind genau so wichtig im Vortrag wie die Totengräberwitze in *Hamlet*. Humor beteiligt den Zuhörer – und genau das ist das Ziel des Vortrags.

29. Proben und technische Durchläufe

Proben sollen Störungen ausschalten. Das Proben beginnt, sobald der Text geschrieben ist. Das erste laute Vorlesen ist bereits ein Proben. Es sollte zeigen, wie leicht der Text zu sprechen ist und wo eventuell Probleme liegen. Dieses erste Proben sollte einem auch dabei helfen, den Text in ein Manuskript zu verwandeln. Die Markierungen im Skript ergeben sich aus dem Versuch- und Irrtum-Verfahren des Probens, im Büro oder zu Hause. Man sollte sich mit dem Manuskript vertraut machen, sich mit dem Material auskennen und wissen, wo die visuellen Hilfsmittel eingesetzt werden. Es genügt jedoch nicht, das Manuskript stumm durchzulesen. Man muß seine eigene Stimme hören, am besten von einem Tonband, und den Zeitablauf überprüfen. Ein Vortrag ist eine Art Kunst mit einer zeitlichen Dimension, wie die Musik, das Drama oder das Ballett. Eine Partitur oder einen Rollentext lesen ist nicht dasselbe wie probieren.

Die eigentliche Probe, um die es in diesem und im folgenden Kapitel geht und die wir als *Generalprobe* bezeichnen wollen, findet ein paar Tage vor dem Auftritt oder sehr oft erst am betreffenden Tag selbst statt. Meist gibt es nur eine einzige Probe, außer bei speziellen Konferenzen. Allerdings sollten sich die Redner und die Veranstalter ein paar Wochen vor dem Ereignis zusammensetzen. Die Redner erfahren dann, in welcher Reihenfolge sie auftreten und welche Ausrüstung zur Verfügung steht. Sie können sich auch untereinander vertraut machen und gegenseitig ihre Standpunkte kennenlernen. Auch thematische Überlappungen und Wiederholungen werden hier besprochen. Man sollte nicht nur wissen, welche Themen die anderen Redner ansprechen, sondern auch, welche Beispiele und Hilfsmittel sie verwenden. So lassen sich Wiederholungen vermeiden. Man kann dann entscheiden, sein Material anders einzusetzen oder aber beim ursprünglichen Plan zu bleiben – selbst wenn nun zwei Redner dasselbe sagen.

Es kommt allein darauf an, daß der Redner Bescheid weiß, und zwar im voraus. Nichts zeigt dem Publikum deutlicher, daß die Konferenz schlecht organisiert wurde, als stoffliche Wiederholungen, auf die der Redner nicht eingestellt war. Es zeigt außerdem, daß der zweite Redner beim ersten Vortrag nicht anwesend war oder nicht aufpaßte.

Bei der Generalprobe sollte der Redner also mit seinem eigenen Material und dem seiner Kollegen vertraut sein. Außerdem sollte er sich mit der Räumlichkeit und der Ausrüstung im weitesten Sinne auskennen. Inzwischen sollte der Redner die Organisatoren darüber informiert haben, was er braucht, und die Veranstalter sollten den Redner unterrichtet haben, ob sie seinen Wünschen entsprechen können.

Bei all dem darf man sich nicht auf bloße Vermutungen verlassen. Ich orderte einmal einen U-Matic-Video-kassettenrekorder und einen Diaprojektor mit Rundmagazin. Als ich zwanzig Minuten vor dem Vortrag (von einer anderen Veranstaltung kommend) eintraf, fand ich ein VHS-Gerät und einen Projektor mit Stangenmagazin vor. Keines der Geräte paßte zum vorhandenen Zubehör. In diesem Fall konnte ich nur unter Bedingungen proben, die alles andere als ideal waren. Aber ideale Bedingungen sind überhaupt nur äußerst selten anzutreffen.

Idealerweise sollte die Generalprobe unter genau denselben Bedingungen stattfinden wie der Vortrag selbst.

Das heißt zunächst, daß es derselbe Raum sein muß. Auch Ausrüstung, technisches Personal, Beleuchtung, Requisiten und sämtliche Hilfsmittel müssen identisch sein. Und der Vortrag muß in voller Länge, in der geplanten Zeit und mit sämtlichen Pausen, Effekten und eingeplanten Zuhörerreaktionen vorgetragen werden. All das scheint logisch zu sein.

Weniger logisch erscheinen andere Faktoren, die dennoch Störungen verursachen können. Das Hauptproblem bei Generalproben ist meiner Erfahrung nach, daß sie vor dem falschen Publikum und zur falschen Tageszeit stattfinden. Bei der Probe hören die wenigsten Anwesenden wirklich zu. Entweder haben sie andere Dinge zu tun oder sie unterhalten sich – meist über ihre Rolle bei der Konferenz. Selbst den erfahrensten Redner frustriert dieser Mangel an Feedback und das Übermaß an buchstäblicher Störung. Seine Reaktion ist die, daß er seinen Text einfach herunterrasselt. Die Organisatoren, die es wahrscheinlich eilig haben, schlagen daraufhin vor, statt einer kompletten Generalprobe einen »technischen Durchlauf« abzuhalten.

Zu einem technischen Probedurchlauf gehören die gründliche Überprüfung aller mechanischen Hilfsmittel – Beleuchtung, Projektoren, Videorekorder, Tafeln, usw. –, und zwar in ihrer jeweiligen Anwendung und Funktion. Das heißt, man übt, auf welches Stichwort, wie und von wem sie eingesetzt werden. Es wird auch geprobt, wie man sich auf der Bühne bewegt und wie man ans Pult hin und vom Pult wegtritt.

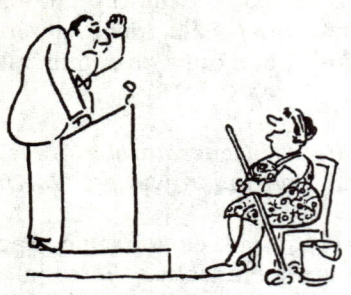

*Das Hauptproblem bei General-
proben ist, daß sie vor dem
falschen Publikum stattfinden*

Ein technischer Durchlauf ist absolut notwendig. Und wenn nicht genügend Zeit zum Proben ist, so ist eine gründliche Kontrolle der Technik wichtiger als eine halbe Probe im richtigen Vortragstempo. Trotzdem ist ein Testdurchlauf alles andere als befriedigend. Idealerweise sollten sowohl eine vollständige Generalprobe als auch ein technischer Test stattfinden. Am besten sollten auch ein paar Leute auf den Zuhörerplätzen sitzen, deren Aufgabe es ist, wirklich zuzuhören, am besten Leute, die nicht mit dem Text vertraut sind. (Wenn wir im echten Show-Business tätig wären, würden wir nicht nur eine Generalprobe durchziehen, sondern auch eine Voraufführung, ein »Preview«, veranstalten.)

Das zweite Problem bei Generalproben – die falsche Tageszeit – wird oft erst erkannt, wenn es schon zu spät ist, d. h. am Tag des Vortrags selbst. Angenommen, Ihr Vortrag ist für 11.00 Uhr vormittags angesetzt.

Welche Bedingungen herrschen normalerweise zu dieser Zeit? Sie können wetten, daß es andere sind als um 19.30 Uhr, als Sie probten. Wo steht zum Beispiel die Sonne? Wie ist es mit dem Verkehrslärm? Ist vielleicht Kaffeepause? Oder wird im Nebenraum des Mittagsbüffet vorbereitet? Wo klingeln die Telephone? (An Telephone hatten Sie gar nicht gedacht? Hatten Sie nicht daran gedacht, weil um 19.30 Uhr keine mehr klingelten?)

Die eben aufgezählten Zwischenfälle sind mir alle schon vorgekommen – einmal sogar vereint. Ich war zu einem Vortrag vor dem Griechischen Werbefachverband nach Kap Sunion, südlich von Athen, eingeladen worden. Ich traf am Abend vorher ein. Der Saal war riesig. An der einen Wand war eine große Leinwand, in der Mitte des Saals stand ein Diaprojektor und im hinteren Teil war ein 35-mm-Filmprojektor aufgebaut. Ich gab dem Vorführer eine markierte Kopie des Skripts und machte mich mit dem Stehpult auf dem Podium vertraut. Das Licht wurde gedämpft. Wir begannen mit der Probe. Die Probe verlief perfekt. Alle Stichworte funktionierten. Die Bilder waren gestochen scharf. Der Ton war genau richtig. Ich ging äußerst zufrieden zu Bett.

Um 9.00 Uhr früh war ich wieder im Saal. Der Vortrag war für 9.30 Uhr angesetzt, und ich war bereit. Aber etwas stimmte nicht. Der Raum war durchflutet vom gleißenden Sonnenlicht des griechischen Hochsommers. Draußen, vor dem Fenster hinter der Bühne, strahlte ein wolkenloser blauer Himmel.

Ich ging zum Veranstaltungsleiter. »Wo sind die Vorhänge?«

Er deutete auf die weißen Spitzengardinen, die die Fenster zierten.

»Nein – ich meine die Verdunkelungsvorhänge.«

Es gab keine. Wir machten einen schnellen Probedurchlauf mit den Dias und Filmen. Das Tageslicht verschluckte das Filmbild völlig. Die Leuchtkraft des Diaprojektors war ein bißchen stärker, aber das Resultat wurde dem Material und meiner Absicht in keiner Weise gerecht.

Ich zuckte verzweifelt die Schultern.

»Seien Sie unbesorgt. Das kriegen wir hin. Fangen Sie ruhig an. Das kriegen wir schon hin.«

Ich fing also an. Ich zeigte Lichtbilder. Ich ließ ein paar Filme vorführen. Ich erklärte die Bilder. Dieses Nichtereignis hatte ungefähr zehn Minuten gedauert, als lautes Hämmern erschallte. Ich sah mich um. Hinter mir, draußen vor dem Fenster, errichteten zwei Bauarbeiter laut und umständlich eine Bretterwand. Jetzt konnte das Publikum zwar den Film sehen, aber nichts mehr hören ...

Aber die Generalprobe war perfekt verlaufen, fast sogar zu perfekt. Schauspieler sind in der Regel beunruhigt, wenn das passiert – wenn es nichts gibt, was sie beunruhigt. Eine Generalprobe hat den Zweck, mögliche Problemquellen zu erkennen, und zwar bevor es zu spät ist. Wenn Sie ein falsches Stichwort geben, über ein Kabel stolpern, sich in einer Zeile verhaspeln, ein Dia verkehrt herum projizieren und sich verlegen entschuldigen, wird der Veranstalter garantiert so etwas ähnliches sagen wie: »Deshalb proben wir in der Regel vorher.«

Der eigentliche Auftritt gelingt dann, wenn die Generalprobe mögliche Störfaktoren aufgedeckt hat.

30. Die Generalprobe

Bei Konferenzen wird die Zeit, die für Proben zur Verfügung steht, selten ganz genutzt. Man wird jedoch feststellen, daß die Redner, die das Angebot voll nutzen, genau diejenigen sind, deren Professionalität einen glauben läßt, sie müßten gar nicht proben.

Nochmals: Idealerweise sollte man unter genau denselben Bedingungen proben, unter denen der Vortrag stattfindet. In der Realität ist das jedoch kaum zu machen. Selbst wenn bei der Probe Zuhörer anwesend sind, sind es nicht dieselben wie beim Vortrag. Es mag die gleiche Tageszeit sein, doch ist es nicht derselbe Tag. Die ganze Atmosphäre ist anders.

Wer allerdings sein Ziel nicht hoch genug steckt, muß vielleicht zu große Abstriche machen. Zunächst müssen Sie einmal herausfinden, mit wem Sie es zu tun haben. Wer leitet das Ganze? Wer hilft Ihnen? Wer wird Sie vorstellen? Sie mögen das für unnötige Fragen halten, doch ist es wichtig zu wissen, ob dieselben Leute bei der Generalprobe und beim Vortrag anwesend sein werden. Wird der Vorführer, den Sie heute einweisen, auch morgen den Knopf drücken? Und wird die Ausrüstung dieselbe sein?

Sie brauchen eine Checkliste, damit Sie nicht zufällig irgend etwas übersehen. Lassen Sie nichts aus. Beachten Sie bei der Probe alles. Achten Sie vor allem auf

Umgebung, Ausrüstung und Hilfsmittel

Kleidung

Wie die Theaterleute sollten auch Sie bei der Generalprobe die Kleidung tragen, mit der Sie auftreten. Sie
fühlen sich dann wohler darin. Wenn Sie beim Vortrag
ein Jackett mit Krawatte oder ein Kostüm tragen wollen
und mit einem Blouson und offenem Hemdkragen oder
in einer Bluse probieren, so ist nicht nur die Wirkung
auf das Publikum verschieden, auch Sie selbst werden
sich anders fühlen: (Oder sind Sie eine Ausnahme – jemand, der sich in jeder Kleidung gleich fühlt?) Wenn
Sie nicht in der gleichen Kleidung proben, werden Sie
außerdem mit den verschiedenen Geräten Schwierigkeiten haben, mit denen Sie in Berührung kommen. Wo
wird man den kleinen aber schweren Kasten (den Sender) verbergen, falls Sie ein Funkmikrophon bekommen?
Falls es ein Ansteckmikrophon ist, wo wird man es an-
bringen? Wenn Sie ein Demonstrationsobjekt aus der
Tasche ziehen wollen, in welche Tasche stecken Sie es?
Werden Sie ein Namensschild tragen? Wird es das Licht
reflektieren? Spiegelt es nur am Revers oder auch an
der Brusttasche? Wird Ihr Taschentuch oder Ihr Hals-
tuch im Weg sein? Welche sonstigen Störungen verursachen Sie? Wenn Sie zum Beispiel eine Brille tragen –
werden Sie sie aufsetzen? Weshalb? Wann?

Das Pult

Hat es die richtige Höhe? Wo befinden sich die Schalter und Knöpfe? Ist eine Uhr eingebaut? Steht es im
richtigen Winkel zur Leinwand und zum Publikum?
Kann man die Manuskriptseiten darauf ablegen – in
zwei Stapeln, die von rechts nach links geschoben werden? Ist eine Leselampe angebracht? Wirft die Leselampe Licht auf die Leinwand? Kann man sie aus- und

einschalten? Können Sie Ihr Manuskript lesen? Sind alle Farben Ihres Farbenkodes sichtbar – besonders das Rot? Gibt es genügend Abstellplätze für etwaige Requisiten?

Die Diaprojektion

Ist eine Fernbedienung vorhanden? Ist sie am Pult angebracht oder separat? Hat sie ein Kabel oder ist sie kabellos? Muß man die Infrarotbedienung auf den Projektor richten? Wo steht der Projektor? Falls der Redner die Diaprojektion nicht selbst übernimmt, muß dem Vorführer ein markiertes Manuskript vorliegen. Wie schnell reagieren die Lichtbilder auf den Knopfdruck? Sind die Stichworte genau und eindeutig?

Der Diaprojektor

Können Sie Ihre Dias in dem Raum überhaupt verwenden? Sind sie bei der vorgesehenen Lichtstärke gut zu sehen? Ist die Leinwand groß genug für die Bilder? Füllen die Bilder die Leinwand aus? Falls fehlerhafte Dias darunter sind, ersetzen Sie sie durch leere Rahmen mit Schwarz. Die Lichtbilder hätten natürlich längst vorher überprüft werden sollen, aber lieber jetzt entfernen als sich morgen entschuldigen müssen. Kontrollieren Sie, wie Ihre Dias vom hinteren Teil des Saals aus zu sehen sind. Haben Sie genügend schwarze Leerrahmen einsortiert, besonders wenn Sie zu anderen Geräten wechseln?

Werden Ihre Lichtbilder beim Vortrag genauso projiziert wie bei der Probe? Ist es Front- oder Rückprojektion, d. h. steht der Projektor vor oder hinter der Leinwand? – Von vorn projizierte Dias werden im Rundmagazin auf dem Kopf stehend und in umgekehrter Reihenfolge einsortiert. Bei Rückprojektion steckt man die

Dias auf dem Kopf und in der richtigen Reihenfolge ins Magazin. Bei Frontprojektion steht der Projektor unter Umständen im Zuschauerraum. Falls ja, wo wird er aufgestellt? Behindert er einigen Zuschauern die Sicht? Stört das Geräusch des Lüftungsgebläses?

Das Videogerät

Machen Sie sich mit dem Gerät vertraut, falls Sie es selbst bedienen. Andernfalls geben Sie dem Vorführer ein Manuskript mit Markierungen. Testen Sie, wie lange nach Knopfdruck das Bild auftaucht. Haben Sie genügend Zwischenraum und schwarzes Füllband zwischen den einzelnen Sequenzen? Ist das Bild scharf genug? Sind genügend Monitore im Raum? Stehen sie an den richtigen Stellen? Setzen Sie sich auf verschiedene Plätze im Zuschauerraum und vergewissern Sie sich.

Der Overheadprojektor

Trifft das Bild die Leinwand und füllt es sie aus? Ist es klar und deutlich? Wie legt man die Folien auf? Gibt es einen geeigneten Platz für zwei Stapel von Folien, die gebrauchten und die noch nicht gebrauchten? Sind genügend Folienschreiber vorhanden? Ist ein Karton griffbereit – groß genug, um die gesamte Bildfläche abzudecken? Läßt er sich leicht auf der Folie verschieben, um einzelne Teile sichtbar werden zu lassen? Wo ist der Schalter?

Die Lautsprecheranlage

Bitten Sie jemanden, Ihr Skript laut zu lesen, und überprüfen Sie den Ton. Ist er überall im Saal gut zu hören? Kommt es zu mechanischem Feedback (falls die Veranstaltung auf Tonband aufgezeichnet wird, stören sich die beiden Verstärkeranlagen)? Was geschieht, wenn man die Lautstärke erhöht oder wenn die Tonbänder abgespielt werden? Sind die Lautsprecher ausbalanciert? Falls zwei Redner auftreten, sind beide gleich laut und deutlich zu hören? Entsteht ein Echo? Gibt es ein Lautsprechersystem (zum Beispiel in einem Hotel), das möglicherweise mit der Anlage im Konferenzraum interferiert?

Das Mikrophon

Falls Sie ein Standmikrophon verwenden, hat es die richtige Höhe? Sprechen Sie aus dem richtigen Abstand, so daß das »P« nicht explodiert? Können Sie das Publikum noch sehen? Falls Sie ein Ansteckmikrophon tragen, besteht die Gefahr, daß Sie versehentlich daranstoßen? Wenn das Ansteckmikrophon ein Kabel hat, dürfen Sie sich nicht zu weit von Ihrer Ausgangsposition entfernen. Falls Sie das Mikrophon selbst anstecken müssen, sollten Sie das üben. Falls ein anderer es tut, müssen Sie wissen wer.

Die Beleuchtung

Überprüfen Sie die Verdunkelungsmöglichkeiten. Klären Sie, welche Lichtstärke bei den verschiedenen Teilen des Vortrags jeweils herrschen soll. Muß es für die Dias und Filme oder den Overheadprojektor dunkler sein? Vermeiden Sie zu häufiges Ändern der Lichtverhältnisse – das irritiert das Publikum. Gelegentliche Veränderungen dagegen sorgen für Spannung oder Entspannung.

Auch wenn am Pult selbst kein Licht oder Lichtschalter angebracht ist, müssen Sie Ihr Manuskript auch dann noch lesen können, wenn das Licht gedämpft oder ausgeschaltet wird. Es kann durchaus sein, daß das Pult von einem Deckenspot beleuchtet wird, der ausgeht, wenn etwas projiziert wird. Vergewissern Sie sich also, wo die Lichtschalter sind. Und prüfen Sie, wie die Beleuchtung vom mittleren und hinteren Teil des Saales aus wirkt.

Die Sichtlinien

Kann Sie jeder sehen? Können Sie jeden sehen? Ist die Leinwand überall zu sehen? Behindert irgendein Gerät die Sicht auf die Leinwand? Stehen Sie selbst vielleicht im Weg?

Die Kulisse

Was sagt der Anblick der Räumlichkeit über den Vortrag, noch bevor dieser überhaupt beginnt? (Siehe Kapitel 22.) Wirkt die Optik des Raums störend, wirft sie Fragen auf oder macht sie Andeutungen auf das, was folgen wird? Dienen beispielsweise die Stühle rechts auf der Bühne einem bestimmten Zweck, oder stammen sie von einer früheren Veranstaltung?

Schritte und Bewegungen

Proben Sie sämtliche Schritte und Bewegungen. Wo befinden Sie sich unmittelbar vor Beginn Ihres Vortrags? Auf welches Stichwort hin rühren Sie sich? Wie gelangen Sie zu der Stelle, von wo aus Sie sprechen? Wie lange dauert das? Wie überbrücken Sie diese Zeitspanne? Bekommt das Publikum Sie zuerst von hinten zu sehen? Läßt sich Ihr Auftritt irgendwie eleganter gestalten? Könnten Sie zum Beispiel durch entsprechenden Lichteinsatz sichtbar werden, wenn Sie bereits am Pult stehen?

Machen Sie sich mit dem Bühnenbereich vertraut.

Wie viele Schritte sind es bis zum Overheadprojektor? Wie weit können Sie mit dem Mikrophonkabel vom Pult wegtreten? Wo werden Sie am Ende des Vortrags stehen? Von wo aus werden Sie Fragen beantworten? Wie treten Sie von der Bühne ab? Was lassen Sie dort zurück? Und was sagt das über Sie aus?

Der Saal

Verschaffen Sie sich einen Eindruck von der gesamten Umgebung. Im Idealfall kennen Sie die Räumlichkeiten bereits. Informieren Sie sich über solche Dinge wie Heizung und Lüftung. Achten Sie auf mögliche Geräuschquellen. Machen Sie eventuelle Problempunkte ausfindig, zum Beispiel Türen und Fenster.

Requisiten

Haben Sie einen Zeigestab bei der Hand? Falls ein Laser-Anzeiger vorhanden ist, sollten Sie damit üben. Der kleine rote Pfeil eignet sich zum Hervorheben wichtiger Details, wirkt aber irritierend, wenn er ständig über die ganze Leinwand flimmert – und alarmierend, wenn er die zitternde Hand des nervösen Redners verrät!

Brauchen Sie Wasser? Wo stehen Glas und Karaffe? Ist es normales Leitungswasser? Mineralwasser oder Sprudel mit Kohlensäure sollten Sie höflich ausschlagen. Es könnte zur Folge haben, daß Sie mitten im Satz eine Pause machen müssen – nicht um aufzuatmen, sondern um aufzustoßen.

Ihr Auftreten

Bisher behandelten wir Umgebung, Ausrüstung und Hilfsmittel sowie Ihre Interaktion mit diesen Faktoren. Nun geht es um Sie selbst, um Ihr Auftreten.

Proben Sie Ihren Vortrag *vollständig*. Die Probe muß die gesamte Zeitdauer des Vortrags umfassen, die Sie gemäß der Formel in Kapitel 9 errechnet haben. Geben Sie sich die größtmögliche Mühe. Sparen Sie nichts für den Tag des Vortrags auf. Der zusätzliche Auftrieb beim eigentlichen Auftritt entsteht nicht durch das Zurückhalten von Reserven bei der Probe, sondern durch das erhöhte Adrenalin und die Interaktion mit dem Publikum während des Vortrags.

Wenn Sie nicht das Ganze proben – mit jeder Geste, jedem Schritt, mit allen visuellen Hilfsmitteln und dem gesamten Filmmaterial –, werden Sie die Wirkung Ihres Vortrags nicht richtig beurteilen können. Nur durch gründliches Proben lassen sich unerwünschte Überraschungen ausschließen.

Proben Sie Ihren Vortrag *im richtigen Tempo,* einschließlich aller Pausen. Berücksichtigen Sie mögliche Zuhörerreaktionen, andernfalls ist die Zeitplanung sinnlos.

Üben Sie, *in die vier Winkel des Raumes zu blicken.* Das ist zwar nicht leicht, wenn niemand anwesend ist, aber äußerst wichtig. Glauben Sie mir, Sie werden weniger nervös sein, wenn Sie in den Saal schauen. Sie werden auch entspannter sein, wenn Sie auf vielen verschiedenen Zuschauerplätzen gesessen haben.

Sie müssen *alle Ihre Gesten üben.* Inzwischen sollten Ihnen die meisten Gesten in Fleisch und Blut übergegangen sein. Trotzdem könnten Sie unbewußt gestikulieren und Signale aussenden, die Ihrem Text widersprechen. Es kann sein, daß Sie mit Ihrer Brille herumfuchteln. Bitten Sie einen Kollegen um seine ehrliche Meinung zu diesem Aspekt Ihres Auftretens. Möglicherweise müssen Sie Ihre Gestik einschränken und sich öfter am Pult festhalten.

Üben Sie Kontraste. In Ihrem Skript sollten Variationen in Tempo, Lautstärke und Tonhöhe markiert sein.

Üben Sie Ihre Einleitung, einschließlich der Danksagung, und den *Schluß,* wozu auch die Übergabe des

Wortes gehört. Schlampigkeit kann die wichtigsten Teile des Vortrags, den Anfang und den Schluß, massiv verderben.

Sie haben also Ihre Sache voll im Griff. Das mag nicht absolut stimmen, aber das Publikum glaubt es jedenfalls. Sie sollten zumindest Ihr Material und den Gebrauch der Geräte beherrschen. Doch das ist leichter gesagt als getan. Wir hatten festgestellt, daß die Form des Raums, die Anordnung der Stühle und die optische Wirkung der Umgebung die verschiedensten Signale aussenden. Wir hatten Veltruskys Faustregel kennengelernt: »Alles, was sich auf der Bühne befindet, fungiert als Zeichen.«

Die falsche Ausrüstung – d. h. Geräte, die Sie nicht erwartet oder angefordert hatten oder mit denen Sie sich nicht vertraut gemacht haben – beeinträchtigt Ihre Darbietung nicht nur leicht, sondern sogar wesentlich.

Das einfachste Beispiel ist das Fehlen des Mikrophons. Zwar mag der Raum kein Mikrophon verlangen, doch Ihr Vortrag ist darauf angewiesen, weil Sie zum Beispiel in einem verhauten Ton reden wollen. Der intime Tonfall Ihrer liebenswürdigen Bemerkungen wird drastisch verzerrt, wenn die Sätze laut deklamiert werden. Welch großen Einfluß die technische Ausstattung haben kann, wurde mir erst kürzlich wieder klar, als ich im Ballsaal eines Hotels nach einem Abendessen zu ungefähr fünfzig Gästen eines Treffens mit Kunden sprechen sollte. Leider hatte ich keine Zeit zu proben. Ich hatte mich auf ein Stand- oder Ansteckmikrophon und ein Tischpult eingestellt – wir waren schließlich in einem sogenannten Konferenzhotel. Aber man darf sich nie auf Vermutungen stützen. Während des Essens erfuhr ich, daß es ein Mikrophon gab, das man in der Hand hält und dessen Kabel man nachschleppt. Ein Pult war nicht vorhanden. Zum Glück hatte ich Karten vorbereitet, statt einem Bündel Blätter. Deshalb konnte ich das Mikrophon in einer und die Karten in der anderen Hand halten.

Wegen des fehlenden Pults und des nachschleppenden Kabels mußte ich jedoch auf sämtliche Gestik verzichten. Beide Hände waren voll beansprucht. Darüber hinaus machte mich die Ausstattung, als ich mich erhob, vom Redner zum Kabarettisten. Der Gastgeber stellte mich mitten im Saal vor und überreichte mir das Mikrophon. Danach konnte ich nicht an meinen Platz zurückkehren, doch konnte ich mich überall sonst hinbegeben; wäre ich auf der Stelle stehen geblieben, hätte ich die Ausrüstung nicht genutzt. An einem Tisch oder Pult hätte ich halbwegs ernst gewirkt; die Witze hätten meine Thematik veranschaulicht. Mitten im Saal in ein Handmikrophon zu sprechen bedeutete, daß die Witze zum Hauptzweck wurden. Ich war zum Komiker geworden. Es war nicht gerade eine Katastrophe, aber...

Der Projektor klemmt...

Das Mikrophon ist gestorben...

Ich bin viel zu spät dran

Ich weiß nicht mehr wo ich bin...

Der Strom ist ausgefallen

Lächle, verdammt nochmal, LÄCHLE!

Proben erlauben es einem, die Situation zu beherrschen und unerwünschte Überraschungen auszuschließen. Doch zunächst muß man sich auf Zwischenfälle einstellen. Fragen Sie sich: Was könnte schlimmstenfalls passieren?

- *Die Projektorlampe brennt durch.* Ist Ersatz vorhanden? Wie lange dauert es, sie auszutauschen? Können Sie auf ein paar Dias verzichten?
- *Der Projektor klemmt.* Wie verheerend wird der Vortrag ohne Lichtbilder? Welche visuellen Hilfsmittel bleiben Ihnen noch zur Veranschaulichung? Wie setzen Sie sie ein?
- *Die Lautsprecheranlage fällt aus.* Wie gut ist die Akustik, wenn Sie ohne Mikrophon sprechen? Wird ein Großteil des Inhalts durch das Bildmaterial vermittelt?
- *Sie wissen nicht mehr, wo Sie sind.* Wie schnell finden Sie die richtige Stelle wieder? Das läßt sich leicht üben. Es ist auch ein guter Test, wie klar Ihr Skript markiert ist.
- *Sie liegen hinter der Zeit* – trotz all Ihrer Proben. Was lassen Sie aus? Haben Sie entsprechende Stellen im Skript markiert?
- *Der Strom fällt aus.* Wie gut sind Sie im Witzeerzählen bei Kerzenlicht?

Wenn Sie bei all diesen Zwischenfällen den Kopf nicht verlieren, dann haben Sie die Situation wirklich im Griff.

31. Der Tag des Auftritts

Der Tag ist gekommen. Es scheint ewig lange her zu sein, seit Sie erstmals Ihre Gedanken sammelten. Sie sind gut vorbereitet. In ein paar Stunden werden Sie auftreten.

Bleiben Sie locker und flexibel. Es bleibt noch einiges mehr zu tun als bloß den Vortrag zu präsentieren. Sie werden das Skript kaum genau so vortragen, wie Sie es niedergeschrieben haben: Lassen Sie sich nicht davon festlegen.

Proben Sie ein letztes Mal in Ihrem Zimmer. Sprechen Sie den ganzen Text laut und berücksichtigen Sie Bildmaterial, Pausen und Zuhörerreaktionen. Überprüfen Sie die Zeit. Falls nötig, kürzen Sie noch ein letztes Mal. Niemand wird es Ihnen übelnehmen, wenn Sie unter der Zeit liegen. Aber denken Sie daran: Die Probe ist nicht der Auftritt. Auch die gestrige Generalprobe ist nicht der Auftritt. Beim eigentlichen Vortrag werden Sie doch vom vorliegenden Skript abweichen.

Lesen Sie die Morgenzeitung. Hören Sie die Nachrichten. Hat sich irgend etwas ereignet, was Ihren Vortrag betreffen könnte? Hat sich dadurch ein wichtiges Faktum oder eine Statistik geändert? Wird Ihre Argumentation durch eine Meldung widerlegt oder untermauert? Oder gibt es vielleicht eine Nachricht, die Sie en passant erwähnen könnten, um eine Beziehung zum Publikum herzustellen? Aktualität ist ein enormer Pluspunkt. Die Zuhörer können diesen brandneuen Sachverhalt unmöglich schon einmal gehört haben. Dem Publikum beweist das, daß der Vortrag in genau dieser Form noch nie irgendwo gehalten wurde. Und es zeigt, daß der Redner die Sache im Griff hat und trotzdem flexibel ist. Flexibilität ist äußerst wichtig. Werden Sie nicht zum Roboter. Verläuft die Generalprobe zufriedenstellend, wünschen Sie sich vielleicht, das Ganze am Tag des Vortrags zu wiederholen. Dieser Wunsch ist jedoch gefährlich. Der Auftritt ist keine Wiederholung – er ist ein einmaliges »Live«-Ereignis.

Gehen Sie an die frische Luft. Sie werden vielleicht den ganzen Tag in Räumlichkeiten verbringen.

Treffen Sie frühzeitig am Tagungsort ein. Besichtigen Sie den Saal, bevor die anderen sich einfinden. Prüfen Sie, ob alles dort ist, wo es sein sollte. Ist irgend etwas verändert worden? Falls etwas unklar ist, können Sie jetzt noch etwas dagegen tun.

Nehmen Sie sich ein wenig Zeit für das technische Personal. Die Techniker werden zwar beschäftigt sein, doch wenn Sie selbst tüchtig und gründlich sind, gewinnen Sie ihren Respekt, und sie werden ein bißchen Zeit für Sie haben. Übergeben Sie Ihre Dias, Tonbänder, Filme und das markierte Skript, falls das nicht bereits am Vortag geschehen ist. Achten Sie darauf, daß all diese Materialien deutlich mit Ihrem Namen versehen sind. Falls mehrere Redner auftreten, sollten Sie auch die Uhrzeit Ihres Vortrags angeben.

Falls Sie ein Magazin mit Lichtbildern abgeben, schreiben Sie Ihren Namen nicht nur auf den Deckel, sondern auch auf die Unterseite des Magazins – Deckel können vertauscht werden! Überprüfen Sie die Ausrüstung. Machen Sie einen technischen Probedurchlauf. Dadurch vergewissern Sie sich, daß die Dias in der richtigen Größe und Reihenfolge projiziert werden. Achten Sie auch darauf, daß sie mit dem Text übereinstimmen. Testen Sie auch die anderen visuellen Hilfsmittel.

Nehmen Sie einen Erste-Hilfe-Kasten mit. Der Inhalt hängt von der Art der Veranstaltung und den verwendeten Geräten ab. In ein Allzweck-Set gehören jedoch zumindest leere schwarze Diarahmen, Folienschreiber,

Gummibänder, selbstklebende Notizzettel, Ersatzglühbirnen, Taschenmesser, Taschenlampe, Aspirin, Tabletten gegen Magenstörungen, Halstabletten – und eine vollständige, markierte Ersatzkopie des Skripts.

In Kürze wird das Publikum eintreffen. Bitten Sie um eine Liste der Anwesenden und studieren Sie sie. Wie setzt sich das Publikum hinsichtlich Geschlecht, Firmenzugehörigkeit, Dienstalter und Herkunft zusammen? Sind ausländische Gäste darunter? Können Sie ein paar Details zu diesem speziellen Publikum in Ihren Vortrag einbauen? Am besten wäre es, wenn sie für Ihr Thema relevant sind.

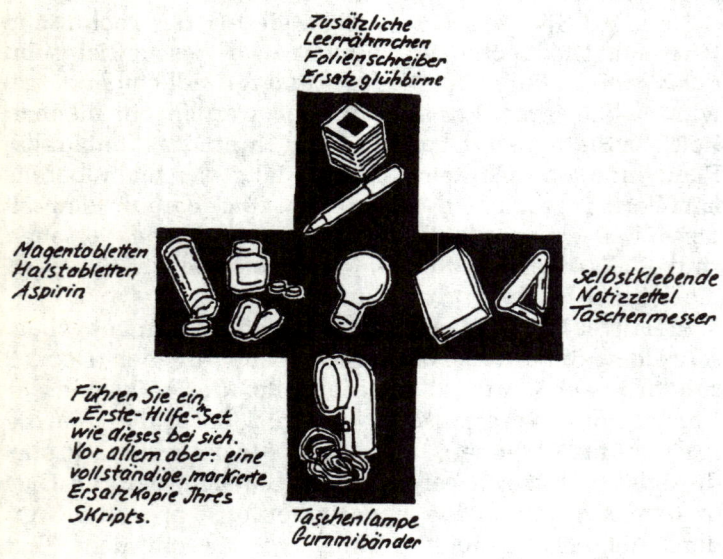

Zusätzliche
Leerrähmchen
Folienschreiber
Ersatzglühbirne

Magentabletten
Halstabletten
Aspirin

selbstklebende
Notizzettel
Taschenmesser

Führen Sie ein
„Erste-Hilfe-Set"
wie dieses bei sich.
Vor allem aber: eine
vollständige, markierte
Ersatzkopie Ihres
Skripts.

Taschenlampe
Gummibänder

Mischen Sie sich beim Kaffeeausschank unter die eintreffenden Zuhörer. Verweilen Sie nicht zu lange bei ein und derselben Person. Sie haben guten Grund, sich zu entschuldigen und zur nächsten zu gehen. Lernen

Sie so viele Menschen wie möglich kennen. Das Publikum bildet die Hälfte des Dialogs.

Versetzen Sie sich in die Zuhörer. Weshalb sind sie gekommen? Was erwarten sie sich von dieser Veranstaltung? Welche Atmosphäre herrscht – Gleichgültigkeit, Neugierde, Spannung? Achten Sie auf mögliche Störfaktoren.

Begeben Sie sich fünf Minuten vor Beginn der Konferenz in den Raum. Achten Sie darauf, wie er sich füllt. Bleiben die vorderen Reihen auffallend leer? Wo sitzen die Leute, mit denen Sie gesprochen haben?

Achten Sie auf alles, was Ihrem Vortrag vorausgeht. Es könnte Ihnen Material liefern. Es gibt Ihnen Aufschluß über das Publikum. Und es macht Sie auf etwaige Probleme – oder auch Chancen – aufmerksam. Hören Sie sich aufmerksam die Eröffnungsworte der Konferenz an. Sie bilden einen Kontext, auf den Sie sich jederzeit beziehen können. Verfolgen Sie wachsam andere Veranstaltungen und Vorträge. Machen Sie sich Notizen.

Falls Sie nach der Mittagspause sprechen, nutzen Sie sie eher dazu, Feedback als Kalorien aufzunehmen. Beurteilen Sie die Publikumsreaktionen vom Vormittag. Essen Sie mäßig. Egal, um welche Tageszeit Sie sprechen, Ihr Blut sollte sich im Gehirn und nicht im Magen konzentrieren. Trinken Sie vor allem keinen Alkohol, und schon gar nicht, um sich Mut anzutrinken.

Gehen Sie in der Stunde vor Ihrem Auftritt an die frische Luft, und sei es auch nur, um ein paar Minuten tief durchzuatmen. Und gehen Sie auf die Toilette, und sei es auch nur, um sich zu vergewissern, daß alles in Ordnung ist.

Proben Sie still Ihren Anfang. Entfernen Sie die Heftklammern von Ihrem Manuskript, bzw. nehmen Sie es aus dem Ordner. Denken Sie daran – das Wort »KODE« sollte auf dem Umschlag stehen, damit Sie immer an die Zuhörer denken.

Lutschen Sie nicht in letzter Minute noch ein Pfefferminzbonbon. Es könnte Ihren Gaumen verkleben, beim Sprechen unangenehm sein, und somit Ihren Vortrag ruinieren.

Verfolgen Sie, was auf der Bühne geschieht. Achten Sie auf die Begrüßungsworte.

Nun sind *Sie* dran!

Stehen Sie ganz unverkrampft auf und gehen Sie völlig normal, in Ihrem gewohnten Tempo, zum Pult.

Lächeln Sie! Das entspannt die Zuhörer – und vielleicht sogar Sie selbst. Ein ausdrucksloses Gesicht sagt gar nichts. Und ein finsterer Blick wirkt beunruhigend. Ein Lächeln dagegen stellt Kontakt her.

Machen Sie eine Pause. Blicken Sie kurz ins Publikum – in alle Richtungen – und beginnen Sie. Gehen Sie auf die Begrüßungsworte ein. Bedanken Sie sich in relevanter und persönlicher Weise, anstatt nur mit einer knappen Allzweckfloskel. Richten Sie Ihre Dankesworte nicht an einen Funktionsträger, sondern an ein Individuum. Das bedeutet, daß Sie improvisieren, zum Veranstaltungsleiter und ins Publikum blicken – *und nicht in Ihr Skript.* Sie stellen jetzt Kontakt her. Sie bemerken vielleicht Feedback seitens des Publikums – vielleicht Lachen oder sogar Applaus. Verweilen Sie aber nicht zu lange, sondern beginnen Sie mit Ihrem Vortrag. *Schauen Sie jedoch nicht ins Skript.* Schließlich kennen Sie den Anfang auswendig. Schießen Sie einfach los. Paraphrasieren Sie nötigenfalls. Hasten Sie nicht. Sie können sich ruhig Zeit lassen. Das Publikum taxiert Sie zunächst einmal. Und Sie tun dasselbe. Halten Sie den Kontakt aufrecht. Schauen Sie nur ins Skript, wenn Sie unbedingt müssen. Achten Sie darauf, daß Sie die Stichworte so geben, wie Sie sie für den Vorführer oder für sich selbst im Skript markiert haben.

Nachdem Sie den Vortrag zusammengestellt haben, dürfte es nicht allzu schwierig sein, das Ganze nun vorzutragen. Lesen Sie nicht vor. Blicken Sie nur gelegentlich auf das Skript. Rufen Sie sich die nächsten Zeilen oder Sätze ins Gedächtnis und tragen Sie den Inhalt frei vor. Das markierte Skript dient jetzt nur noch als Gedächtnisstütze.

Denken Sie daran – zu Beginn hat das Publikum Ihnen seine Aufmerksamkeit geschenkt. Jetzt müssen sie sein Interesse wecken und wachhalten. Seien Sie enthusiastisch. Gehen Sie in die vollen. Zeigen Sie, was Sie können. Sie sind überzeugt von dem, was Sie sagen, sonst würden Sie es nicht sagen. Vermitteln Sie diese Überzeugung.

Schauen Sie ins Publikum. Lassen Sie den Blick im ganzen Saal wandern. Wenden Sie den Kopf aber nicht am Ende eines Satzes, sondern lassen Sie das Auge erst nach dem Satzende umherschweifen. Behalten Sie die Seitenzahlen und die Uhr im Auge. Falls am Pult keine Uhr angebracht ist, legen Sie Ihre Armbanduhr neben das Skript. Vergessen Sie Ihre Markierungen nicht. Variieren Sie Tempo, Tonhöhe und Lautstärke, wo es angebracht ist. Vergessen Sie auch die Pausen und die Gestik nicht…

Ehe Sie sich versehen, fängt die Sache an, Ihnen Spaß zu machen. Es ist ganz anders, als Sie es sich vorgestellt hatten. Es ist ein bißchen wie die Generalprobe, aber doch irgendwie anders. Gestern fehlte das Kribbeln und die Spannung. Heute ist es »live«.

Der Vortrag verlief gut. Sie fühlten sich sicher und hatten die Sache im Griff. Der Veranstaltungsleiter sagt dann: »Gibt es irgendwelche Fragen?« Falls ja, könnte sehr bald das Publikum die Situation beherrschen. Falls Sie Ihre Argumentation gut vorbereitet und klar vermittelt haben, dürfte es wenige Fragen geben. Falls niemand eine Frage stellt, könnte das entweder heißen, daß man mit Ihrer Argumentation einverstanden ist, oder aber, daß man sie völlig ablehnt. Wie auch immer, das Publikum hat sich eine Meinung gebildet. Vermeiden Sie es möglichst, daß Fragen im Plenum gestellt werden. Bieten Sie sich für eine anschließende Aussprache in gelockerter Atmosphäre an. Die Entscheidung, ob und wie Fragen beantwortet werden, liegt aber selten beim Redner. Deshalb müssen Sie auf Fragen vorbereitet sein.

Es ist wichtig, daß Sie eine gestellte Frage richtig verstehen. Gegebenenfalls sollte der Betreffende die Frage wiederholen, oder Sie müssen ihn sogar unterbrechen oder zurückfragen, damit seine Frage klar wird. Wer eine Frage stellt, darf daraus keine Rede machen. Formulieren Sie Ihre Antwort ebenso klar und kurz, vor allem aber auf Ihre These bezogen. Kommentieren Sie nichts, was nicht zum Thema Ihres Vortrags gehört.

Manche Zuhörer reagieren kritisch auf den Vortrag, weil sie etwas anderes erwarteten. Die Fragen dieser Teilnehmer sind in der Regel unqualifiziert. Lassen Sie sich nicht aus dem Konzept bringen. Schließlich geht es in der Fragerunde um den Vortrag, den Sie hielten. Nutzen Sie die Fragerunde, um Ihre Argumentation zu verstärken. Untermauern Sie Ihre Antworten nötigenfalls, indem Sie direkt auf Ihr Skript verweisen.

Und halten Sie immer etwas in Reserve für die Fragerunde. Das heißt nicht, daß Sie einen wichtigen Punkt Ihres Vortrags zunächst zurückhalten, in der Hoffnung, im Anschluß danach gefragt zu werden. Sie sollten vielmehr zusätzliche Beispiele, Illustrationen und Anekdoten zur Hand haben, die Ihre Argumentation veranschaulichen. Vielleicht können Sie hier ein paar jener Stellen einbringen, die Sie nur ungern gestrichen haben, als Sie das Manuskript (siehe Kapitel 17) kürzten. Wenn möglich, zeige ich nach den letzten Schwarzdias noch ein paar zusätzliche Lichtbilder und projiziere noch einmal meine Hauptthesen oder eine Zusammenfassung.

Sie können sich ruhig wiederholen. Die letzte Frage beantworten Sie am besten so, daß die Antwort zwangsläufig auf Ihre Schlußfolgerung hinausläuft, auf den Gedanken, den Sie dem Publikum mit auf den Weg geben wollen. Mit dem nötigen Geschick kann die Fragerunde Ihre Autorität unterstreichen. Soll der Vortrag lediglich die Spitze eines Eisbergs darstellen, so können Ihre Antworten zeigen, daß es unter der Spitze wirklich einen Eisberg gibt.

Nun ist die Sache fast zu Ende. Danken Sie dem Publikum, dem Veranstalter und auch den Technikern.

Wie ist es gelaufen? Sie werden es früh genug erfahren. Stellen Sie die Frage nicht direkt. Die meisten Menschen sind meist zu höflich, um ehrlich zu sein. Gehen Sie auf weitere Fragen ein. Bleiben Sie so lange wie möglich im Saal oder im Foyer und hören Sie sich die Kommentare an. Stellen Sie bestenfalls indirekte Fragen. Konnte man Sie noch hören, wenn Sie vom Mikrophon wegtraten? Waren die Dias lange genug sichtbar? Oder vielleicht zu lange? Wurde klar, was dieses oder jenes Dia aussagte? Fand man die angeführte Statistik überzeugend? War man der Meinung, daß Sie dies überzeichneten oder jenes herunterspielten? War man überrascht, was am Ende herauskam? War die zentrale Aussage klar? Vor allem aber – *haben Sie die beabsichtigte Reaktion ausgelöst?*

Wenn Sie es nicht wissen, fragen Sie Eric.

Anmerkungen

1 Marcus Tullius Cicero, *De Oratore – Über den Redner*, Lateinisch und Deutsch, übersetzt und herausgegeben von Harald Merklin (Stuttgart: Reclam, 1976).
2 Platon, *Phaidros oder vom Schönen*, übers. von Arthur Hübscher (München: Piper, 1989); *Briefe*, herausgegeben von Willy Neumann (München: Heimeran Verlag, 1967).
3 Cicero, *De Oratore – Über den Redner*.
4 Walter J. Ong, *Oralität und Literalität: die Technologisierung des Wortes* (Opladen: Westdeutscher Verlag, 1987).
5 Ong, *Oralität und Literalität*.
6 Ong, *Oralität und Literalität*.
7 Cicero, *De Oratore – Über den Redner*.
8 Dionysius C. Longinus, *Vom Erhabenen*, übers. von Reinhard Brandt (Darmstadt: Wissenschaftliche Buchgesellschaft, 1983).
9 Die im folgenden dargestellten Grundbegriffe basieren auf dem Modell von Claude Shannon und Warren Weaver, *Mathematische Grundlagen der Informationstheorie* (1949), übers. von Helmut Dreßler (München: Oldenbourg, 1976).
10 Aus dem Eintrag zum Begriff »Rhetorik« in der *Encyclopaedia Britannica*, 15. Auflage (Chicago: Helen Hemingway Benton, 1974).
11 Ong, *Oralität und Literalität*.
12 Antony Jay, *Effective Presentation: The Communication of Ideas by Words and Visual Aids* (London: British Institute of Management, 1971).
13 Antony Jay, *Effective Presentation*.
14 Cicero, *De Oratore – Über den Redner*.
15 Ong, *Oralität und Literalität*.
16 David Bernstein, *Creative Advertising* (London: Longman, 1974).
17 William Goldman, *Das Hollywood Geschäft* (Bergisch Gladbach: Bastei-Lübbe).

18 Aus dem Eintrag zum Begriff »Rhetorik« in der *Encyclopaedia Britannica*.

19 T. S. Eliot, *Über Dichtung und Dichter: Essays*, Auswahl und Nachwort von Wolfgang Held (Frankfurt/Main: Suhrkamp, 1988).

20 Charles Edward Montague, *A Writer's Notes on his Trade* (London: Chatto & Windus, 1930).

21 Cicero, *De Oratore – Über den Redner*.

22 M. Cohen und E. Nagel, *An Introduction to Logic*, zitiert in H. A. Shearring und B. C. Christian, *Reports – and How to Write Them* (London: George Allen & Unwin, 1965).

23 Platon, *Phaidros*.

24 Marcus Fabius Quintilianus, *Ausbildung des Redners, Zwölf Bücher (Institutiones Oratoriae, libri XII)* in 2 Bänden, übers. und hrsg. von Helmut Rahn (Darmstadt: Wissenschaftliche Buchgesellschaft, 1988).

25 Jay, *Effective Presentation*.

26 Voltaire, *Sept discours en vers sur l'homme*.

27 Quintilianus, *Ausbildung des Redners*.

28 Quintilianus, *Ausbildung des Redners*.

29 George Orwell, »Politics and the English Language«, in *Shooting an Elephant and Other Essays* (London: A. M. Heath & Co., 1945).

30 Ong, *Oralität und Literalität*.

31 Munro E. Edmonson, *Lore: An Introduction to the Science of Folklore and Literature*, zitiert von Ong, *Oralität und Literalität*.

32 Ong, *Oralität und Literalität*.

33 Ong, *Oralität und Literalität*.

34 Die Aufteilung der Satzarten folgt der Klassifizierung von Simeon Potter, *Our Language* (Harmondsworth: Penguin Books, 1950).

35 Potter, *Our Language*.

36 Robert Graves und Alan Hodge, *The Reader over your Shoulders: Handbook für Writers of English Prose* (London: Jonathan Cape, 1943).

37 John Fairfax und John Moat, *The Way To Write* (London: Elm Tree Books, 1981).

38 Longinus, *Vom Erhabenen*.

39 T. S. Eliot, »Preludes«, in *The Complete Plays and Poems* (London: Faber & Faber, 1969).

40 William Shakespeare, *Viel Lärm um nichts,* V, i, 17 (in der deutschen Übersetzung von August Wilhelm Schlegel und Ludwig Tieck; Anmerkung des Übersetzers).

41 Ezra Pound, zitiert in Fairfax und Moat.

42 Quintilian, *Ausbildung des Redners.*

43 Georges-Louis de Buffon, *Discours sur le style.*

44 John Lyons, *Non Verbal Communication,* hrsg. R.A. Hinde (Cambridge: Cambridge University Press, 1972).

45 Graves und Hodge, *The Reader over your Shoulder.*

46 Quintilian, *Ausbildung des Redners.*

47 John May, *How to Make Effective Business Presentations – and Win!* (Maidenhead: McGraw-Hill, 1983).

48 May, *How to Make Effective Business Presentations.*

49 Quintilian, *Ausbildung des Redners.*

50 Christopher Turk, *Effective Speaking: Communicating in Speech* (London: Spon, 1985).

51 Quintilian, *Ausbildung des Redners.*

52 Zitiert in Lyons, *Non Verbal Communication.*

53 May, *How to Make Effective Business Presentations.*

54 Keir Elam, *The Semiotics of Theatre and Drama* (London: Methuen, 1980).

55 Zitiert in Elam, *Semiotics.*

56 Elam, *Semiotics.*

57 John Whiting, *The Art of the Dramatist and Other Pieces* (London: Alan Ross, London Magazine Editions, 1969).

58 David Bernstein, *Creative Advertising* (London: Longman, 1974).

59 Voltaire, *Dictionnaire Philosophique,* 1764.

HEYNE
BÜCHER

Karrierestrategien

Beruflicher Erfolg kann geplant werden! Hier finden Sie die Informationen, die Sie für Ihren beruflichen Ein- und Aufstieg brauchen:

Gilles Azzopardi
Der Karrieretest
Bestimmen Sie Ihr berufliches
Erfolgsprofil selbst!
Mit 15 neuen Persönlichkeitstests
22/308

Ken und Kate Back
Durchsetzungstraining
So realisieren Sie Ihre Interessen
und Zielvorstellungen
Mehr Profil durch sicheres
Auftreten!
22/269

Michael Latas
301 Ideen für die Jobsuche
Suchstrategien für die ideale Stelle -
Beziehungen aufbauen über
Networking - Tips für
Einstellungsgespräche
22/342

Jörg Nimmergut / Günther
Krüger
Die Schule der erfolgreichen
Bewerbung
Wie Sie Ihre Mitbewerber aus dem
Rennen werfen
Überarbeitete, aktualisierte und
wesentlich erweiterte Auflage!
22/309

Gabi Pörner
Karriereplanung für Frauen
Womit Sie rechnen müssen -
Wozu Sie bereit sein sollen -
Wie Sie Ihre Ziele erreichen
22/270

Martin John Yate
Das erfolgreiche
Bewerbungsgespräch
Überzeugende Antworten auf alle
Fragen. Mit kurzweiliger Lektüre
führt Yate Jobsuchende zum Erfolg
22/2002

Wilhelm Heyne Verlag
München

Erfolg an der Börse

Basiswissen, Hintergrundinformationen und Anlagestrategien
- das Know-How der Börsenprofis

22/339

Karl-Heinz Bilitza
Geldanlage für Einsteiger
*Sparen, spekulieren oder
versichern?*
*Tip Nr. 1: Nur wer anlegt, kann
abheben!*
22/260

Karl-Heinz Bilitza
**Mehr Geld verdienen an der
Börse**
*Der Erfolgstitel in aktualisierter
Neuausgabe!*
22/252

André Kostolany
Kostolanys Börsenseminar
Für Kapitalanleger und Spekulanten
19/7

André Kostolany
Kostolanys Börsenpsychologie
*Für alle, die an der Börse cleverer
handeln wollen als die Masse*
22/1004

Alexander Natter
Grundwissen Investmentfonds
*Optimale Ergebnisse auch für
kleinere Budgets*
22/315

STICHWORT: Börse
19/4008

Wilhelm Heyne Verlag
München

HEYNE
BÜCHER

Erfolg im Verkauf

Damit sind Sie der Konkurrenz eine Nasenlänge voraus!

J. T. Auer
Die Kunst des Verkaufens
Der ideale Leitfaden für alle,
die eine Karriere im Verkauf
anstreben!
22/2001

Walter H. Braun
Top-Selling
Die Anatomie des Verkaufserfolgs -
über 100 praxiserprobte Tips
22/188

Ursula Gersbacher
Körpersprache im Beruf:
Außendienst und Verkauf
Automatische Zielansprache -
Unbewußte Signale erkennen -
Positive Impulse senden
22/277

Gabriele Hooffacker
Handbuch Verkaufsförderung
Personal Computer - Telemarketing
- Multimedia: so werden sie effizient
und gewinnbringend eingesetzt
22/306

Gabriele Hooffacker
Optimal werben - mehr
verkaufen mit dem PC
Werbe-Mailings, Fahrtrouten-
Planung, Kunden-Datenbank:
Ihr Computer hilft Ihnen!
22/331

Wolf Ruede-Wissmann
Superselling
Die vier Erfolgsstrategien für den
Verkäufer - Faire und unfaire
Methoden - Wie man das Vertrauen
der Kunden gewinnt
22/274

Wilhelm Heyne Verlag
München